JÖRG ARMBRUSTER

DIE ERBEN DER REVOLUTION

Was bleibt vom
Arabischen Frühling?

Hoffmann und Campe

Die Zitate auf S. 52 von Wael Ghonim stammen aus *Revolution 2.0. Wie wir mit der ägyptischen Revolution die Welt verändern*, aus dem Englischen von Stephan Gebauer und Barbara Kunz, erschienen im Econ Verlag, Berlin 2012.

Die Zitate auf den Seiten 230, 231 und 233 von Sihem Ben Sedrine stammen aus *Despoten vor Europas Haustür. Warum der Sicherheitswahn den Extremismus fördert* mit Omar Mestiri, aus dem Französischen von Ursel Schäfer, erschienen im Verlag Antje Kunstmann, München 2005.

Das Zitat auf S. 285 von Shereen el Feki stammt aus *Sex und die Zitadelle – Liebesleben in der sich wandelnden arabischen Welt*, aus dem Englischen von Thorsten Schmidt, erschienen im Verlag Hanser Berlin 2013.

HOFFMANN
UND CAMPE

Ein Unternehmen der
GANSKE VERLAGSGRUPPE

INHALT

VORWORT

Araber als Bombenleger oder Kopfabschneider, als grausame Dschihadisten oder autoritäre Patriarchen, als permanente Bedrohung und Inbegriff der Rückständigkeit. Die meisten Menschen im Westen haben solche Klischees in ihren Köpfen abgespeichert, mal als grelles Zerrbild, mal als kaum eingestandene Voreingenommenheit. Dass auch arabische Menschen davon träumen, ein selbstbestimmtes Leben in Freiheit und Würde zu führen, und bereit sind, für diesen Traum auf die Straße zu gehen, das scheint man hier nur allzu oft zu übersehen. Dabei hat der Westen vor zehn Jahren genau dies miterleben können, auf fast allen Fernsehkanälen: Kairo, im Januar 2011. Tausende junge Ägypterinnen und Ägypter marschierten zum Tahrir-Platz. Eine radikale Wende fordern sie – eine Gesellschaft ohne Korruption, ohne politische Gefangene, ohne Angst vor der Geheimpolizei. Eine Gesellschaft, in der endlich die Menschenrechte gelten.

Kairo, im Januar 2021. Heute zählt Ägypten wieder zu den repressivsten Staaten der arabischen Welt. Spitzel belauschen in Cafés die Gespräche, politische Gefangene gehören zum Alltag. Die Menschen ducken sich wieder und haben Angst. Es ist, als habe es den Aufstand vor zehn Jahren nie gegeben.

Ist von dem großen Akt der Befreiung und der kurzen Zeit der Freiheit irgendetwas übrig geblieben? Was denken die Erben der Revolution heute? Gibt es sie überhaupt noch, diese einst so widerständige Opposition? Um Antworten auf diese Fragen zu finden, bin ich im Herbst 2019 nach Kairo gereist. Hintergrundgespräche wollte ich führen, mich mit Freunden und Bekannten treffen. Wobei es angesichts der allgegenwärtigen Bespitzelung ungewiss war, ob sie sich überhaupt mit mir treffen wollten. Denn für die ägyptischen Staatssicherheitsbehörden und Gerichte grenzen Kontakte mit der internationalen Presse fast schon an Hochverrat. Schließlich weiß die Obrigkeit am Nil, dass sie in solchen Gesprächen alles andere als gut wegkommt. Und wer die Regierung kritisiert, landet schnell im Gefängnis.

Doch zu meiner Freude kam es ganz anders. Meine Wunschgesprächspartner ließen sich nicht abschrecken:»Komm vorbei. Ich freue mich. Es gibt viel zu erzählen.« Mein Angebot, die Informanten in dem Buch zu anonymisieren, lehnten viele ab:»Die Polizei weiß ohnehin, wie ich denke. Warum soll ich mich da verstecken«, so die einhellige Reaktion.

Selten haben mich Begegnungen mehr berührt als diese Besuche bei ägyptischen Oppositionellen. Die Widersacher des Regimes leiden zwar spürbar unter der Paranoia und der Brutalität dieses Überwachungsstaats, sich ihm aber zu unterwerfen, kommt für keinen infrage.»Nur so kann ich morgens noch in den Spiegel sehen«, gestand mir der Redakteur eines oppositionellen Online-Magazins. Ein Menschenrechtsanwalt erklärte mir, seine Frau und seine Kinder lebten im Ausland:»Daher muss ich hier auf niemanden Rücksicht nehmen.« Sie alle waren im Januar 2011 begeistert auf den Tahrir-Platz gezogen. Zweieinhalb Jahre später hatten sie das gewaltsame Ende ihres Traums erleben und damit erst einmal die Hoffnung begraben müssen, ein freies Leben führen zu können. Ähnliche Niederlagen haben auch die Menschen in Damaskus, Tripolis, Sanaa oder Manama erlebt. Auch hier waren die Aufstände mehr oder weniger schnell niedergeschlagen worden. Allein das kleine Tunesien scheint so etwas zu sein wie eine demokratische Enklave in der autoritär regierten arabischen Welt.

Haben die Erben dieser Revolutionen resigniert oder haben sie noch Hoffnung? Ist diese islamische Welt unmittelbar vor der Haustür Europas überhaupt reformierbar? Oder ist es vielleicht doch besser so, wie es heute ist? Nicht wenige Politiker in westlichen Hauptstädten scheinen das zu denken. Sie sehen in den autoritären Herrschern so etwas wie ein verlässliches Bollwerk gegen dschihadistische Gewalttäter und die letzte Bastion gegen Flüchtlinge aus Afrika. Und nicht nur in rechtspopulistischen Kreisen wird zuweilen gefragt: »Können Araber überhaupt Demokratie?« Schließlich haben doch die wenigen freien Wahlen während des Arabischen Frühlings zu nichts Gutem geführt. In Ägypten hatten die Muslimbrüder in Gänze, in Tunesien in Teilen die Macht übernommen.

Das ist zwar richtig. Doch in Ägypten waren die Muslimbrüder gerade mal ein knappes Jahr an der Regierung, ehe sie weggeputscht wurden. Und in Tunesien waren es am Ende die Wähler, die dafür gesorgt haben, dass die Islamisten heute eine weit weniger bedeutende Rolle in der Politik spielen als noch 2011. Außerdem haben die tunesischen Islamisten einen Häutungsprozess durchgemacht, der sie heute mehr einer konservativ-religiösen Partei wie der CSU ähneln lässt als gewaltbereiten Dschihadisten. Auch dies ist das Resultat einer demokratischen Entwicklung, der in diesem Buch ein eigenes Kapitel gewidmet ist.

Ohnehin hat der Einfluss der Islamisten auf die arabische Jugend während der letzten zehn Jahre deutlich abgenommen. Dröhnende Heilsversprechen und schlichte Slogans wie »Der Islam ist die Lösung« verfangen immer weniger bei jungen Erwachsenen. Steht die islamische Welt also vor einer säkularen Wende? Dieses Buch versucht Antworten darauf zu geben.

Religiöse Lockrufe haben jedenfalls auch bei den jüngsten Revolutionen gegen diktatorische Langzeitherrscher keine Rolle gespielt. Weder in Algerien noch im Sudan. Im Gegenteil. Im Sudan hatten islamistische Despoten das Land dreißig Jahre in ihrer Gewalt gehabt, ehe die jungen Sudanesinnen und Sudanesen im Frühjahr 2019 mit ihnen endlich Schluss machten. Bei meinem Besuch in Khartum sagte mir einer dieser erfolgreichen Jungrevolutionäre kurz und knapp:»Nie wieder Islamisten. Nie wieder Religionsdiktatur. Von all dem haben wir die Schnauze voll!« Selbst glaubensstarke Sudanesen sehen ein: zu viel Islam in der Politik schadet dem Land.

Darüber hinaus hat diese Revolution an einer im Westen weit verbreiteten vermeintlichen Gewissheit gekratzt. Die islamische Welt unterdrücke die Frauen, heißt es bei uns gerne. Auch wenn die Annahme nicht ganz falsch ist: Die Aufstände im Sudan erzählen eine ganz neue Geschichte. Hier waren es in erster Linie Frauen, die sich 2019 an die Spitze der Erhebung gestellt haben. Gewerkschafterinnen und Geschäftsfrauen koordinierten die Proteste, Lehrerinnen und Hausfrauen führten sie an, Studentinnen standen in den ersten Reihen. Bei keiner anderen Revolte im Nahen Osten haben Frauen eine derartig entscheidende Rolle gespielt. Von starken Frauen und mutigen Studentinnen und Studenten handeln daher die beiden Kapitel über den Sudan. Außerdem zeigen sie, dass in diesem wie auch in anderen Ländern des Arabischen Frühlings die Aufstände von langer Hand vorbereitet waren. Sie kamen also alles andere als überraschend, wie im Westen gerne verbreitet wird.

Wie also sieht es aus mit der viel proklamierten Zeitenwende in der arabischen Welt? Wie geht es weiter? Geht es überhaupt weiter?

Bei diesen Fragen konnte mir in Ägypten keiner meiner Gesprächspartner wirklich weiterhelfen. Schulterzucken. Ratlosigkeit. Im Sudan herrscht Unsicherheit, in Tunesien Instabilität. Eindeutige Antworten kann das Buch daher nicht geben. In einem allerdings waren sich alle einig: Von der Europäischen Union erwarten sie kaum mehr Hilfe in Sachen Demokratisierung. Im Stich gelassen fühlen sie sich:»Am Ende unterstützen die lieber das Regime als uns.« Nicht nur am Nil bekam ich diesen Satz zu hören. Der Putsch und die EU – ein trauriges Kapitel in diesem Buch, eines über Doppelmoral und Geschäftemacherei.

Um das Erbe der Revolutionen von 2011 scheint es also nicht gut bestellt zu sein. Und doch – es tut sich etwas bei den jungen Menschen in der arabischen Welt.»Wir sind noch nicht fertig«, sagen sie. Vor allem wollen sie sich nicht länger abspeisen lassen mit»leeren Versprechungen und kosmetischen Veränderungen«, wie eine Politikwissenschaftlerin der in Paris ansässigen Organisation»Arab Reform Initiative« schreibt. Der Wunsch nach einem Leben in Würde, Gerechtigkeit und Freiheit ist also ungebrochen, trotz aller Rückschläge. Nur, über Nacht wird die erhoffte Wende nicht kommen. Solche Umbrüche brauchen Zeit. Vielleicht Jahrzehnte. Niemand kann dies vorhersehen. Aber eines sollten wir nicht vergessen. Hier in Deutschland dauerte es 101 Jahre, ehe wir eine stabile Demokratie hatten – von der ersten Revolution 1848 bis zur Gründung der Bundesrepublik 1949. Und die haben wir nicht uns zu verdanken, sondern den Siegermächten des Zweiten Weltkriegs.

Jörg Armbruster, Frühjahr 2021

KAPITEL 1

ÄGYPTEN – VOR DEM PUTSCH

KAIRO, TAHRIR-PLATZ

Es herrscht Chaos, wie immer am Nachmittag. Rushhour. Ein Höllenlärm aus wildem Hupen, knatternden Mopeds, Sirengeheul, röchelnden Motoren und schalldämpferbefreiten Auspuffen. Gas geben, bremsen, Gas geben. Alle wollen heim. Autos drängen sich aneinander vorbei. Dass das nicht immer gut geht, zeigen die vielen Beulen und Schrammen an den Karosserien. Tut sich eine noch so enge Lücke auf, zwängt sich ein Fahrer hinein. Manchmal geht es nur zentimeterweise voran. Ein Wunder, dass sich überhaupt etwas bewegt. Und mitten in diesem Tohuwabohu aus weißgrauen Taxis, Motorrädern, Kleinlastern und Privatautos trottet ein Bauer neben seinem mit Wassermelonen beladenen Eselskarren. Wie Tier und Mensch diesen Lärm und Abgasgestank aushalten, ist ein Rätsel. Über dem Platz hängt eine von der Sonne aufgeheizte Glocke aus Grobstaub, Stickoxyden und dem Bleidunst der Fahrzeuge, die jeden aufrechten TÜV-Prüfer verzweifeln lassen müssten. Aber in Kairo ist das normal. Ein Alltag ohne Verkehrschaos? Kaum vorstellbar, schon gar nicht rund um den Tahrir-Platz.

Am Rand dieses berühmten Rondells lehnen Polizisten an Absperrgittern und beobachten gelassen das Chaos. Für sie haben andere Dinge Priorität. Der seit kurzem frisch begrünte Tahrir-Platz ist nicht nur wichtiger Verkehrsknotenpunkt der Metropole, er ist zugleich Symbol. Vor zehn Jahren hatten sich hier Ägypterinnen und Ägypter aus allen Gesellschaftsschichten versammelt, um gegen Präsident Husni Mubarak zu demonstrieren. Hier, weil sie den Namen des Platzes wörtlich nahmen, denn *tahrir* heißt »Befreiung«. Ausgehend von Protesten in Tunesien und Ägypten, war der Funke in fast die ganze arabische Welt übergesprungen. Ins vermögende Bahrain, in den bettelarmen Jemen, ins Ölland Libyen, dann ins unglückliche Syrien. Selbst in superreichen Ländern wie Kuwait oder Saudi-Arabien mussten sich die Scheichs und Könige freikaufen vom Zorn ihrer Untertanen. Vor allem junge Menschen waren es, die überall versuchten, die alten Herrscher aus ihren Ämtern zu vertreiben. In Tunesien gelang dies mit dauerndem, in Ägypten nur mit zeitweiligem Erfolg. Präsident Mubarak wurde gestürzt. Als neuer Präsident gewählt wird der von der Muslimbruderschaft unterstützte Mohamed Mursi. Zur Ruhe kam das Land dennoch nicht. 2013 kommt es schließlich zum Militärputsch. Seither regiert Präsident al-Sisi mit eiserner Hand, nach alter Manier.

Dass es nicht wieder zu Protesten kommt, das sollen die Polizisten hier am Tahrir-Platz verhindern. Aufstandsversuche im Keim zu ersticken, das ist ihr Auftrag. Deswegen stehen sie an den Absperrgittern des Platzes und beobachten die Passanten. Bleibt jemand auffallend lange stehen, erregt er sofort ihr Misstrauen. Zusammenrottungen sind um jeden Preis zu vermeiden. Beim geringsten Anzeichen schlagen sie Alarm. Dann wird eine Maschinerie in Gang gesetzt, die so präzise abläuft wie sonst kaum etwas in Ägypten. Schwarze Mannschaftswagen mit Polizisten schieben sich erbarmungslos durch den dichtesten Verkehr. Diese aus dickem Stahl zusammengeschweißten Truppentransporter sind vorn mit Schilden armiert, mit denen sie Barrikaden wegräumen können. Vollgas genügt. Allein der Anblick dieser gepanzerten Transporter im Rückspiegel lässt die Autofahrer an den Straßenrand flüchten. In den Seitenwänden dieser Kolosse sind auf halber Höhe faustgroße runde Löcher ausgeschnitten. Keine

Luftlöcher, sondern Schießscharten. Die Polizisten schießen mit Tränengas oder mit Gummigeschossen oder scharf, je nach Befehl. Wasserwerfer folgen der Kolonne. Begleitet wird dieser Aufmarsch von ohrenbetäubendem Gejaule der Sirenen. Am Ende weitere gepanzerte Kommandofahrzeuge. Spätestens nach einer halben Stunde ist der Platz rundum besetzt.

Wer sich nicht schnell genug aus dem Staub gemacht hat, hat Pech gehabt. Jeder ist verdächtig.

»Zeig dein Smartphone! Mach Facebook auf!«

Den Befehlen der Polizisten ist Folge zu leisten. Wer sich weigert, wird festgenommen. Der Polizist scrollt durch die Facebook-Seite des potenziellen Staatsfeinds, sucht nach Posts mit politischen Inhalten – und sei es nur eine abfällige Bemerkung über die steigenden Preise. Vielleicht hat der Smartphone-Besitzer kürzlich von einem Freund aber auch eine al-Sisi-Karikatur zugeschickt bekommen und hat vergessen, sie zu löschen. In diesem Fall wird er sofort zum Gefangenentransporter geführt, der immer zum Polizeiaufmarsch gehört. Wahrscheinlich sitzen schon andere Verdächtige in dem stickigen, fensterlosen Innenraum des Lastwagens, verängstigt, verstört. Alles Protestieren hat keinen Zweck: »*Ya bascha*, ich habe doch nichts getan. Ich weiß nicht, wie das Bild auf meine Facebook-Seite kommt. Da hat mir einer einen bösen Streich gespielt. Ich liebe den Präsidenten. Lange lebe al-Sisi, lange lebe Ägypten!«

Die Polizisten haben klare Befehle. Selbst Kinder sind schon in das Mahlwerk der Justiz geraten.

Die Repressionswelle, die das Land seit 2013 erlebt, ist in der Geschichte Ägyptens beispiellos. Das bestätigt mir bei einem Besuch in Kairo Gamal Eid, Anwalt und Menschenrechtsaktivist seit 1994:

»Al-Sisi ist der Meinung, dass der Arabische Frühling 2011 nur entstehen konnte, weil Mubarak zu wenig Repression eingesetzt hat. Deswegen lässt er seine Polizei viel schärfer gegen Oppositionelle vorgehen, als es Mubarak je getan hat. Er will Angst und Schrecken verbreiten, um für sein Regime Stabilität zu erreichen.«

»Die Ägypter leben in ständiger Angst vor dem Sicherheitsapparat«, so ein anderer Menschenrechtler, der Chef der »Ägyptischen Kommission für Rechte und Freiheiten«, Mohamed Lotfi,»und ich fürchte, er hat einem großen Teil der Bevölkerung erfolgreich eingeimpft, entweder akzeptiert ihr mich und meinen Sicherheitsapparat, oder ihr bekommt das Chaos der Unruhen von 2011 und 2012 zurück. Tatsächlich war diese Zeit für viele eine wirtschaftlich schwierige Zeit.«

Als es Ende September 2019 tatsächlich erneut zu Tumulten auf dem Tahrir-Platz kommt, schlägt die Polizei erbarmungslos zu. Auf der Straße, bei Hausdurchsuchungen oder am Arbeitsplatz nimmt sie innerhalb kürzester Zeit über 4000 Ägypter fest. Ein paar hundert Menschen waren in Kairo wie auch in anderen Städten des Landes auf die Straße gegangen und hatten den Rücktritt des Präsidenten gefordert. Lang aufgestaute Wut über Korruption und Misswirtschaft hatte sich Luft gemacht. Vorausgegangen war der Aufruf eines ehemaligen Bauunternehmers, der sich aus Angst, verhaftet zu werden, nach Barcelona abgesetzt hatte. Jahrelang hatte er Bauprojekte für das Militär ausgeführt, doch dann hatte er sich mit den Generälen überworfen. Er wechselte die Seite und prangerte, im sicheren Barcelona, die Verschwendungssucht des Militärs an, an der er bis dahin gut verdient hatte.

Für die ägyptischen Sicherheitsbehörden war der Aufruf des Bauunternehmers ein willkommener Anlass, gründlich aufzuräumen unter den bekannten Oppositionellen. Politiker, Menschenrechtler, Rechtsanwälte, so gut wie jeder, der sich in den letzten Monaten kritisch über die Regierung geäußert hatte, wurden festgenommen. Die Anklagen, wenn es überhaupt eine gab, lauteten: Unterstützung und Finanzierung einer Terrororganisation, Verbreitung falscher Nachrichten und Missbrauch der sozialen Medien. In aller Regel entbehrten sie jeder Grundlage.

Diese Geschichte um Mohamed Ali, so der Name des Bauunternehmers, der sich auch als TV-Schauspieler in Szene gesetzt hatte, ist nur eine kleine Episode aus der Zeit nach dem Militärputsch von 2013. Aber sie macht deutlich, wie angreifbar die Generäle und ihre Helfer sind. Mohamed Alis Enthüllungen haben sie kalt erwischt. Irgendwas wird hängen bleiben. Die Suezkanal-Erweiterung zum Beispiel – ein Mammutprojekt zum Ruhme des Landes, so die offizielle Propaganda. Tatsächlich, so Ali, sei die Steigerung der Einnahmen bislang ausgeblieben. Dass sich die Militärs private Paläste bauen lassen, musste sogar der Präsident einräumen, aber, so al-Sisi in grotesker Hilflosigkeit, diese Villen würden doch nur für das Volk gebaut.

Die Mohamed-Ali-Geschichte zeigt außerdem, dass es wieder gärt im ägyptischen Volk. Steht womöglich ein neuer arabischer Frühling ins Haus mit Massendemonstrationen gegen korrupte Politiker und Kämpfen mit Prügelpolizisten? Wohl kaum. Keiner meiner Gesprächspartner in Kairo erwartet eine solche Entwicklung in absehbarer Zeit.

Dazu sei das Spitzelsystem zu engmaschig und die Polizei- und Militärpräsenz zu massiv, sagt mir die Gründerin des »Nadim-Zentrums« für Folteropfer, Dr. Aida Seif al-Dawla, und fügt sogleich hinzu: »Auch dank eurer Hilfe und eurer Waffenexporte.« Dennoch – irgendwann wird es zu einem neuen Aufstand kommen: »Ich weiß natürlich nicht, wann. Aber es wird etwas passieren. So kann es auf Dauer nicht weitergehen. Ich fürchte nur, dass es beim nächsten Mal brutaler zugehen wird. Es wird richtig hässlich werden.«

All das sind Spekulationen. Aber dass es »hässlich werden wird«, wie Aida es formuliert hat, glauben fast alle meine Gesprächspartner. »Es wird radikaler werden. Die Menschen haben gelernt, dass sie 2011 viele Fehler gemacht haben«, so die ägyptische Schriftstellerin

Basma Abdel Aziz, die sich als gelernte Psychiaterin intensiv mit den menschenverachtenden Diktaturen im Nahen Osten auseinandergesetzt hat. »Sie werden nicht mehr bereit sein, sich mit dem Militär zu arrangieren. Es wird gewalttätig werden, vermute ich. Die Menschen verarmen immer mehr. Sie sind wütend. Auf der anderen Seite hat das Militär sehr viel zu verlieren, die ganzen Privilegien. Ja, es wird sehr viel gewalttätiger zugehen als beim letzten Mal.«

Was also hat der Arabische Frühling vor zehn Jahren gebracht? Nur diese neue Militärdiktatur? War der Aufstand auf dem Tahrir-Patz 2011 vergeblich gewesen?

Wem immer ich diese Frage stelle, die Antwort lautet: nein. Die Zeit der Freiheit mag nur kurz gewesen sein, aber die Wirkung, die sie auf große Teile der ägyptischen Gesellschaft ausgeübt hat, sie dauert an.

»Der 25. Januar 2011 war ein Weckruf. Wir wollen eine andere Gesellschaft, lautete die Botschaft damals. Den Weckruf haben noch heute viele Menschen im Ohr«, so Mohamed Lotfi.

»Der 25. Januar hat uns Kraft gegeben weiterzumachen«, sagt der Anwalt Gamal Eid, der eigentlich an seinem Beruf verzweifeln müsste, weil »die Urteile, mit denen ich zu tun habe, alle von der Staatssicherheit vorgefertigt sind. Die Richter gehorchen und verkünden, was anderswo entschieden wird.« Die Erinnerung an den 25. Januar 2011 sei ihm aber Ansporn, nicht aufzugeben. »Wir müssen einfach weitermachen!«

»Wir haben die Lähmung der Mubarak-Zeit mit dem 25. Januar überwunden«, so Basma Abdel Aziz. Gleichzeitig gesteht sie: »Den Glauben an einen guten Ausgang dieses Frühlings hatte ich in dem Augenblick verloren, als das Militär eingriff.« Dennoch ist für sie entscheidend: »Wir haben damals unsere Furcht überwunden. Und besonders Frauen spielten dabei eine wichtige Rolle.«

VORGESCHICHTEN

Bis heute herrscht Uneinigkeit darüber, wer oder was die »Arabellion« vor zehn Jahren wirklich ausgelöst hat. Wer hat die Demonstranten am 25. Januar 2011 auf dem Tahrir-Platz zusammengetrommelt, um Mubarak zu stürzen? Waren es, wie man zumeist hört, die jungen, gut ausgebildeten Ägypter, die Studentinnen und Studenten und die vielen arbeitslosen Akademiker? Die Kinder wohlhabender Mittelständler, die Söhne und Töchter der dünnen Schicht des Bildungsbürgertums? Die Aktivisten der ägyptischen Zivilgesellschaft, die Facebook-Freunde und Internetuser, die sich – gut miteinander vernetzt – auf dem Tahrir-Platz versammelten, dem »Platz der Befreiung«, um sich drei Wochen später dann tatsächlich von Mubarak, dem verabscheuten Dauerdespoten, zu befreien?

Nein. So einfach war es nicht. Die Geschichte des Tahrir-Platzes hat viele Vorgeschichten. Und sie beginnen deutlich früher.

ISCHAK, BISCHRI UND ASWANI HABEN GENUG

Eine dieser Vorgeschichten beginnt 2004 an einem Abend während des Fastenbrechens im Ramadan. Etliche Mubarak-Gegner hatten sich im Haus des Kairoer Intellektuellen Abul Ela al-Ramadi getroffen, sie diskutierten die alles andere als rosige Lage. Zur Begrüßung nach Sonnenuntergang hatte es erst die obligatorischen Datteln gegeben, dann gegrilltes Hammel- und Hühnerfleisch, Gemüse und Salat und natürlich frisch gebackenes Fladenbrot, dazu trank man Obstsaft, alles auf einem langen Tisch angerichtet. Zum Abschluss bot der Gastgeber den überzuckerten Brotauflauf Umm Ali an, schließlich süßen Tee oder türkischen Kaffee. Ein typisches *iftar*-Essen am Ende eines Fastentags.

Es war Anfang November. Unter den Mubarak-Kritikern: der ehemalige Lehrer George Ischak, mit dessen Namen Kifaja bis heute untrennbar verbunden ist, außerdem Tariq al-Bischri, bekannt als einer der wenigen unbestechlichen Richter des Landes, und der Nasserist Hamdin Sabahi, der Jahre später zweimal als Präsidentschaftskandidat antreten sollte, einmal gegen den Muslimbruder Mohamed Mursi und zwei Jahre später gegen General Abdel Fattah al-Sisi. Beide Male sollte er verlieren.

In dieser Männerrunde war man sich schnell einig. Wichtig sei es, den Protest zu bündeln, Einzelkämpfer könnten nichts ausrichten. Und vor allem: Man müsse den Protest auf die Straße bringen. In möglichst vielen Städten die Bürger zu zivilem Ungehorsam auffordern. Ein Name für diese Bewegung war schnell gefunden: *kifaja* – »genug«. Schließlich hatten alle genug von der Herrschaft der Mubarak-Familie.

Mit dem inzwischen einundachtzig Jahre alten George Ischak treffe ich mich im Jahr 2019 im vornehmen Interconti-Hotel Semiramis. Dieser Treffpunkt war sein Wunsch gewesen. Er wohnt gleich um die Ecke, nicht weit vom Tahrir-Platz entfernt. »Wir haben damals beschlossen, am Tag der Menschenrechte, also am 10. Dezember, eine große Demonstration zu organisieren«, beginnt der rüstige Mann zu erzählen, als wir uns im Hotelcafé gegenübersitzen. »Die Menschen sollten vor dem Obersten Gerichtshof im Zentrum Kairos gegen die Menschenrechtsverletzungen protestieren. Bis zum 10. haben wir es nicht geschafft, aber am 12. Dezember 2004 versammelte sich ein kleines Häuflein von Protestierenden vor dem Gericht und rief: ›Nieder mit Mubarak!‹ oder ›Mubarak, du bist ein Dieb‹, schließlich war den meisten Ägyptern bekannt, dass sich die Familie Mubarak schamlos bereicherte.«

Diese Parolen, die in Ägypten so noch nie gehört worden waren, kamen einer Majestätsbeleidigung gleich. Mubaraks Ansehen war damals bereits im Schwinden, und man beobachtete mit Sorge, dass der Vater seinen Sohn Gamal als neuen Präsidenten aufbauen wollte. Doch »Nieder mit Mubarak«? Das ging vielen zu weit.

»Viele Passanten hielten uns für verrückt. Etwas musste in unseren Köpfen falsch gepolt sein. Aber dann schlossen sich immer mehr Menschen unserer Demonstration an. Am Ende waren wir über tausend.« Diese Demonstration am 12. Dezember 2004 war, so Ischak, die allererste Kundgebung, auf der in der Öffentlichkeit der Rücktritt Mubaraks gefordert wurde. Es war die Geburtsstunde der Protestbewegung in Ägypten, die sechs Jahre später in den Arabischen Frühling mündete.

Später stieß der Schriftsteller Ala al-Aswani zu der Gruppe. In seinem Roman *Der Jakubijân-Bau*, der 2002 erschienen war, hatte Aswani zum ersten Mal in der ägyptischen Literatur Tabuthemen wie Homosexualität, Vergewaltigung, Radikalisierung und Korruption der Mächtigen thematisiert. Dieser ägyptische Bestseller hat zweifellos mit seiner schonungslosen Offenlegung der ägyptischen Oberschicht-Bigotterie zur Mobilisierung der Jugend mit beigetragen. Tausendfach verkaufte sich das Buch in einem Land, in dem damals fast die Hälfte der Erwachsenen weder lesen noch schreiben konnte. Es war, als hätten die ägyptischen Leser nur auf einen solchen Schlüsselroman gewartet. Endlich hatte einer aufgeschrieben, worunter die Menschen schon lange litten in Ägypten.

DAS SYSTEM MUBARAK

Seit 1981 regierte Husni Mubarak dieses Ägypten – ganz offiziell und ohne Unterbrechung im »Ausnahmezustand«. Seine Polizei foltert. Menschen verschwinden in den Gefängnissen, werden ermordet. Das Land ist runtergewirtschaftet durch Korruption und Inkompetenz. Die Arbeitslosigkeit ist hoch, ebenso die Inflation. Jeder Ruf nach Reform wird sofort zum Verstummen gebracht. Wer Institutionen wie das Scheinparlament oder die Regierung infrage stellt, gilt bereits als Landesverräter. Polizei und Geheimdienste unterdrücken jede Opposition, verbreiten Angst und Schrecken. Das Land ist erstarrt, die Menschen sind gelähmt. Außerdem verlangt der Internationale Währungsfonds für neue Kredite eine immer rigidere Sparpolitik, die in erster Linie jene Ägypter trifft, die ohnehin um ihr täglich Brot kämpfen müssen. Auf der Skala des »Human Development Index« der UNO lag Ägypten 2003 auf dem 119. Platz von 177 Ländern. In Tunesien und Algerien genossen die Menschen einen höheren Lebensstandard. Selbst im besetzten und häufig abgeriegelten Westjordanland ging es diesem Index zufolge den Menschen damals besser als den Ägyptern.

All das schien das Herrschaftssystem der Familie Mubarak nicht zu stören. Wer ihre Gunst gewonnen hatte, lebte in einer Blase, in der Intrigen- und Machtspiele sowie Bereicherung wichtiger waren als politische Programme zum Wohl des Landes.

Ein Beispiel: Der Stahlbaron Ahmed Ezz, Mubarak-Vertrauter und enger Freund von dessen Sohn Gamal, kontrollierte 2008 rund 47 Prozent der Stahlproduktion und 75 Prozent des lokalen Stahlmarktes Ägyptens. Als Generalsekretär der Staatspartei NDP und Vorsitzender des Haushaltsausschusses im Parlament steuerte er die Wirtschaftspolitik des Landes. In dieser Doppelrolle verhinderte er Kartellgesetze, die seinen Geschäften hätten gefährlich werden können, und manipulierte den Wettbewerb auf dem ägyptischen Stahlmarkt durch Importverbote von billigem Stahl aus dem Ausland, um so seine eigene teurere Produktion zu schützen. Erst der Rücktritt seines Freundes Mubarak machte diesem Treiben ein Ende, das in der ägyptischen Öffentlichkeit schon lange bekannt war.

Auch in einem 274 Seiten dicken Bericht über Korruption in Ägypten, den Kifaja 2006 veröffentlichte, war Ahmed Ezz prominent vertreten. Laut diesem Bericht gab es damals so gut wie keinen korruptionsfreien Bereich im öffentlichen Leben. Egal ob im Gesundheitswesen, in der Landwirtschaft, in der Industrie, im Energiewesen oder in den Antikenbehörden, überall versuchten die Verantwortlichen so viel Geld wie möglich abzuschöpfen auf Kosten der Bürger. Zu den gängigen Methoden gehörten Kapitalflucht ins Ausland, Nepotismus und Vorteilsnahme. Es gab den Vorwurf, der Generalsekretär der Regierungspartei und seine Söhne hätten bei einem Prostituiertenring abkassiert. Andere hohe Regierungsbeamte sollen am Drogenschmuggel beteiligt gewesen sein. Aufgedeckt wurde der Einsatz von verbotenen, weil krebserregenden Pestiziden in der Landwirtschaft. Auch Mubaraks Ehefrau und seine beiden Söhne wurden in dem Bericht der Bestechlichkeit, Veruntreuung und Unterschlagung beschuldigt.

Sohn Gamal, von Beruf Investmentbanker, hatte sich mit einer Kamarilla einflussreicher Geschäftsleute umgeben, die alle hofften, durch ihn noch reicher zu werden. Gamal Mubarak und sie waren es, die die Privatisierung der Staatswirtschaft vorantrieben, wobei sie sich die Filetstücke der Staatsbetriebe unter den Nagel rissen. Oft lag der Immobilienwert der Grundstücke dieser Staatsfirmen weit über dem Verkaufswert der Fabrik, den der Käufer bezahlt hatte. Spätestens ab 2010 war den meisten Ägyptern klar, dass Gamal Mubarak der Nachfolger des Dauerdespoten werden sollte. Auch das Militär beobachtet diese Entwicklung misstrauisch. Sohn Gamal an der Spitze des Staates hätte die Macht und den Einfluss des Militärs erheblich geschmälert. Seit 1952 war es das Militär gewesen, das den Präsidenten stellte. Daran zu rütteln kam in ihren Augen Hochverrat gleich und konnte von den Generälen nicht hingenommen werden. Denn die hohen Offiziere Ägyptens sind mehr als nur tapfere Landesverteidiger, die bislang zwar jeden Krieg verloren, sich aber als eine feste Größe in Politik und Wirtschaft eingerichtet haben – ein von niemandem kontrollierter Staat im Staat. Außer Generalstabsplaner sind sie gewiefte Geschäftsleute und Fabrikbesitzer mit einer breit gestreuten Produktpalette. Sie produzieren Lebensmittel, Olivenöl, Milch, Brot: Für Ägypter wichtige Grundnahrungsmittel, für die Militärs ein lukratives Geschäft. Außerdem gehören Tankstellen und Hotelketten zum Wirtschaftsimperium der Manager in Uniform. Die Zementproduktion des Landes kontrollieren sie fast vollständig. Kein Gebäude, keine Brücke, keine Befestigungsanlage, an denen sie nicht ordentlich mitverdienen. Zwischen 20 und 40 Prozent des ägyptischen Bruttosozialprodukts soll in solchen Militärunternehmen erwirtschaftet werden. So genau weiß das niemand. Aber an dieser Macht zu rühren, hatte bislang noch kein Politiker gewagt. All dies könnte auf dem Spiel stehen, sollte der Zivilist Gamal Mubarak neuer Präsident werden. Daher war die Rebellion auf dem Platz im Januar 2011 auch so etwas wie ein Geschenk für die Generäle.

Nach dem Rücktritt Mubaraks ermittelte die Staatsanwaltschaft gegen Sohn Gamal und die meisten seiner Freunde wegen Korruption. Sie landeten entweder im Gefängnis wie Ahmed Ezz und die Mubarak-Söhne einschließlich ihres Vaters, oder sie flohen ins Ausland, wohin sie schon früher einen großen Teil ihres erschlichenen Vermögens transferiert hatten. Nach der Revolution 2011 haben Finanzbehörden der Schweiz dem Mubarak-Clan gehörende Konten im Gesamtwert von 700 Millionen Dollar ermittelt und eingefroren. Ahmed Ezz konnte sich 2014 für eine Kaution von 10 Millionen Euro freikaufen. Arm ist er dadurch vermutlich nicht geworden. Vater Mubarak durfte schließlich 2016 seine Zelle gegen ein Zimmer seiner Luxusvilla im vornehmen Kairoer Stadtteil Heliopolis eintauschen. Das Gericht sprach ihn frei. Seine beiden Söhne waren schon 2015 freigekommen. Von ihrem unterschlagenen und ins Ausland verschobenen Vermögen, das von einigen Experten auf insgesamt 10 Milliarden Dollar, von anderen auf fast 70 Milliarden geschätzt wird, ist in Ägypten nur ein Bruchteil aufgetaucht.

Auch Mutter Suzanna spielte im System Mubarak eine wichtige Rolle. Um sich die Gunst der First Lady Ägyptens zu sichern, buckelten selbst Minister vor ihr, und dies mitunter in aller Öffentlichkeit. Zum Beispiel die Ministerin für Arbeit und Migration auf einem Regierungsempfang. In einem vom ägyptischen Fernsehen aufgenommenen und später auf YouTube veröffentlichten Film sieht man die Ministerin unter hochrangigen Staatsdienern in schwarzen Anzügen in einem Festsaal. Sie redet auf die gerade angekommene Suzanna Mubarak ein, die ihr höflich lächelnd zuhört, aber nicht weiter interessiert zu sein scheint. Plötzlich greift die Ministerin die linke Hand der Präsidentengattin, zieht sie an sich und küsst sie. Suzanna Mubarak lächelt etwas gequält, lässt es aber über sich ergehen. *Keiner der Anzugträger nimmt Notiz von dieser kleinen Szene.*

Der Schriftsteller Ala al-Aswani hat in einem Essay erklärt, warum derartige Unterwürfigkeitsgesten normal waren in Mubaraks Ägypten:

»Aischa Abdel Hadi hatte sich nie träumen lassen, dass sie einmal Ministerin wird … Sie hat begriffen, dass sie nicht ernannt wurde wegen ihrer Kompetenz, sondern weil sie dem Präsidenten und seiner Familie genehm war, und um diese Gunst nicht zu verlieren, war sie zu allem bereit, sogar in aller Öffentlichkeit die Hand des Präsidenten, die seiner Gattin oder seiner Söhne zu küssen.« Aswani schließt seinen 2009, also noch zu Mubaraks Zeiten, geschriebenen, aber erst 2011 veröffentlichten Text mit der Frage: »Kann man von Aischa Abdel Hadi tatsächlich erwarten, dass sie die Würde und die Rechte der Ägypter verteidigt?« Eine Antwort erübrigt sich.

Wie die meisten arabischen Länder verfügt auch Ägypten über Institutionen, mit denen sich ein kompromisslos diktatorisches Regime einen demokratischen Anstrich verpasst – ein Parlament zum Beispiel, Wahlen oder eine angeblich unabhängige Justiz. Der jährlich von der UNO herausgegebene *Arab Human Development Report* von 2004 beschreibt diese schizophrene Situation: »Solche Institutionen sind der Exekutivgewalt unterworfen, sind Teil des Regierungsapparates, sie dienen also nicht zum Schutz der Freiheiten der Bürger.« Ein solches System schaffe »Parlamentarier, die vor der Regierung einen Diener machen, statt deren Arbeit zu überwachen; NGOs, die im Auftrag der korrupten Regierung arbeiten; Medien, die Regierungspropaganda verbreiten, also nichts mehr sind als das Sprachrohr der Herrschenden.«

In der Machtpyramide des Landes nahm der »Pharao«, wie die Ägypter Mubarak heimlich nannten, den obersten Platz ein, zusammen mit seinem Sohn Gamal und dessen korrupten Freunden, gefolgt vom Militär und den Geheimdiensten als den Wächtern und Garanten dieses Systems. Niemand durfte es infrage stellen. Dafür sorgten Polizei und verschiedene Staatsschutzdienste, die ihre Spitzel selbst in den Teehäusern platziert hatten. Offene Diskussionen waren nicht möglich, wussten die Teehausbesucher doch nie, wer Freund war und wer Feind. Die »Nationaldemokratische Partei« (NDP), die Staatspartei, hatte die Aufgabe, für Mehrheiten im Scheinparlament zu sorgen. An den Spitzen der 27 Gouvernements standen ohnehin Mubarak-treue Generäle. Auch von der Justiz konnten die Ägypter keine Hilfe erwarten. Die meisten Richter waren genauso käuflich und abhängig wie alle anderen Beamten auch.

Bleischwer lag dieses System auf dem Land und lähmte es bis zum Stillstand. Und genau aus diesem Grund hatte 2004 die Rama-dan-Runde um George Ischak verkündet: Kifaja! Es reicht!

»Wir haben damals in allen Gouvernements Demonstrationen an-gezettelt«, erzählt Ischak mir im Interconti-Hotel, und seine Augen leuchten, auch jetzt noch, fünfzehn Jahre danach. »Immer vor dem Dienstsitz des Gouverneurs. Für eine Stunde mit Parolen wie ›Mu-barak, du bist ein Dieb‹. Dann verschwanden wir wieder.« Schneller als die Polizei vor Ort sein konnte. Das war die Idee, und sie funktio-nierte. Immer mehr Menschen schlossen sich der Bewegung an.

In jenem Jahr kündigte Mubarak an, sich im kommenden Jahr, 2005, wieder zum Präsidenten wählen lassen zu wollen, wieder mit einem von der Staatspartei NDP dominierten Parlament. Die Väter von Kifaja wussten, was auf das Land zukommen würde – Wahl-fälschungen wie bei den Abstimmungen zuvor, gekaufte Stimmen, Schlägertrupps gegen Oppositionskandidaten, Behinderungen im Wahlkampf, Manipulationen der Wahlurnen und der Auszählungser-gebnisse. Und all das würden die Staatszeitungen dann als eine freie, demokratische Wahl verkaufen.

Immerhin machte das Ausland Druck: »Bitte etwa mehr Demo-kratie«, war aus Washington und Brüssel an Mubarak herangetragen worden. Dem obersten Ägypter blieb gar nichts anderes übrig, als sich den Wünschen zu fügen, schließlich sind die USA ein äußerst wichtiger Geldgeber. Doch Mubarak war schlau genug, die USA zufriedenzustellen, ohne seine Macht ernsthaft zu beschneiden. Er sorgte dafür, dass die Hürden für eine Wahlzulassung so hoch gelegt wurden, dass am Ende neben der traditionell zugelassenen »Wafd«-Partei nur wenige Parteien und Kandidaten antreten konnten. Protest gegen diesen schlecht getarnten Wahlbetrug war aus Washington nicht zu vernehmen. Immerhin zehn Kandidaten durften gegen Mubarak antreten. Eine dieser Alibiparteien war »Al-Ghad« (Der Morgen) mit dem Spitzenkandidaten Aiman Nur. Ihr Wahlergebnis war mit 7,4 Prozent der Wählerstimmen kümmerlich, allerdings bei einer Wahlbeteiligung von gerade einmal 23 Prozent. Doch selbst dieses magere Ergebnis war den Sicherheitsbehörden bereits zu viel. Sie ließen den Parteichef verhaften und vor Gericht stellen. Wegen angeblicher Urkundenfälschung wurde er zu vier Jahren Gefängnis verurteilt – tatsächlich aber, weil er es gewagt hatte, eine neue Verfassung zu fordern. In Sachen Willkür und Repression war alles beim Alten geblieben in Ägypten.

Eines allerdings überraschte auch die Mubarak-Gegner. Die als unabhängige Kandidaten angetretenen Muslimbrüder errangen auf einen Schlag 88 der 442 Sitze und wurden damit zwar stärkste Oppositionskraft im von der Staatspartei kontrollierten Parlament. Doch mit der Kifaja-Bewegung wollten die Brüder nichts zu tun haben.

»Die Muslimbrüder waren Opportunisten ohne Rücksicht auf andere Oppositionelle. Wenn während einer Demonstration ›Nieder mit Mubarak‹ gerufen wurde, verschwanden die plötzlich«, erinnert sich George Ischak.

Faire Wahlen, keine Korruption und ein Parlament, das die Regierung wirklich kontrolliert – diesen Kifaja-Forderungen schlossen sich im Frühjahr 2005 immerhin mehrere Richtervereinigungen an. Mutig verlangten sie eine Garantie uneingeschränkter Unabhängigkeit. Doch anders als sechs Jahre später stießen sich 2005 die Aktivisten von Kifaja die Stirn blutig an den Betonmauern des Regimes.

WAEL ABBAS GEHT ONLINE

Einer, der später auf dem Tahrir-Platz eine wichtige Rolle spielen sollte, war schon damals dabei – der Blogger und Journalist Wael Abbas. 2005 war für ihn das Schlüsseljahr. Seine erste Demo mit Kifaja, seine ersten »Nieder mit Mubarak«-Rufe, seine erste Konfrontation mit der Polizei. Das war am 20. Mai 2005. »Bei dieser von Kifaja initiierten Demonstration habe ich zum ersten Mal in meinem Leben die Polizeibrutalität am eigenen Leib erlebt«, erzählt er mir im April 2011 auf der Nil-Insel Zamalek, in der dortigen Buchhandlung Diwan. »Die Funktionäre der Staatspartei NDP und die Staatssicherheit hetzten Schlägertrupps und Gangster auf uns. Die droschen mit Knüppeln auf uns ein. Sie zerrten die Frauen an den Haaren und rissen ihnen die Kleider vom Leib. Sie stahlen alles, was wir dabeihatten, Telefone, Kleider, Geld. Ich habe damals so viel wie möglich fotografiert, aber niemand wollte meine Bilder veröffentlichen. Alle hatten Angst.«

Nach dieser Erfahrung beschloss Wael Abbas, sich auf die Dokumentation von Polizeiwillkür zu spezialisieren, ging mit seiner kleinen Videokamera zu Demonstrationen, drehte die Prügelpolizisten und veröffentlichte die Videos in seinem Blog »Misr Digital« (Ägypten Digital). »Wir haben uns damals überlegt, was wir machen können. Die Medien waren ja alle in der Hand des Staates. Und gegen die Polizei hatten wir ohnehin keine Chance. Also war das Bloggen im Internet unsere einzige Chance.«

Dass die Regierung ihn hasste und immer wieder verhaftete, versteht sich schon fast von selbst. »Gefoltert worden bin ich Gott sei Dank nie. Aber ich habe die Schreie gehört.« Sein Arbeitgeber, eine renommierte Tageszeitung in Kairo, entließ ihn. »Von da an war ich offiziell geächtet. Freunde, mit denen ich am Telefon gesprochen hatte, bekamen anschließend Schwierigkeiten mit der Staatssicherheit.« Er zuckt die Schultern bei unserem Gespräch zwei Monate nach dem Sturz des Dauerdespoten, als wolle er sagen: alles normal, nichts Besonderes in Mubaraks Ägypten.

Doch dann bekam er Schwierigkeiten von einer ganz anderen Seite. 2007 schloss YouTube seinen Account, seine Videos wurden gelöscht. »Ich war schockiert«, erzählt er fassungslos. »Damit hatten wir nicht gerechnet.« Vermutlich hatte das Innenministerium bei YouTube interveniert. Gegenüber CNN erklärte das Videoportal, etliche der Videos verstießen gegen die Richtlinien der Firma, weil sie gewalttätige oder blutige Inhalte zeigten. Tatsächlich sah man in einem Film, wie ein Polizist einem verhafteten Taxifahrer bei einem Verhör den Polizeiknüppel in den After stieß. Dessen Schmerzensschreie schienen den Polizisten nur noch anzuspornen. »Ich dachte immer, die sozialen Medien seien unsere Verbündeten, sie würden all das zeigen, was die Mächtigen im Verborgenen taten. Aber davon kann man heute nicht mehr ausgehen. Es ist, als hätten YouTube oder Facebook die Folterbilder von Abu Ghraib gelöscht, weil sie zu grausam sind.« Auch mit seiner E-Mail-Adresse bei Yahoo bekam er damals bald Schwierigkeiten.

Trotz solcher Rückschläge hatte Wael Abbas weitergemacht. »Ich bin kein Pyjamahidin«, sagte er in unserem Gespräch, kein Mudschahidin im Pyjama, kein Kämpfer im Schlafanzug also, kein radikaler Stubenhocker. »Ich muss mich einmischen, unter die Leute gehen.« Selbst nach dem Putsch des heutigen Präsidenten Abdel Fattah al-Sisi am 30. Juni 2013 blieb Wael Abbas bei seiner selbst gestellten Aufgabe. Er dokumentiert die unter dem Putsch-Präsidenten wieder zunehmende Polizeiwillkür und veröffentlicht sie auf Facebook, Twitter oder YouTube – so lange, bis 2017 Twitter sein Benutzerkonto abschaltete. Vermutlich fürchtete die Firma Schwierigkeiten für ihr Ägyptengeschäft.

Dass er nach dem Putsch 2013 mit seiner Kamera mehr aufzunehmen hatte als zu Mubaraks Zeiten, kann jede Menschenrechtsorganisation bestätigen. In ägyptischen Gefängnissen wird wieder gefoltert, auf Polizeistationen zu Tode geprügelt. Experten sprechen von mindestens 60 000 politischen Gefangenen. Das geringste Vergehen, die kleinste Auffälligkeit in der Öffentlichkeit kann zur Verhaftung führen. Wieder verschwinden Menschen hinter den Mauern von Gefängnissen, manche für Jahre, andere, wenn sie mehr Glück haben, nur für Wochen – ohne Anklage, ohne Rechtsbeistand. »Es ist schlimmer als unter Mubarak«, sagen mir Freunde.

Am 23. Mai 2018 sollte dies auch Wael Abbas zu spüren bekommen. Ziemlich genau dreizehn Jahre war es her, dass er mit seiner Arbeit begonnen hatte. Doch das, was er an diesem Mittwoch erlebte, sollte alles übertreffen, was ihm bislang widerfahren war. Im Morgengrauen dringt das schwer bewaffnete Rollkommando einer Spezialeinheit in seine Wohnung ein und verhaftet ihn. Man legt ihm Handschellen an, verbindet seine Augen und verschleppt ihn. Erst sehr viel später erfahren seine Freunde, dass er im berüchtigte Tora-Gefängnis festgehalten wird. Die Vorwürfe, die gegen ihn erhoben werden: »Mitgliedschaft in einer Terrorgruppe«, »Verbreitung falscher Nachrichten« und »Missbrauch der sozialen Medien«. Die Standardanklage für solche Fälle.

Sieben Monate lang saß Ägyptens berühmtester Blogger im Gefängnis und wartete auf seinen Prozess. Dann, endlich, am 12. Dezember 2018, entschied das Kriminalgericht Gizeh, ihn aus dem Gefängnis zu entlassen mit der Auflage, sich zweimal in der Woche bei der Polizei zu melden. Alle fünfundvierzig Tage prüft ein Gericht nun, ob die bedingte Freilassung weiterhin gilt. Kein Wunder, dass Abbas das Risiko nicht eingehen möchte, mit einem ausländischen Journalisten zu sprechen. Verbreitung falscher Nachrichten an die ausländische Presse, Verschwörung gegen den Staat wären noch die geringsten Vergehen, die ein Staatsanwalt aus einer solchen Begegnung konstruieren könnte.

Kifaja war für Ägypter wie Wael Abbas und für viele andere so etwas wie die Schule des Widerstands. Was ist aus ihr geworden? Gibt es sie noch? 2011 hatte sich die lose Bewegung mit anderen Protestgruppen zusammengeschlossen. Heute ist es um Aktive wie George Ischak still geworden, ebenso um den mutigen Richter Tariq al-Bischri, der 2011 noch eine Verfassungskommission geleitet hatte. Braucht das Land nicht gerade heute wieder eine solche Bewegung?

George Ischak, danach gefragt, zögert mit der Antwort. Dann: »Heute ist die Angst zu groß. Keiner hat den Mut, sich zu bewegen. Man wird schnell als angeblicher Terrorist angeklagt. Wir haben uns zwar wieder zusammengeschlossen, aber wir werden ständig überwacht. Auch wir können uns so gut wie nicht bewegen. Ich hoffe, dass die Regierung die Tür ein wenig öffnet, sonst sehe ich schwarz.«

Die Bewegung ist heute handlungsunfähiger als zur Zeit von Mubarak, doch ihr großes Verdienst bleibt: Kifaja hat als erste Bewegung den Bürgern in Ägypten gezeigt, dass Kritik und Widerstand möglich sind, auch gegen despotische Mächte und trotz aller berechtigten Angst vor Repression und Folter.

Einer ihrer Wortführer, der Erfolgsschriftsteller Ala al-Aswani, schreibt auf jeden Fall weiter streitbare kritische Zeitromane, auch wenn er den Putsch des Generals und Verteidigungsministers Abdel Fattah al-Sisi gegen den gewählten Präsidenten und Muslimbruder Mohamed Mursi lange verteidigt hatte. Er sei notwendig gewesen, sagte er in einem Interview mit dem Nachrichtenportal *Qantara*.

Mursi und seine Muslimbrüder hätten zuletzt wie Terroristen gehandelt, die die demokratischen Errungenschaften des Landes zerstören wollten. Zu einem blutigen Bürgerkrieg hätten sie aufgerufen, der Armee sei gar nichts anderes übrig geblieben als einzugreifen. Diese Haltung: eine unter ägyptischen Intellektuellen weit verbreitete Muslimbruder-Phobie. Allerdings gehört er schon lange nicht mehr zu den Sympathisanten des neuen Präsidenten al-Sisi. Der Hauptfehler von Kifaja und all der anderen Tahrir-Platz-Aktivisten sei es gewesen, »dass wir nach dem Rücktritt Mubaraks den Tahrir-Platz verlassen haben, ohne eine Kommission mit Vertretern der Revolution zu bilden. Man hätte zunächst solche Komitees in allen ägyptischen Regionen wählen sollen, dann erst hätten wir den Platz räumen dürfen«. Man habe sich, so Aswani, die Revolution vom Militär aus der Hand nehmen lassen und dadurch den Aufstieg al-Sisis ermöglicht.

In seinem neuen, bisher nur auf Arabisch erschienenen Roman *Gomhorija kanu* (Die Republik als ob) rechnet er mit der neuen Zeit in Ägypten ab. In Diktaturen sei alles nur »als ob«, alles nur Fake, die Wahlen, die Demokratieversprechen, die Politiker, das Leben bis tief in das Private hinein. Erscheinen musste das Buch in einem Beiruter Verlag, in Ägypten hatte sich kein Verleger gefunden. Ob der Roman in absehbarer Zeit in ägyptischen Buchhandlungen ausliegen wird, ist unwahrscheinlich. In seinem eigenen Land darf Ala al-Aswani seit 2014 nicht mehr publizieren. Ein Gericht in Kairo hat ihn wegen Beleidigung des Präsidenten, des Militärs und der Jurisdiktion angeklagt. Grund genug, das Land zu verlassen. Der bekannteste zeitgenössische ägyptische Schriftsteller lebt heute in den USA.

AHMED MAHER UND DIE BEWEGUNG »6. APRIL«

Zu den Bewegungen, die die Vorgeschichte der »Arabellion« entscheidend mitgeprägt haben, gehört auch jene Facebook-Gruppe, die
sich »6. April« nannte und die heute nur noch im Untergrund operie-
ren kann.

Als ich 2011 den Ingenieur Ahmed Maher, einen der Gründer des
»6. April«, zum ersten Mal traf, saß ein junger Mann vor mir mit
einem freundlichen runden Gesicht, der eigentlich keine Lust hatte,
einem ausländischen Fernsehsender ein Interview zu geben. »Warum
soll ich? Von euch kommt doch nichts. Wir sind auf uns gestellt.« Es
dauerte eine Weile, bis ich ihn zu dem Interview überreden konnte.
Dann aber erzählte er von seiner Bewegung, seinen Plänen und seinen Vorstellungen von einem neuen Ägypten.

Auch seine Geschichte beginnt mit den Wahlen von 2005. Ahmed
schloss sich 2004 zunächst der Kifaja-Bewegung an. Er arbeitete in
der Parteizentrale der »Al-Ghad«-Partei, einer jener Parteien, die
Mubarak aus Gründen der politischen Kosmetik zu den Wahlen zuge-
lassen hatte und deren Spitzenkandidat nach den Wahlen zu vier Jahren Gefängnis verurteilt wurde. Für Ahmed Maher und seine Freunde
war nach diesem Willkürakt klar, dass mit diesem Staat keine Zusammenarbeit möglich ist. Von innen war das System nicht zu reformieren. Sie beschlossen, andere Wege zu suchen, um Reformen in ihrem
Land zu erzwingen.

»Wir wollten als eine völlig unabhängige Bewegung starten. Wir wollten mit keiner der bekannten Parteien etwas zu tun haben«, erklärte Ahmed mir 2011 in Kairo. »Von der althergebrachten Politik hatten wir endgültig genug. Wir suchten nach neuen Taktiken, mit denen man einen Wandel herbeiführen kann. Aber gewaltfrei sollte es sein. Das war uns wichtig.«

Als am 6. April 2008 in der im Nildelta gelegenen Stadt Al-Mahalla al-Kubra mal wieder die Textilarbeiter streikten, weil die runtergewirtschaftete Staatsfirma »Mahalla Weaving and Spinnig Mill« mehrere Monatslöhne schuldig geblieben war, sahen Ahmed Maher und seine Mitstreiterin Israa Abdel Fattah ihre Chance. Sie gründeten die Facebook-Gruppe »6. April«. Mit dieser damals neuen Möglichkeit, die das Internet bot, wollten sie die streikenden Arbeiter unterstützen. Und sie hatten Erfolg. In kurzer Zeit konnten sie 76 000 Facebook-Freunde gewinnen und miteinander vernetzen: »Unsere Hauptaufgabe besteht darin, die Menschen über ihre Rechte aufzuklären, sodass sie sich von ihren Fesseln befreien können.«

In Mahalla al-Kubra war die halbe Stadt auf den Beinen. Nicht nur die Textilarbeiter selber, auch ihre Frauen und Kinder unterstützten sie. Die schwarz uniformierte Polizei zog blank, schoss scharf und ging mit Knüppeln und Tränengas auch gegen Frauen und Kinder vor. Es gab zwei Tote, zahllose Verletzte und viele Verhaftungen. Von dieser Polizeibrutalität erfuhren die Leser der traditionellen Printmedien nichts. Auch das Staatsfernsehen verschwieg die tagelangen Auseinandersetzungen in der Textilstadt im Nildelta. Umso wichtiger war die Facebook-Seite der Maher-Gruppe. Auch in den nächsten Jahren streikten die Arbeiter dieser größten Staatsfabrik immer wieder für ein menschenwürdiges Leben, immer unterstützt von Ahmed Mahers Facebook-Bewegung.

Die Lage war jedoch desolat. 2005 hatte Mubarak versprochen, durch Privatisierung der Staatsbetriebe für einen Aufschwung zu sor-

gen, was bis zur Weltwirtschaftskrise 2008 auch mit erstaunlichen
Zahlen gelang. Ägypten erlebte eine Wachstumsrate des Bruttosozialprodukts von bis 7,2 Prozent. Aus Kairos Stadtbild verschwanden
die uralten Rostlauben, an deren Stelle jetzt Kleinwagen aus Asien
die Straßen verstopften. Die teuren Restaurants am Nil waren ständig gut besucht. Dank der Privatisierung schien das Land aufzublü-
hen. Doch bei näherem Hinsehen entlarvte sich der auch im Westen
viel gepriesene Fortschritt als ein Rückschritt für die Mehrheit der
Ägypter. So lebten 2008 über 21 Prozent der Menschen unterhalb der
Armutsgrenze, acht Jahre zuvor waren es noch 16 Prozent gewesen.
In absoluten Zahlen ausgedrückt heißt das, dass 2,5 Millionen Ägypter damals von weniger als 1,25 Dollar am Tag leben mussten, nach
UN-Definition also in »extremer Armut«. Der Grund für die Verelen-
dung: Die neuen Privatbetriebe übernahmen nur einen Teil der Arbeiter und Angestellten der Staatsbetriebe. Die anderen saßen auf der
Straße, ohne Chance, neue Arbeit zu bekommen. Der Aufschwung
kam nur der dünnen Oberschicht zugute.

Unter den 15- bis 29-Jährigen, einem guten Drittel der ägyptischen
Bevölkerung, blieb die Arbeitslosigkeit trotz Aufschwung extrem
hoch. 29 Prozent der jungen Männer fanden keine Arbeit. Bei männ-
lichen Universitätsabsolventen lag die Zahl bei 36,6 Prozent, bei
weiblichen über 50 Prozent. Hochschulabgänger mussten als Taxifahrer arbeiten, Doktoren Gemüse verkaufen, Ingenieure sich als
Straßenhändler durchschlagen. Ähnliche Zahlen sind aus Tunesien,
dem Sudan und anderen arabischen Ländern bekannt. Die Länder
waren über Jahrzehnte von alten, mächtigen Eliten heruntergewirt-
schaftet worden, und wenn es in diesen Jahren doch einmal aufwärts
ging, profitierte davon nur eine kleine Clique. In Ägypten etwa kontrollieren rund 490 Familien gut 25 Prozent des Volksvermögens.
Jede dieser Familien verfügt durchschnittlich über ein Vermögen von
30 Millionen Dollar. In Tunesien sind es gerade einmal 70 Familien,

die den Kuchen unter sich aufteilen. Kein Wunder also, dass die Bewegung »6. April« schnell Anhänger fand und später eine zentrale Rolle auf dem Tahrir-Platz spielen sollte.

Zwischen den ägyptischen und tunesischen Aktivisten hatte es schon in den Jahren vor 2011 einen regen Erfahrungsaustausch gegeben, um sich auf den Tag X vorzubereiten. Wie kann man sich der Überwachung durch den Sicherheitsapparat entziehen? Wie mit Folter umgehen? Wie kann man sich vor Tränengas schützen? Wie die sozialen Medien einsetzen? Das waren einige der Fragen, die man auf Facebook diskutierte. Verbindungen gab es auch in den Sudan, wo es bis zum Umsturz allerdings noch fast zehn Jahre dauern sollte. Schon am Vorabend der Erhebungen im Dezember 2010 und Januar 2011 war so etwas wie eine panarabische Jugendbewegung entstanden.

Ahmed Maher sagte mir 2011 weitsichtig: »Die Rolle des Militärs ist überhaupt nicht klar. Wir wissen nicht, was sie wollen. Sie regieren mit Dekreten ohne jede Kontrolle. Wir werden sie genau beobachten. Und wir verlangen, dass das Militär nach den Wahlen in die Kasernen zurückkehrt. Aber ich misstraue ihnen.«

Sein Misstrauen war mehr als berechtigt. Als Erstes verordnete der neue Militärrat 2011, das Demonstrationsrecht einzuschränken. Statt die neu erkämpften Freiheiten zu verteidigen, knüppelten Militärpolizisten jetzt auf Demonstranten ein. Festgenommene Frauen wurden mit Schlägen und Elektroschockern gefoltert. Gefängniswärterinnen forderten die Frauen auf, sich für die Leibesvisitation nackt auszuziehen, während feixende Soldaten zuschauten und Fotos machten. Man zwang Frauen sogar zu einem sogenannten »Jungfräulichkeitstest« und beschimpfte sie als Prostituierte.

Auch gab es wieder Tote und Verletzte. Blogger, die die Militärgewalt kritisierten, wurden verhaftet und von Militärgerichten zu hohen Haftstrafen verurteilt in Gerichtsverfahren, bei denen es keine Berufungs- und kaum Verteidigungsmöglichkeiten gab. Bis August

2011 ließ der Oberste Rat der Streitkräfte, die De-facto-Regierung des Landes, etwa 12 000 Jugendliche in Schnellverfahren verurteilen. Dreizehn wurden laut Amnesty International zum Tode verurteilt.

Dennoch war Ahmed Maher damals davon überzeugt: »Wir haben das Recht, jeden Offizier zur Rechenschaft zu ziehen, der für Willkür oder gar Folter verantwortlich ist. Es ist sogar unsere Pflicht.«

Auch Theatermacher und Schauspieler versuchten damals mit ihren Mitteln Widerstand zu organisieren. Eine von ihnen war Laila Suleiman – Theaterregisseurin und Autorin. 2011 hatte sie ein dokumentarisches Theaterstück geschrieben, das sich vor allem aus Zeugenaussagen Verhafteter zusammensetzt. Auf der Bühne sieht man A. im Interview mit einer Journalistin:

A.: Sie haben mich zu Boden geworfen, dass ich glaubte, ich könnte nicht mehr aufstehen.

Journalistin: Die Menschen haben aber doch immer gesagt: Armee und Volk sind eins!

A.: Daran glaubt heute kaum noch einer. Ein Offizier ist auf mich gesprungen, immer wieder, auf jeden Teil meines Körpers. Sie haben mich zu Boden geworfen und an den Haaren wieder hochgezogen. Ein Soldat hat mich mit einem Stock verprügelt. Andere traktierten mich mit Elektroschocks.

Der Schauspieler Ali Sobhi hatte sich damals selber gespielt, erzählte er mir nach der Vorstellung. Zwei Wochen war er in der Gewalt der Militärs: »Das Schlimmste in der Haft war für mich, dass sie auch Kinder festgenommen hatten. Auch die Kinder wurden geschlagen und gefoltert mit Elektroschocks. Die ältesten Jugendlichen waren gerade mal sechzehn Jahre alt.«

Kaum einer der Gefolterten wagte es, sich an die Öffentlichkeit zu wenden, aus Angst, wieder verhaftet und erneut misshandelt zu werden. Der Sänger und Liedermacher Ramy Essam war einer der wenigen, die den Mut aufbrachten. Am 9. März, also einen knappen Monat nach Mubaraks Rücktritt, war er auf dem Tahrir-Platz verhaftet worden. Am helllichten Tag. Auf einer auf dem Platz errichteten Bühne hatte er ein selbst verfasstes Spottlied auf den Militärrat gesungen. Die Demonstranten waren begeistert und jubelten. Doch plötzlich stürmten Soldaten den Platz, bewaffnet mit Schlagstöcken. Dann – Knüppel frei. Eine Hatz auf friedliche Tahrir-Platz-Demonstranten begann. Hunderte wurden verletzt, Hunderte verhaftet. Unter ihnen auch Ramy Essam. Vier Monate später zeigt er in einer Fotoausstellung der Tahrir-Galerie des Goethe-Instituts, wie die Soldaten ihn zugerichtet haben. Das Gesicht geschwollen und voller Blutergüsse, der Rücken von Striemen überzogen. Als ich ihn damals traf, waren die Verletzungen einigermaßen verheilt. Seine Einstellung zum ägyptischen Militär hatte sich verändert:

»Ich habe gegen die Militärpolizei keinen Widerstand geleistet, weil ich dachte, die werden mich schon anständig behandeln. Was mir dann passiert ist, wurde von den Medien verschwiegen. Das Militär hat mich davor gewarnt, darüber zu sprechen. Ich habe diese Bilder trotzdem auf YouTube gestellt. Ich weiß nicht, wie es mit Ägypten weitergeht.«

Wie Ramy Essam ging es vielen Tahrir-Platz-Rebellen damals. Sie erlebten die tägliche Gewalt des Militärs und der Polizei, aber kaum einer konnte in diesem ersten Sommer des Arabischen Frühlings ahnen, dass es noch viel schlimmer kommen sollte. Das bei den Ägyptern traditionell hoch angesehene Offizierskorps geriet in die Kritik, doch genau die verbat sich das Militär. »Es gibt Unterschiede zwischen Kritik mit guten Absichten«, verkündete ein Armeesprecher schon am 11. April 2011, »und einer Kritik, die die Ideen der Armee infrage stellt. Mit der haben wir Schwierigkeiten.« Mit anderen Worten: Welche Form der Kritik die Offiziere dulden, entscheiden sie selber. Schon damals, wenige Monate nach dem Sturz Mubaraks, kündigte sich auf diese Weise das Scheitern der Rebellion an.

Nach den Wahlen 2012 zog sich das Militär zwar zurück, doch genau betrachtet nur zum Schein. Selbst dem zum Präsidenten gewählten Muslimbruder Mohamed Mursi gelang es nicht, die widerspenstigen Offiziere an die Kandare zu nehmen. Keiner der vielen Verfassungsentwürfe dieses Jahres wagte es, die Macht des Militärs zu brechen. Weiterhin würden hohe Militärs Sonderrechte wie etwa rechtliche Immunität genießen. Weiterhin würden sie ihre Wirtschaftsimperien führen können. Und weiterhin würde der Militärhaushalt keiner parlamentarischen Kontrolle unterworfen werden. Ebenso verboten waren Ermittlungen gegen Offiziere, die Prügeleinsätze auf dem Tahrir-Platz kommandiert hatten.

Dass der Traum einer liberalen Demokratie, für die Jungrevolutionäre wie die des »6. April« 2011 gekämpft hatten, schon 2012 scheiterte, dafür waren jedoch nicht nur die Militärs verantwortlich, sondern ebenso die regierenden Muslimbrüder und ihre Verbündeten, die Salafisten, die im Parlament immerhin 25 Prozent der Stimmen bekommen hatten.

»Brot, Freiheit und soziale Gerechtigkeit« war der Slogan der säkularen Aktivisten gewesen. »Freiheit, soziale Gerechtigkeit und Gleichheit« hatte zwar auch die Partei, die diesen Slogan im Namen trug – die »Freiheits- und Gerechtigkeitspartei« der Muslimbrüder –, verkündet, doch nach dem Verfassungsentwurf, den sie im Oktober 2012 vorstellten, sollte das gesamte Rechtssystem den religiösen Scharia-Vorschriften unterworfen werden. Den Religionsgelehrten der Al-Azhar-Universität war sogar ein Kontrollrecht im Gesetzgebungsverfahren eingeräumt worden. Laut diesem Verfassungsentwurf sollten die Frauen vor dem Gesetz weiterhin gleichgestellt sein, doch innerhalb der Familie waren sie zu Gehorsam ihren Ehemännern gegenüber verpflichtet. Sie sollten arbeiten können, aber nur wenn sie dabei ihre familiären Pflichten nicht vernachlässigten. Das also verstanden die Muslimbrüder unter »Freiheit« und »Gerechtigkeit«. In einem Referendum im Dezember des Jahres bekam diese Verfassung eine Mehrheit. Allerdings nahm nur ein Drittel der Wahlberechtigten teil.

Die säkularen Aktivisten vom Tahrir-Platz waren empört. Dafür waren sie nicht auf die Straße gegangen. Kein Wunder also, dass sie sich von dem Präsidenten abwandten, den sie während des Wahlkampfs im Frühsommer 2012 noch unterstützt hatten.

»Wir haben damals Mursi unterstützt, weil der einzige Gegenkandidat ein Mubarak-Getreuer war. Gleichzeitig haben wir Mursi davor gewarnt, dass er so enden werde wie Mubarak, sollte er dessen Methoden übernehmen. Die Ermahnungen von uns Aktivisten hat er jedoch ignoriert und stattdessen versucht, die Macht zu monopolisieren«, so Ahmed Maher 2013 gegenüber dem Nachrichtenportal *Qantara*. Als Mursi immer autoritärer regierte und sich auch nicht scheute, Demonstrationen gegen ihn von der Polizei gewaltsam zerschlagen zu lassen, schlossen sich junge Ägypter wieder zusammen zu einer Bewegung, die sich »Tamarod« nannte – »Rebellion«. Sie gingen auf die Straßen und forderten seinen Rücktritt. Wieder war es das Militär, das geduldig zusah und offensichtlich auf seinen Einsatz wartete.

Nach wochenlangen Demonstrationen war es soweit. Am 3. Juli 2013 putschte das Militär gegen den amtierenden Präsidenten, verhaftete ihn und viele seiner Anhänger. Sechs Jahre später starb Mohamed Mursi im Gefängnis. Was anfangs aussah wie ein Feldzug gegen die Muslimbrüder, wurde bald zu einer Jagd auf alle Gegner dieser Machtergreifung. Es ging gegen Islamisten ebenso wie gegen Liberale. Jeder, der verdächtigt wurde, gegen den neuen Machthaber, den General Abdel Fattah al-Sisi, opponieren zu wollen, riskierte, verhaftet zu werden.

Im November 2013 traf es Ahmed Maher und seine Freunde. Weil sie gegen ein neues Gesetz auf die Straße gingen, das die Reste der noch existierenden Versammlungs- und Demonstrationsfreiheit abschaffen wollte, wurden sie verhaftet und auf der Grundlage ebendieses neuen Gesetzes zu mehrjährigen Gefängnisstrafen verurteilt. Ahmed hatte sich geweigert, das neue Regime als legitime Regierung anzuerkennen, und hatte Neuwahlen gefordert, außerdem benutzte er öffentlich das Unwort »Putsch«, um die Ereignisse vom 3. Juli zu beschreiben. Damit hatte er sich offen gegen das Regime gestellt. Ahmed verbrachte drei Jahre im Tora-Gefängnis, zusammen mit den Aktivisten und Mitgründern der Bewegung »6. April«, Mohamed Adel und Ahmed Duma. 2017 kamen sie frei, standen allerdings die nächsten drei Jahre unter Polizeiaufsicht. Normalerweise, so Mahers Anwalt Mohamed Gahin, wurden solche Auflagen nur bei Schwerkriminellen angeordnet.

Nicht viel besser erging es dem Musiker Ramy Essam. Nachdem 2013 seine Lieder von der neuen Regierung verboten worden waren, ging er ins Exil nach Skandinavien. Zurück nach Ägypten darf er nicht.

Aus dem Traum vom Tahrir-Platz ist ein Albtraum geworden, dessen Ende noch nicht absehbar ist.

WAEL GHONIM UND DIE MACHT VON FACEBOOK

Noch eine Vorgeschichte. Ihr Hauptakteur: der dreißigjährige Ägypter Wael Ghonim, Informatiker und Marketingleiter der Firma Google in der Golfregion. Es ist der 8. Juni 2010.

»Meine Erinnerungen an diesen Tag sind lebhaft«, schreibt Wael Ghonim in seinem Buch *Revolution 2.0*. »Ich saß in meinem kleinen Arbeitszimmer in Dubai, unfähig, die Tränen zurückzuhalten. Meine Frau kam nachsehen, was los war. Als ich ihr das Bild von Khaled Said zeigte, war sie bestürzt und bat mich, nicht mehr hinzusehen.«

Das Foto zeigte das Gesicht eines achtundzwanzig Jahre alten Mannes oder besser, das, was von ihm übrig geblieben war, nachdem zwei Polizisten in Zivil eine halbe Stunde lang auf ihn eingeschlagen und am Ende totgeprügelt hatten. Sein Gesicht zerschmettert, sein Kinn mehrfach gebrochen, der Körper blutüberströmt. Immer wieder hatten die Polizisten seinen Kopf gegen ein Eisengitter gehämmert, bis der Mann sich nicht mehr rührte. »Als er tot war, habe sie seinen Körper fortgeschafft wie einen Tierkadaver«, berichtet damals ein Augenzeuge, der Kaffeehausbesitzer Hasan Mesbah.

»Für mich war das Bild des toten Khaled Said ein schreckliches Symbol für den Zustand Ägyptens«, schreibt Wael Ghonim in seinem Buch.

Die Polizei stritt alles ab. Es sei ein Unfall gewesen. Khaled habe in seiner Heimatstadt Alexandria mit Drogen gedealt und sei an einem

Päckchen Marihuana erstickt. Das entstellte Gesicht sei auf die Autopsie zurückzuführen. Niemand glaubte dieser Darstellung.

Als Mohammed al-Baradei – Ägyptens Friedensnobelpreisträger von 2005 und damals Hoffnungsträger der Opposition im Land – sowie die Bewegung »6. April« im Sommer 2010 in Alexandria und in Kairo zu Demonstrationen aufriefen, an denen Hunderttausende teilnahmen, hielten viele Menschen Plakate mit dem Bild des toten Khaled hoch und skandierten: »*Kullena Khaled Said*« – »Wir alle sind Khaled Said«.

»*Kullena Khaled Said*«, so hieß die Facebook-Seite, die Wael Ghonim noch am 8. Juni als Reaktion auf das Foto mit dem entstellten Gesicht eingerichtet hatte. Unter dem Pseudonym »ElShaheed« (Der Märtyrer) schuf er mit der Seite eine Art Klagemauer für Menschen, die unter der Polizeiwillkür litten, und machte sie zu einer virtuellen Waffe gegen das Regime Mubarak. Schon am ersten Tag schlossen sich 36 000 Interessierte der Seite des Online-»Märtyrers« an. Sie lasen die ständig aktualisierten Hintergründe der Tat, die Kommentare bekannter Oppositionspolitiker, sahen die neuesten Videos mit Beispielen von Polizeigewalt, von denen die meisten von Journalist und Blogger Wael Abbas stammten. Nicht zuletzt erfuhren sie hier, wann und wo Demonstrationen stattfinden sollten. Wer keinen Zugang zum Internet hatte, erfuhr das Neueste vom Nutzer nebenan. Einen gab es immer, der wusste, was gerade gepostet worden war. In Kaffeehäusern, auf der Straße, in Geschäften oder auf den Märkten.

Die offiziellen Zeitungen hatten keine Meldung zum Tod von Khaled Said gedruckt, auch das staatliche Fernsehen äußerte sich zunächst nicht. Erst als es gar nicht anders ging, ließ das Innenministerium zunächst die üblichen Beschwichtigungen verlauten, dann schließlich folgte das Eingeständnis, dass Geheimpolizisten für den Tod des jungen Mannes aus Alexandria verantwortlich seien. Doch da wusste das Land bereits lange Bescheid.

»Wir alle sind Khaled« wurde in Ägypten zur erfolgreichsten und folgenreichsten Facebook-Seite des Jahres 2010 und Wael Ghonim zu einem der Wortführer der kommenden Aufstände. 2011 sollte ihn das *Time*-Magazin zu einem der einflussreichsten hundert Persönlichkeiten der Welt küren.

Auch zu der historischen Demonstration vom 25. Januar 2011 hatte Ghonim – zusammen mit der Bewegung »6. April«, mit Kifaja und anderen – auf seiner Facebook-Seite aufgerufen. Warum gerade der 25. Januar? Weil an diesem Tag traditionell der »Tag der nationalen Polizei« begangen wurde, mit Paraden und viel Selbstbeweihräucherung. An diesem Tag im Jahr 2011 sollte alles anders kommen.

Die Aktivisten organisierten einen gigantischen Sternmarsch. An fünfundzwanzig Treffpunkten versammelten sich die Demonstranten und marschierten friedlich in Richtung Tahrir-Platz. Am Vormittag waren sie gestartet, bis zum Nachmittag waren noch längst nicht alle angekommen. Männer und Frauen, Reiche und Arme, Alte und Junge, Akademiker und Handwerker, sie alle forderten lautstark den Rücktritt Mubaraks und seines Regimes. Im damaligen Ägypten eine Ungeheuerlichkeit. Doch trotz der Provokation blieb alles friedlich an diesem Tag. Es herrschte fast Volksfeststimmung. Von der Polizei war an diesem Dienstag, der eigentlich ihr Tag sein sollte, weder auf dem Platz noch in den angrenzenden Straßen etwas zu sehen. Eine bittere Niederlage für die Sicherheitskräfte, die es gewohnt waren, dass die Bürger vor ihnen kuschten.

Drei Tage später allerdings setzten die Sicherheitskräfte auf Gewalt. Am »Tag des Zorns«, zu dem die Aktivisten aufgerufen hatten, versuchten sie die Zehntausenden Demonstranten mit Knüppeln, Wasserwerfern, Tränengas und mit Gummigeschossen auseinanderzutreiben. Doch es gelang ihnen nicht, selbst als die Polizei mit Schrotmunition auf die Menschen schoss und sie mit ihren schweren Fahrzeugen einfach niederwalzte. Auf Hausdächern hatte man

Scharfschützen in Stellung gebracht. Es gab Verletzte und Tote. Ärzte richteten Notlazarette am Rande der Demonstrationswege ein, um die vielen Verletzten zu behandeln. Doch die Demonstranten waren nicht aufzuhalten. Diesmal wehrten sie sich. Sie schleuderten Steine auf die Polizisten, drangen in Bürogebäude der Staatspartei ein und zündeten sie an. Aus dem am Nilufer gelegenen Hauptquartier der NDP quoll wochenlang schwarzer Qualm aus den Fenstern. Das Hochhaus brannte so lange, bis das Feuer keine Nahrung mehr fand und von selbst ausging.

Am Abend des 28. Januar griff die Armee in die Kämpfe ein, ließ Panzer anrollen und sicherte die wichtigsten Straßen und Plätze. Ihre Präsenz sollte die Lage beruhigen. »Volk und Armee sind eins«, skandierten die Demonstranten begeistert und begrüßten die Soldaten mit Blumen, obwohl sie nicht wussten, auf welcher Seite das Militär wirklich stand.

Die jungen Ägypter, Männer wie Frauen, Muslime und Christen, richteten sich auf eine lange Besetzung des Verkehrsknotenpunktes neben dem Ägyptischen Museum ein. Sie bauten auf der Grünfläche Zelte auf, sie kochten einfache Gerichte, sie kletterten Strommasten hoch, um Transparente mit ihren Forderungen aufzuhängen sowie an Galgen baumelnde Mubarak-Puppen.

Eine liberale Demokratie nach europäischem Vorbild war es nicht, was sie forderten, das ist im Westen oft missverstanden worden. Sie verlangten Gerechtigkeit, Brot und Würde. Sie protestierten gegen Korruption, Despotie, gegen Vetternwirtschaft und Polizeiwillkür. Wie das politische System auszusehen hatte, das diese Forderungen umsetzen sollte, das war selten ein Thema auf dem Tahrir-Platz.

Im Hintergrund ragte das riesenhafte Gebäude der Mugamma auf, das konkav gebogene Bollwerk ägyptischer Bürokratie – vierzehn Stockwerke hoch, mit Büros für 18 000 Staatsdiener, die Pässe, Steuerbescheide, Führerscheine und Ähnliches ausstellen, natürlich nur

gegen ein ordentliches Bakschisch. Einschüchtern soll dieses Beton-
monster, und das tut es. Die Mugamma (auf Deutsch etwa: »Kom-
plex«) ist ein Sinnbild für den ägyptischen Staat, eine Zwingburg der
Bürokratie, die aus jedem Bürger einen zahlenden Bittsteller macht.
Gerade mal hundert Meter sind es bis zum Tahrir-Platz, wo jetzt die
jungen Ägypter für einen Staat kämpften, in dem jeder Mensch in
Würde leben kann.

Viele dieser jungen Ägypter, so mein Eindruck damals vor Ort,
glaubten, mit der Platzbesetzung schon das Ziel einer gerechten Gesellschaft erreicht zu haben. Man teilte alles, half sich gegenseitig,
unterstützte den anderen, respektierte – zumindest in den ersten Wochen – die jungen Frauen auf dem Platz und kämpfte gegen den gemeinsamen Feind: die Polizei. Mädchen kommandierten Jungen zur
Straßenreinigung ab, und diese nahmen ohne Murren die Besen in
die Hände und fegten die Bürgersteige rund um den Platz. Es schien
damals, als stünde die ägyptische Gesellschaft kopf. Tatsächlich erlebten nicht wenige der jungen Menschen zum ersten Mal ein solches
Gemeinschaftserlebnis unter Gleichaltrigen außerhalb ihrer Familien.

In kurzer Zeit hatten die Demonstranten den Platz mit Barrikaden
in eine Festung verwandelt, geschützt und oft unter Lebensgefahr
verteidigt unter anderem von den Ultras, den Hooligans der beiden
Kairoer Fußballclubs, Al-Ahly und Zamalek, erprobten Kämpfern,
die mit der verhassten Polizei abrechnen wollten. Die hatte sich zwar
im Verlauf der nächsten Tage zurückgezogen, doch dafür griffen die
»Baltagijas« an, vom Innenministerium bezahlte Schläger, die auch
vor Mord nicht zurückschreckten. Über achthundert junge Ägypter
sollten in den kommenden achtzehn Tagen sterben. Auch in anderen
Teilen Ägyptens strömten die Menschen auf die Straßen und skandierten: »Brot, Freiheit, Gerechtigkeit!« Halb Ägypten schien auf den
Beinen zu sein und den Rücktritt Mubaraks zu fordern.

Der in Katar ansässige Nachrichtenkanal Al-Jazeera war in diesen

Tagen der wichtigste Verbündete der aufständischen Jugend. Ohne dessen Sendungen wären die Bilder der Demonstrationen nicht so schnell in derart viele Länder getragen worden. Schließlich lief in nahezu jedem Teehaus in jedem noch so kleinen Dorf in der arabischen Welt der Fernsehapparat. Ein ägyptischer Fellache in Assuan konnte damals live mitverfolgen, was in der fast tausend Kilometer entfernten Hauptstadt Kairo gerade passierte, ebenso die Menschen im Jemen, in Bahrain oder Libyen. Dabei berichtete Al-Jazeera alles andere als objektiv. Wenn Meinungen veröffentlicht wurden, dann vor allem die der Muslimbrüder. Ihren späteren Erfolg bei den Wahlen hatten die islamistischen Kräfte in Ägypten zweifellos auch der unkritischen und parteilichen Berichterstattung dieses staatlich gesteuerten Senders aus Katar zu verdanken. Doch jetzt, in den Tagen nach dem 25. Januar, schien es, als gebe es nur ein ägyptisches Volk.

Weil die Menschen auf dem Land genauso unzufrieden waren wie die Menschen in den Städten, spannten viele ihre Esel vor die einachsigen Wagen, beluden sie mit Melonen, Fladenbrot, Tomaten und Käse und machte sich auf den langen Weg zu diesem Tahrir-Platz, von dem sie vorher noch nie etwas gehört hatten. Und wenn sie dann ankamen, oft erst nach Tagen, dann begrüßten die Besetzer sie mit stürmischem Beifall, luden die mitgebrachten Nahrungsmittel ab, verteilten sie und bedankten sich überschwänglich bei den verlegenen, sprachlosen Fellachen.

Wael Ghonim und seine Freunde hatten gehofft, dass der »Tag des Zorns«, der 28. Januar, ein Freitag, für sie zu einem Feiertag werden würde. Doch für Ghonim wurde er zu einem Tag der Katastrophe. Am Donnerstagabend war er noch mit zwei Kollegen Essen gegangen, im Edelrestaurant Sequoia an der Spitze der Nil-Insel Zamalek. Ein bisschen kühl war es gewesen trotz der Heizstrahler. Nach dem Essen schlenderte er allein in Richtung seines Hotels durch die in schummriges Licht getauchten Straßen von Zamalek, als plötzlich hinter ihm drei Polizisten in Zivil auftauchten und ihn zu Boden warfen. »Einer von ihnen drückte mich auf den Boden, ein anderer hielt meine Beine fest«, schreibt er in seinem Buch *Revolution 2.0*, »der dritte hielt mir den Mund zu. Mit von der Kundgebung heiseren Stimme schrie ich um Hilfe. ›Halt's Maul, du Kanaille!‹, schnauzte eine harsche Stimme … Einer der Männer griff zu einem Funkgerät: ›Erledigt. Wir sind so weit.‹«

Das Kommando verschleppte ihn zu einem Polizeitransporter. Tagelang lebten seine Frau und seine Freunde in Angst um ihn. Er blieb verschwunden. Erst am 7. Februar ließ ihn der Geheimdienst wieder frei, nachdem der internationale Druck zu groß geworden war. Wenige Tage später trat Mubarak zurück.

Wael Ghonim und seinen Mitstreitern war es gelungen, den Ägyptern mit der Facebook-Seite »Wir alle sind Khaled Said« zu zeigen, dass jeder seine Angst überwinden kann, dass Widerstand möglich ist. Der Mord an dem achtundzwanzig Jahre alten Khaled Said in Alexandria war ein Mord, den hinzunehmen die jungen Ägypter nicht mehr bereit waren. Ein Mord zu viel. Die landesweite Empörung darüber verdichtete sich zu geballtem Zorn, der sechs Monate später auf dem Tahrir-Platz explodierte und zum Rücktritt Mubaraks führte.

»Die ägyptische Revolution hat uns gezeigt«, schreibt Wael Ghonim, »dass die große Masse der Menschen, die normalerweise nicht mutig ist und sich nicht engagiert, außerordentlich tapfer und aktiv werden kann, wenn sie geeint auftritt.«

Als Held will er deshalb aber nicht gefeiert werden, eher als einer, der in Sachen Khaled Said erfolgreich seine Marketingerfahrungen eingesetzt hat, der Menschen motivieren konnte, gemeinsam die Angst zu überwinden und aufzustehen. Die ägyptische Revolution, wie Ghonim die Ereignisse von 2011 auch heute noch nennt, war ein Erfolg der Massen, nicht einzelner Personen, so Ghonim.

War sie das wirklich? Zumindest kurzzeitig, ja. Aber es sollte sich schon bald zeigen, worin die Schwäche der säkularen Opposition in Ägypten bestand. Es war ihr zwar gelungen, die Menschen im ganzen Land zu mobilisieren, doch es fehlte ihr ein »Gesicht«, eine charismatische Gestalt, unter der sich die zersplitterten Gruppen hätten zusammenfinden können. Politiker wie Václav Havel in der Tschechoslowakei etwa oder Lech Wałęsa in Polen. Ohne den Commandante Castro wäre die Revolution auf Kuba vielleicht gescheitert. Sie waren so etwas wie Leuchttürme, die in den Wirren der Aufstände für Orientierung sorgten. In Ägypten kämpfte jeder mehr oder weniger für sich. Die säkularen Gruppen versuchten zwar, sich zusammenzuschließen, aber gegen die Allmacht des Militärs, die Gewalt der Polizei und die gut organisierten Muslimbrüder standen diese schlecht ausgerüsteten Idealisten auf aussichtslosem Posten.

Kaum war Mubarak zurückgetreten, brachen alle möglichen Konflikte aus, die bis dahin im Verborgenen geschwelt hatten. Die Busfahrer streikten. Nichts ging mehr in der Stadt mit ihren bald 20 Millionen Einwohnern. Die Menschen stiegen auf teurere Taxis um, die aber nicht von der Stelle kamen wegen der vielen Demonstrationen. Geschäfte konnten nicht mehr pünktlich beliefert werden, die Laster waren in den Straßen stecken geblieben oder hatten sich erst gar nicht auf den Weg gemacht. Hamsterkäufe waren die Folge. Hausfrauen horteten haltbare Lebensmittel. Viele Regale in den Supermärkten wurden leer geräumt. Autofahrer parkten am Straßenrand in Dreierreihen. Die Polizisten wagten nicht dagegen vorzugehen, wenn sie überhaupt zur Arbeit erschienen. Viele hatten Angst vor Racheakten. Eine nicht unbegründete Sorge – während der Unruhen hatten wütende Demonstranten zahllose Polizeistationen angezündet und zerstört. Für die Polizei eine extreme Demütigung. Jahrzehntelang hatte sie mit brutaler Gewalt das Überleben des alten Systems gesichert, und jetzt hatte sie von heute auf morgen alle Macht verloren. Niemand wusste zu diesem Zeitpunkt, ob nicht auch die niederen Ränge für ihre Gewalttaten zur Rechenschaft gezogen würden. Ihr oberster Dienstherr, der ehemalige Innenminister Habib al-Adli, stand inzwischen jedenfalls vor Gericht. Man warf ihm unter anderem vor, mitschuldig zu sein am Tod Hunderter Demonstranten während des Aufstands. Freigesprochen von diesem Vorwurf wurde er erst, nachdem der neue Alleinherrscher, Abdel Fattah al-Sisi, 2013 die Macht übernommen hatte. Von der Anklage der Korruption sprach ihn ein Strafgericht endgültig im Januar 2019 frei.

Die meisten einfachen Polizisten blieben daher lieber zu Hause. Das Bakschisch der Bürger, das die schlecht bezahlten Ordnungshüter für kleine Vergünstigungen eingesteckt hatten, konnten sie in der neuen Zeit wohl kaum verlangen, genauso wenig konnten sie von den Besitzern kleiner Geschäfte die üblichen Preisnachlässe fordern. So war es Alltag gewesen in Ägypten vor dem 25. Januar 2011 – und ist es heute wieder.

Dafür nahmen nächtliche Überfälle, Wohnungseinbrüche und Diebstähle zu. Frauen trauten sich nach Einbruch der Dunkelheit nicht mehr auf die Straße. Die Müllabfuhr funktioniert schon zu normalen Zeiten mehr schlecht als recht. Jetzt aber trauten sich die Kopten, die in Kairo traditionell den Müll einsammeln und in die »Müllstadt« Manschijet Nasser transportieren, nicht mehr in die Stadt. In den Straßen wuchsen die Müllberge und stanken tagelang vor sich hin.

Bei den Bürgern wuchs die Angst vor Chaos und wirtschaftlichem Niedergang. Ende 2010 hatten in einer Umfrage des »Abu Dhabi Gallup Center« 18 Prozent der Ägypter angegeben, sich in ihrem Land nicht sicher zu fühlen. Fünf Monate später war der Anteil auf 51 Prozent angestiegen. Eine Entwicklung, die dem regierenden Militär vermutlich nicht ungelegen kam, versprach es doch Law and Order.

Doch auch die Ägypter wussten sich zu helfen. Bürgerwehren versuchten nachts die Polizei zu ersetzen, sie errichteten Straßenkontrollen und ließen nur durch, wer sich ausweisen konnte. Da es im Januar und Februar in Kairo nach Sonnenuntergang bitterkalt werden kann, brannten an den Sperren Feuer in Fässern, an denen sich die Wachen wärmten. Es war eine gespenstische Atmosphäre, wenn man spätabends durch die Straßen lief und sich langsam den von flackerndem Licht beleuchteten Sperren näherte, misstrauisch beobachtet von jungen Kerlen, die meistens eine Kalaschnikow umgehängt hatten oder eine Machete im Gürtel trugen. Es war erstaunlich, wie viele Waffen in ägyptischen Haushalten gehortet worden waren. Für Ausländer wie mich war es damals nicht immer ganz einfach, nach Hause zu kommen.

Auch die Ärmsten der Armen nutzten in diesen Tagen die Gunst der Stunde und probten den Aufstand. Eine Zeitlang herrschte kreative Anarchie unter den Bewohnern von Slumsiedlungen. Die Menschen nahmen die Gerechtigkeitsversprechen des Tahrir-Platzes wörtlich und stürmten leer stehende Apartmentgebäude, um endlich für sich und ihre Familie einen würdigen Wohnraum zu beschaffen. Einige Hundert dieser Hausbesetzer verlangten vom zuständigen Ministerium, die neuen Wohnungen zu bestätigen, was die Behörde zunächst nicht abzulehnen wagte. Doch auf die erste Euphorie folgte bald Enttäuschung. Es gab keine staatliche Institution, die eine solche Inbesitznahme legalisieren wollte. Auch die Militärregierung wollte und konnte das eigenmächtige Handeln der Menschen nicht akzeptieren und schickte Polizeitruppen mit Tränengas und Gewehren.

Die Bereitschaft, die Reformbewegung zu unterstützen, nahm in der Bevölkerung in den Tagen nach Mubaraks Abdankung schnell ab. Dies nicht zuletzt, weil immer weniger Touristen ins Land kamen. Nach dem touristischen Erfolgsjahr 2010 mit 14,7 Millionen Besuchern kamen im folgenden Jahr gerade mal 9,8 Millionen Touristen. Auch die folgenden Jahre sollte es kaum besser werden. Für die 12 Prozent Ägypter, deren Einkommen direkt oder indirekt von den Besuchern aus Europa, den USA und Asien abhängen, war dies ein schwerer Schlag. Die Hotels am Roten Meer blieben nahezu leer. An den Pyramiden von Gizeh warteten Kamel- und Pferdebesitzer vergebens auf Kunden. Und *wenn* einmal Besucher auftauchten, stürzte sich die Masse der verzweifelten Führer auf den Touristenbus, brüllte und hämmerte gegen die Türen. Konkurrenten wurden fortgejagt, teilweise verprügelt. Die Not stand den Menschen in die Gesichter geschrieben. Um größere Ausschreitungen zu verhindern, musste nicht selten die Tourismuspolizei eingreifen. Doch es reichte hinten und vorne nicht. Keine Touristen, kein Geld, hungernde Kinder, abgemagerte Reittiere. Am Ende der Saison sah man in der Nähe der Pyramiden verendete Pferde und Kamele. Die Halter hatten die siechen Tiere einfach zurückgelassen. Ihnen war das Geld für Futter ausgegangen.

Bis 2013 hatten rund 15 Prozent der Ägypter ihren Job verloren, weil kein Unternehmer mehr investierte. Die ausländischen Investitionen sanken von 6,4 Milliarden Dollar vor der Rebellion auf 500 Millionen. Ägyptische Zeitungen wie die *Daily News* berichteten im September 2013, dass laut einer Umfrage 62 Prozent der Ägypter angaben, ihre Lebensbedingungen hätten sich in den letzten Jahren verschlechtert. Von Revolution wollte in dieser Situation kaum noch jemand etwas hören.

DIE FROMMEN TRITTBRETTFAHRER VOM TAHRIR-PLATZ

Die Muslimbrüder traten in den Tagen und Wochen der Großdemonstrationen erst spät in Erscheinung. Genau genommen erst, als sie Gefahr liefen, den Anschluss an die Rebellion und womöglich an das neue Ägypten zu verpassen. Das verwunderte. Schließlich hatten sie seit 1928, seit ihrer Gründung, auf eine Zeit wie diese gewartet. Sie hatten Illegalität, Gefängnis und Folter ertragen und gehofft, eines Tages die Macht in Ägypten übernehmen zu können. Es gibt in der ägyptischen Opposition kaum eine andere Gruppe, die stärker unter Repressalien zu leiden hatte als die Muslimbrüder. Doch sie hatten sich immer behauptet. Warum also dieses Zögern?

Ein Exbruder, Abd al-Galil al-Scharnubi, der als Internetbeauftragter für den späteren Präsidenten Mohamed Mursi in der Parteizentrale gearbeitet hatte, klärte mich damals auf.

»Mursi hatte zunächst angeordnet, wir beteiligen uns nicht, wir wissen nicht, wohin das führt. Einige Muslimbrüder beschimpften die Demonstranten anfangs sogar als Verräter. Später haben sie dann eng mit dem Militär zusammengearbeitet. Ihre eigenen Interessen und Ziele sind ihnen wichtiger als die der Nation.«

Al-Scharnubi betreute im Januar 2011 die Internetpräsenz der frommen Brüder und hätte gerne auf ihrer Website zur Unterstützung aufgerufen. Doch sein Vorgesetzter Mohamed Mursi, der seit Anfang 2000 zum engen Führungskreis der muslimischen Bruderschaft gehörte, verbot es. Der Koran fordere Gehorsam gegenüber der Obrigkeit, hieß es. Eine solche Rebellion käme für sie nicht infrage. Als er diese Argumente hörte, warf al-Scharnubi die Brocken hin und trat aus der Bruderschaft aus. Leicht war ihm dieser Schritt nicht gefallen, schließlich hatte er der illegalen Organisation dreiundzwanzig Jahre angehört, hatte Höhen und Tiefen mitgemacht, die Angst vor Verhaftung erlebt, im Koranunterricht die Gemeinschaft Gleichaltriger genossen, aber auch allmählich eine tiefe Abneigung gegen den autoritären Führungsstil der Bruderschaft entwickelt: »Es gibt in der Muslimbruderschaft nur Gehorsam. Was die Spitze anordnet, muss getan werden. Fragen oder Diskussionen sind undenkbar.«

Als die Brüder dann doch noch auf dem Tahrir-Platz eintrafen, drängten sie sich bald in den Vordergrund. Ihre vollverschleierten Frauen kochten in den Seitenstraßen Essen, *ful* (Bohnen) in Fladenbrot, hartgekochte Eier mit Gurken und Tomaten. Freitags stieg einer ihrer Prediger auf ein Podest und hielt eine feurige Ansprache mit Parolen wie: »Der Islam ist die Lösung, der Koran ist unsere neue Verfassung!«

Die Säkularen ahnten schon damals, noch vor dem Sturz Mubaraks, wohin die Reise gehen würde, wenn die Muslimbrüder an die Macht kommen sollten. Schon jetzt war das lockere Bündnis der Säkularen der straff durchorganisierten Bruderschaft unterlegen, was die Koordination von Aktionen und die Formulierung von Forderungen betraf.

Am 18. Februar kehrte nach dreißig Jahren Exil der in Katar lebende islamistische Prediger Jusuf al-Qaradawi nach Kairo zurück und bestieg für die Freitagspredigt das Podest des Tahrir-Platzes. Eigentlich sollte einer der säkularen Organisatoren vor ihm reden. Anhänger Qaradawis drängten diesen jedoch ab, sodass nur der bärtige Bruder zu Wort kam. Der Mann, den die Ordner am Reden hinderten, war kein anderer als Wael Ghonim gewesen, einer der wichtigsten Köpfe der Rebellion.

Wes Geistes Kind Qaradawi ist, war aus seiner Freitagspredigt eine Woche nach Mubaraks Rücktritt mehr als deutlich zu hören:

»Immer und ewig hat Allah die Juden für ihre Korruption bestraft. Die letzte Strafaktion gegen sie wurde von Hitler durchgeführt. Abgesehen von allem, was er ihnen angetan hat – da wird auch übertrieben –, hat er ihnen doch gezeigt, wo sie hingehören. Dies war eine von Gott gewollte Bestrafung. Das nächste Mal wird sie in den Händen der Gläubigen sein.«

Solche von religiösem Fanatismus zerfressenen Geschichtsbilder sind weit verbreitet unter den Funktionären der Muslimbruderschaft. Als Qaradawi, der sonst seine Predigten über den Nachrichtensender Al-Jazeera verbreitet, an diesem Tag auch noch zur Rückeroberung Jerusalems aufforderte, kannte der Jubel seiner Anhänger auf dem Tahrir-Platz keine Grenzen.

Abd al-Galil al-Scharnubi, der Exbruder, äußerte mir gegenüber damals: »Die Muslimbrüder interessiert nur eins, sie wollen an die Macht. Selbst dann, wenn sie ihre früheren Partner verraten müssen. Das haben sie nach der Revolution gemacht. Sie stellen ihre Interessen über die der Nation.«

Zweifellos ein hartes Urteil, vielleicht etwas zu hart. Gefährlich für die Zukunft des Landes war, so die Sorge vieler Säkularer, dass Islamisten kein liberales und freiheitliches Klima zulassen wollten. Ob als Kulturwarte, die Kunst auf Korantauglichkeit überprüften und sich auch nicht scheuten, eine liberal denkende Direktorin der Kairoer Oper zu entlassen, ob als Sittenwächter, die auch die letzte Frau unter das Kopftuch zwingen wollten, ob als »Religionspolizisten«, die die Kopten drangsalierten – wo sie nur konnten, versuchten sie, alles Freisinnige als dekadent, verwestlicht oder gar als zionistisch zu verteufeln.

Viele Menschen, vor allem arme, sahen das anders. Die Muslimbrüder waren verfolgt, eingesperrt und gefoltert worden. Dennoch war es ihnen gelungen, sich im ganzen Land Einfluss zu verschaffen. Sie waren es, die in den Stadtvierteln der Ärmsten, in denen es so gut wie nichts gab – kein Wasser, keine Elektrizität, keine Schulen, keine medizinische Versorgung –, Präsenz zeigten und den Menschen halfen. In solchen Vierteln waren sie zu Hause und hier hatten sie 2011 und 2012 ihre meisten Wähler. In Moscheen richteten sie Wohlfahrtsprogramme für Arme aus, sie verteilten kostenloses Essen, ermöglichten Koranunterricht für Kinder. Sie verteilten Spielzeug, unterstützten arme Familien, kauften bei Schulbeginn Hefte und Stifte für die Kinder. In eigenen Gesundheitszentren machten sie bezahlbare Behandlung möglich. Wer als Kranker in solchen Stationen Hilfe suchte, bekam sie, ohne dass er dem Arzt erst einmal einen Umschlag mit Geld zustecken musste. Muslimbrüder galten als unbestechlich, und das stärkte ihren Ruf als fromme Menschenfreunde. Studentinnen boten sie Fahrdienste zu den Universitäten an, um sie vor Übergriffen in den überfüllten Bussen zu schützen, einzige Bedingung: Sie mussten ein Kopftuch tragen.

Die Muslimbrüder waren fast immer zur Stelle, wenn irgendwo im Land Not herrschte. Nach einem Erdbeben in Kairo waren sie es, die als Erste den Opfern Hilfe brachten, Zelte aufbauten für die, deren Häuser unbewohnbar waren, Verletzte versorgten und in Krankenhäuser transportierten, Trost spendeten und rasche Beerdigungen organisierten für die rund vierhundert Menschen, die damals ums Leben gekommen waren. Und natürlich verteilten sie auch den Koran, denn Hilfe ohne religiösen Hintergedanken gab es bei ihnen nicht. Das war im Oktober 1992. Der Staat erinnerte sich damals erst sehr viel später an seine Pflichten. Ähnlich war es im Februar 2007, als im Land die Vogelgrippe grassierte. Die Muslimbrüder schickten Experten aufs Land, um die Bauern zu beraten, wie sie ihre Hühner und Enten, aber auch sich selber schützen konnten. Von der Regierung kam nur der Befehl, Geflügel vorbeugend zu töten.

Sie versprach den Kleinlandwirten Entschädigung, die aber nie ankam.

Der Staat duldete die Aktivitäten der Brüder daher, solange sie sich auf den Bereich der Wohlfahrt beschränkten, schlug aber immer dann mit Härte zu, wenn sie sich zu weit aus der Deckung wagten und aus der Wohlfahrt Wahlkampf zu werden drohte. Brüder als Politiker, das war unter allen Umständen zu verhindern. Dann waren schnell Einsatzkräfte unterwegs und verschleppten Funktionäre. Willfährige Gerichte verurteilten diese zu oft absurd hohen Gefängnisstrafen. Ein Mitglied der Bruderschaft erzählte mir einmal, er habe neben seiner Haustür immer eine Tasche stehen gehabt mit dem Nötigsten für einen Gefängnisaufenthalt – Zahnbürste, Seife, den Koran natürlich und ein bisschen Kleidung. Man bekäme nichts in diesen Gefängnissen und »die Polizisten lassen dir keine Zeit, zu packen – die zerren dich sofort mit«.

Trotz dieser ständigen Bedrohung für sich und seine Familie blieb er immer ein treuer Muslimbruder. »Wir verkörpern den wahren Islam. Von der Linie der Bruderschaft abzuweichen, wäre Verrat nicht nur an ihr, sondern am Islam selber, also Sünde. Lieber sterbe ich.« Während er redete, beugte er sich zu mir vor, seine Stimme wurde immer lauter. Sein grauer Bart zitterte, so erregt war er. Jedes Wort unterstrich er mit einer heftigen Bewegung seines Zeigefingers direkt vor meinem Gesicht, als er schließlich mit funkelnden Augen sagte: »Ihr im Westen könnt das nicht verstehen!«

Mit ähnlicher Leidenschaft mag auch Hasan al-Banna gesprochen haben, als er 1928 die Muslimbruderschaft gründete, als eine Bewegung gegen westlichen Werte-Import, als Trutzburg gegen die englischen Kolonialherren und ihre Vasallen, die Regierung und den ägyptischen König mit seinem Hofstaat, als Hüterin des wörtlich zu verstehenden Islam. Die Grundsätze der Organisation sind einfach und müssen als Gesetz bedingungslos befolgt werden: »Gott ist unser

Ziel. Der Prophet ist unser Führer. Der Koran ist unsere Verfassung. Der Dschihad ist unser Weg. Der Tod für Gott ist unser nobelster Wunsch.«

Sätze wie diese klingen in europäischen Ohren verständlicherweise bedrohlich. Aber wie ernst sind sie gemeint? Spricht aus ihnen schon die Bereitschaft zur Gewalt, zum Terrorismus?

Einer der wichtigsten Vordenker der Muslimbrüder war der aus der Provinz Assiut stammende Lehrer und Literaturkritiker Sayyid Qutb, den Präsident Nasser 1966 im Gefängnis hinrichten ließ, weil er angeblich einen Aufstand geplant hatte. Ausschließen kann man das nicht, denn Qutbs Lehre vom Dschihad verlangt den bewaffneten Widerstand gegen alles Unislamische. Dazu rechnete er so gut wie alles, was aus dem Westen in die islamische Welt eindrang, aber auch muslimische Regierungen, die seiner Meinung nach die Religionsgesetze nicht beachteten und daher als Verräter zu gelten hatten. Islam oder Barbarei, nur diese beiden Möglichkeiten ließ das manichäische Weltbild dieses geistigen Vaters aller Dschihadisten zu.

In seiner Jugend galt Qutb als koranfest und gottergeben, nicht aber als fanatisch. Eine Sehnsucht nach reiner Tugendhaftigkeit und absoluter Gerechtigkeit zieht sich als roter Faden durch das Leben dieses Asketen. Ein Besuch in den USA machte ihn zum Radikalen. »Vor allem schockierten ihn die sexuellen Freiheiten, die er dort antraf. Er war ein sehr asketischer und moralischer Mann. Als er 1951 zurückkam, schloss er sich den Muslimbrüdern an und rief zum Dschihad auf.«

Das berichtete mir der inzwischen verstorbene Gamal al-Banna, Bruder des Gründers der Muslimbrüder und Freund von Qutb, Ende der neunziger Jahre in seinem bis unter die Decke mit Büchern vollgestellten Büro.

»Die Regierung Nasser hatte damals zur Radikalisierung der jungen Muslimbrüder entscheidend beigetragen. Sie wurden genauso wie Sayyid Qutb in den Gefängnissen auf das brutalste gefoltert. Für sie konnte ein solches menschenverachtendes Regime nur gottlos sein. Das war eine einschneidende Erfahrung für Qutb«, so Gamal al-Banna.

Anfang der sechziger Jahre schrieb Qutb im Gefängnis sein Buch *Wegmarken*. Zum bewaffneten Widerstand gegen unislamische Regierungen ruft er darin auf. Es sei Pflicht jedes gläubigen Muslims, gegen Herrscher und antiislamische Ideologien wie dem Sozialismus mit allen Mitteln zu kämpfen, schreibt er. *Wegmarken* ist für viele Dschihadisten noch immer das, was für marxistische Revolutionäre lange Zeit Lenins Schrift *Was tun?* war – ein Leitfaden für die Revolution. Auch für Aiman al-Zawahiri war Qutb so etwas wie der Vordenker des Dschihad. Al-Zawahiri gründete zusammen mit Osama bin Laden Anfang der neunziger Jahre die Terrorgruppe Al-Qaida.

Die Führung der Muslimbruderschaft schwor zwar Mitte der siebziger Jahre jeder Form von Gewalt ab, doch von Sayyid Qutb und seinem Buch *Wegmarken* distanzierte sie sich nur zögerlich.

Die Bruderschaft blieb auch nach diesem Kurswechsel eine Organisation mit klar definierter Hierarchie, aber undurchsichtigen Entscheidungswegen. An der Spitze steht der vom neunzigköpfigen Schura-Rat ernannte, aber nicht absetzbare oberste Führer, der Murschid, dessen Befehle und Anweisungen kein Mitglied infrage stellen darf oder kontrollieren kann. Auch der Schura-Rat darf die Arbeit des Murschid nicht kontrollieren. Die Muslimbruderschaft ist demnach streng nach dem Führerprinzip organisiert. Mitglied kann nur werden, wer blinden Gehorsam und Unterwerfung schwört.

Kamal al-Helbawi, ein altgedienter Muslimbruder, der 2011 der Bruderschaft enttäuscht den Rücken gekehrt hat, bringt dieses Prinzip auf eine einfache Formel: »Wenn du nicht gehorchen kannst, dann kannst du nicht Mitglied sein.« Die Bruderschaft vergleicht der heute über Achtzigjährige mit einer stalinistischen Partei, die Abweichungen von der Parteilinie hart bestraft. Ausgetreten war er nach dreißig Jahren Mitgliedschaft. In den neunziger Jahren hatte er in Großbritannien den »Muslimischen Rat« gegründet, eine britische Dachorganisation von über 250 muslimischen Vereinen und Moscheen. Außerdem geht auf sein Engagement die Gründung der »Weltversammlung der muslimischen Jugend« in Saudi-Arabien zurück, der westliche Geheimdienste Nähe zum Terrorismus nachsagen.

Abd al-Galil al-Scharnubi, der Dissident, den ich auf dem Tahrir-Platz kennengelernt hatte, war seit seinem vierzehnten Lebensjahr Mitglied gewesen: »Kinder wie ich wurden von ihnen einer regelrechten Gehirnwäsche unterzogen. Sie haben mich bestraft, wenn sie glaubten, ich hätte einen Fehler gemacht, sie haben mich belohnt, wenn ich alles richtig gemacht habe. Wir sollten möglichst wenig Kontakt zu Nichtmitgliedern haben. Uns boten sie daher alles. Sie haben uns ein Gemeinschaftsgefühl und Anerkennung gegeben. Wir fühlten uns als kleine Erwachsene. So etwas hatten wir in unserem Dorf nie erlebt. Für uns Heranwachsende war das damals wunderbar.«

Im Januar 2011 bekam er das andere Gesicht dieser Kader-Organisation zu sehen. Der Kommandostil seines Vorgesetzten Mohamed Mursi stieß ihn zunehmend ab, besonders seit er, Scharnubi, auf dem Tahrir-Platz bei den säkularen Rebellen eine ungewöhnlich freie und brüderliche Atmosphäre erlebt hatte. »Aber wer sich den Muslimbrüdern zu entziehen versucht«, so der 2012 achtunddreißig Jahre alte Scharnubi, »der riskiert, fertiggemacht zu werden. Als bekannt wurde, dass ich austreten will, haben sie eine Kampagne gegen mich gestartet. Sie haben in meinem Heimatdorf verbreitet, ich sei vom Glauben abgefallen, tränke Alkohol. Meiner Frau haben sie gesagt, ich ginge zu Prostituierten.« Als er mir dies 2012 in einem Kaffeehaus in Kairo erzählte, ließ er die Tür keinen Moment aus dem Blick. »Ich habe Angst. Sie haben mir gedroht. Vor ein paar Tagen haben mich zwei Bewaffnete angehalten. Als zufällig andere Männer dazukamen, sind sie geflohen.«

Viele Mitglieder wurden zerrieben im Machtkampf zwischen der
Betonfraktion um den stellvertretenden Führer der Bruderschaft, Mohamed Khairat al-Schater, und den Vertretern einer liberalen Fraktion.
Al-Schater duldete keine Abweichung von der von der Führung vorgegebenen Lesart des Islam. Der liberale Flügel ließ Diskussionen
und Neuinterpretationen des Koran zu, wenn auch in engen Grenzen.
Für sie war die Bruderschaft kein Selbstzweck wie für al-Schater und
dessen Gefolgsleute, zu denen auch der spätere Präsident Mohamed
Mursi gehörte. Die reformbereiten Mitglieder wie der spätere unabhängige Präsidentschaftskandidat Abdel Moneim Abul Fotuh wurden
von al-Schater nach und nach aus dem Führungsgremium gedrängt,
bis Abul Fotuh die Bruderschaft 2011 ganz verließ und eine eigene
Partei gründete, die »Partei Starkes Ägypten«, ebenfalls islamistisch geprägt, aber zugänglich für verschiedene Strömungen. Gerade
er wäre mit seiner Offenheit in der Lage gewesen, die Muslimbrüderschaft für junge Menschen attraktiv zu machen. So nutzte er Facebook, Twitter und Co., um mit ihnen zu diskutieren. Außerdem verlangte er eine strikte Trennung zwischen Politik und Religion – für
die »Betonbrüder« zweifellos ein Sündenfall. Während des Präsidentschaftswahlkampfs 2012 versprach er – im Fall eines Sieges –,
als Präsident mindestens die Hälfte aller Kabinettsposten mit Politikern unter fünfundvierzig Jahren zu besetzen. Doch dieser Lockruf
verfing nicht bei den Ägyptern. Bei der Wahl schied er mit 17 Prozent
der Stimmen nach dem ersten Wahlgang aus. Heute wartet er wie die
meisten Islamisten im Gefängnis auf seinen Prozess wegen angeblicher Unterstützung einer Terrororganisation. Verhaftet worden war
er im Februar 2018 unmittelbar nach seiner Rückkehr aus London,
wo er in der BBC Präsident al-Sisi scharf kritisiert hatte.

Bei den ersten Parlamentswahlen errangen die Muslimbrüder zwar zusammen mit den Salafisten mehr als 65 Prozent der Stimmen, aber glücklich waren sie mit diesem Sieg nicht. Im Grunde lehnten die Salafisten die parlamentarische Demokratie als unislamisch ab. Für diese frommen Männer in den weißen Hemden, die nur bis zur halben Wade reichen durften, waren die Muslimbrüder in ihren westlichen Anzügen bereits Teil des falschen Systems, verteidigten sie doch beispielsweise die im Wahlgesetz vorgesehene Vorschrift, Frauen als Kandidaten aufzustellen! Die Salafisten fügten sich zwar diesem Gesetz zähneknirschend, wollten aber mit ihrer »Partei des Lichts« in Ägypten einen Gottesstaat nach dem Vorbild Saudi-Arabiens errichten und wurden dafür von Riad finanziert. Die Muslimbrüder hingegen bekamen ihr Geld von dem kleinen Rivalen des großen Nachbarn, von Katar.

Die Parlamentswahlen 2011/12 waren für die Islamisten zweifellos ein Erfolg, aber er sagte nichts über den Rückhalt aus, den die »Freiheits- und Gerechtigkeitspartei« im Land hatte.

Die Präsidentenwahlen verliefen jedenfalls unbefriedigender. In der ersten Runde 2012 hatte Kandidat Mohamed Mursi weniger als ein Viertel aller abgegebenen Stimmen bekommen, eine Enttäuschung für die Führungsriege, den Murschid und seinen Schura-Rat. Im entscheidenden zweiten Wahlgang siegte er mit knapp 51 Prozent gegen einen Kandidaten aus dem alten Mubarak-Lager. Dessen Nähe zum abgesetzten Präsidenten war ausschlaggebend für den Wahlerfolg Mursis, nicht Mursis Mitgliedschaft bei den Muslimbrüdern, deren zentrale Forderung, die Scharia zum obersten Gesetz des Landes zu erklären, von immer mehr Ägyptern abgelehnt wurde.

»Imame haben wir genug in unserem Viertel. Wir brauchen Politiker, die unsere Probleme lösen«, sagte mir damals ein Ägypter in dem Armenviertel Imbaba, einem riesigen Stadtteil von Kairo, wo nicht nur verelendete Tagelöhner und vom Land zugezogene Fellachen in oft erbärmlichen Unterkünften hausten, sondern auch kärglich bezahlte Staatsangestellte wie Lehrer. Zu kleine Wohnungen für zu große Familien, keine festen Jobs, ständig steigende Lebensmittelpreise. Die Menschen hier wollten nicht mehr Gebete und Gebote, sondern mehr Geld und soziale Gerechtigkeit.

DAS ENDE DER BRÜDER

Es war für die Muslimbrüder eine einmalige Chance gewesen in ihrer mehr als neunzigjährigen Geschichte. Endlich konnten sie ein Land und eine Gesellschaft in ihrem Sinne regieren und gestalten. Warum haben sie sie verspielt – innerhalb von nur zwei Jahren? Warum sind so schnell aus Anhängern Feinde geworden, aus Wählern Gegner? Wieso folgte auf den kurzen Höhenflug so rasch der lange Absturz? Wie wurde aus einem Präsidenten ein politischer Gefangener?

Viele Ägypter hatte vermutlich die Aggressivität abgeschreckt, mit der die Muslimbrüder ihren Wahlkampf führten. Immerhin hatten sie in den beiden Revolutionsjahren fünfmal zur Wahlurne gehen müssen. Das letzte Mal im Dezember 2012 bei der Abstimmung über die neue, von den Muslimbrüdern formulierte Verfassung.

Damals, vor dem Verfassungsreferendum, waren sie durch die Straßen gefahren, auf ihre Lastwagen plärrende Lautsprecher montiert.

»Ein Ja zur Verfassung bedeutet Stabilität!«, dröhnte der Slogan, der auch überall auf großen Transparenten zu lesen stand. Die Muslimbrüder waren aufmarschiert, bärtig und grimmig. Ein paar Hundert neugierige Zuschauer drängten sich vor den Lastwagen, sie wussten, die Wahlhelfer würden kleine und größere Geschenke verteilen, Kanister mit Speiseöl, Säcke mit Reis, Tomaten, Brot. Die Brüder hatten ein klares Ziel vor Augen: Ihre Verfassung musste auch auf den letzten Metern gegen die Liberalen verteidigt und dann an den beiden Wahlsamstagen über die Ziellinie gebracht werden. Kritische Stimmen fanden kein Gehör. Ein Redner verkündete: »Wer gegen die Verfassung ist, der ist gegen den Islam.« Die Muslimbrüder wussten, solche Totschlagargumente zogen bei vielen frommen Bürgern. Fast im Alleingang hatten die Muslimbrüder und Salafisten diesen Verfassungsentwurf formuliert – ganz im Geiste der Scharia. Die Minderheit der Liberalen hatte das Verfassungskomitee im September verlassen, aus Protest gegen die Kompromisslosigkeit der islamistischen Mehrheit. Mit dieser Verfassung unternähmen die Muslimbrüder den Versuch, einen religiös eingefärbten Einheitsstaat zu bilden, so der Vorwurf der liberalen Minderheit. Islamistische Einfalt solle die Vielfalt des Landes verdrängen.

Den Streit um die Verfassung setzten die Parlamentarier in den Straßen fort. Es kam zu zum Teil heftigen Kämpfen zwischen den verfeindeten Parteien. Das Land war wieder einmal gespalten.

Gespalten war auch die Regierung Mursi selbst – das erklärte mir einer der Berater des Präsidenten. Mursis Palast in Heliopolis, sagte er, sei ein Spiegelbild der Gesellschaft. Auf der einen Seite gebe es die Hardliner der Muslimbrüder. Auf der anderen Seite ständen die liberalen Berater. Bislang hätten die Hardliner gesiegt, erzählte er. Zum Beispiel an jenem 22. November 2012, als Mursi seine berüchtigten Verfassungsdekrete verkündete, mit deren Hilfe er die Justiz entmachten wollte. Selbst sein Stellvertreter, Vizepräsident Mahmut Makki, konnte ihn nicht davon abbringen, obwohl auch Mursi ahnte, welche Reaktionen das im Land auslösen würde. Bei den Unruhen in den folgenden Tagen starben neun Menschen. Doch alle Warnungen wurden in den Wind geschlagen. Mursi blieb beratungsresistent und starrköpfig.

Zur Niederlage der Brüder hat zweifellos genau diese Starrköpfigkeit beigetragen – ein Verhalten, das sie sich während der Jahrzehnte im Untergrund angeeignet hatten. Die Isolation in Wüstengefängnissen, die Grausamkeit der Folter, die Trennung von ihren Familien, all das haben sie nur überlebt, weil sie unbeirrt an ihrem Glauben festhielten. Nur Gott und die Brüder spendeten Licht in der Dunkelheit. Wer im Gefängnis saß, konnte sicher sein, dass die Brüder sich um die Familie, die man zurückgelassen hatte, kümmern. Nur bedingungsloser Zusammenhalt und das Gefühl, jeder kann sich auf jeden verlassen, machten ein Überleben möglich. Für Abweichungen, Kritik, für so etwas wie Reformdiskussionen war da kein Platz.

Aber was im Untergrund und im Kampf Stärke bedeutet, war im öffentlichen Raum und auf dem politischen Parkett eine fatale Schwäche. Mit ihrer in der jahrzehntelangen Illegalität eingeübten Unbeugsamkeit gruben sich die Muslimbrüder in der kurzen Zeit der Legalität und der Wahlerfolge ihr eigenes Grab. Statt Starrsinn wäre Kompromissbereitschaft gefragt gewesen, statt Abschottung Offenheit, statt mit erhobenem Zeigefinger zu predigen, hätten sie zuhören müssen. Doch die Muslimbrüder mauerten und setzten lieber auf Märtyrertum als auf Machtteilung, um ihren Scharia-Staat durchzusetzen. Und der war mit den jungen Menschen vom Tahrir-Platz nicht zu machen.

Das belegen auch Ergebnisse soziologischer Untersuchungen. So war die Zahl derer, die die Scharia zur Grundlage der Gesetzgebung machen wollten, kontinuierlich von 48 Prozent im Jahr 2001 auf 28 Prozent im Jahr 2011 gesunken, wie der amerikanische Soziologieprofessor Mansoor Moaddel Anfang 2012 ermittelt hatte. Die Zahlen decken sich mit den Forschungsergebnissen der Studie *Zwischen Ungewissheit und Zuversicht – Jugend im Nahen Osten und in Nordafrika* von Jörg Gertel und Ralf Hexel. Die Autoren stellten fest, dass für die überwältigende Mehrheit der jungen Ägypter ein demokratischer Staat die erste Wahl sei und nur eine Minderheit von 13 Prozent sich einen Religionsstaat auf der Grundlage der Scharia wünschte. Keine gute Voraussetzung für die Politik verbissener Islamisten.

Nach dem knappen Wahlsieg 2012 versuchte Mohamed Mursi sich mit dem Militär zu arrangieren. Die Generäle akzeptierten den zivilen Präsidenten zunächst, wollten seine Machtbefugnisse aber radikal einschränken. Um das zu verhindern, sagte Mursi ihnen zu, im Falle seines Wahlsieges nicht an den Privilegien des Militärs zu rühren. Parallel zur zweiten Runde der Präsidentenwahl sicherte sich der seit 2011 regierende Militärrat per Dekret die legislative Macht zu sowie die Kontrolle über den Haushalt. Der Präsident sollte lediglich noch das Kabinett ernennen dürfen sowie Gesetze annehmen oder ablehnen, nicht aber in die Belange des Militärs eingreifen.

Vermutlich haben schon damals etliche Generäle nach Mitteln und Wegen gesucht, wie sie Bruder Mursi loswerden könnten. Dieser versäumte es, andere Institutionen des Staatsapparates in seine Regierung einzubinden mit der Folge, dass es zwischen den Institutionen des alten Regimes und der neuen gewählten Regierung zu fortwährenden Machtproben kam. Dazu zählte die fast unkontrolliert arbeitende Staatssicherheit wie auch die Justiz selber, die in den folgenden Monaten immer wieder wichtige Gesetze der neuen Regierung kassierte. Am 14. Juni 2012 etwa löste das Oberste Verfassungsgericht das ein halbes Jahr zuvor gewählte und von den Islamisten dominierte Parlament auf mit der fadenscheinigen Begründung, Teile des Wahlgesetzes seien illegal. Eins der Mitglieder des Hohen Gerichts war die Richterin Tahani al-Gebali. Sie sollte ein Jahr später beim Sturz des Präsidenten eine wichtige Rolle spielen.

Am 30. Juni hob Präsident Mursi per Dekret das Urteil des Verfassungsgerichts auf und setzte das Parlament wieder ein. Es war eine seiner ersten Amtshandlungen.

Auch große Teile der Wirtschaft versuchten durch Boykott, Mursi und seinen Muslimbrüdern das Wasser abzugraben – sprichwörtlich: Aus den Wasserleitungen in den Badezimmern oder Küchen kam häufig statt Wasser nur Röcheln. Erst nach dem Putsch gab es wieder regelmäßig Wasser. Stromausfälle häuften sich im Winter 2012, nach dem Putsch vom 3. Juli 2013 hielten sie sich im üblichen Rahmen. Auch war es nach diesem Stichtag plötzlich mit der Benzinknappheit vorbei. Die Drahtzieher hinter dieser künstlichen Verknappung wussten: Die Ägypter wollen Brot und Bohnen auf dem Tisch und bezahlbares Benzin im Tank, sonst gehen sie wieder auf die Straße.

Doch die Regierung Mursi allein verantwortlich zu machen, wäre falsch. Der Niedergang der ägyptischen Wirtschaft hatte schon vor 2011 begonnen. Den Muslimbrüdern gelang es nicht, ihn zu stoppen, denn sie verstanden viel von Wohlfahrt, aber wenig von Wirtschaft. Aber selbst einem hochqualifizierten Wirtschaftspolitiker wäre es kaum möglich gewesen, innerhalb eines einzigen Jahres ein seit Jahrzehnten heruntergewirtschaftetes Land zu reformieren. Außerdem waren weder die Europäische Union noch Deutschland bereit, durch Kredite und Budgethilfen das Land zu konsolidieren, so wie sie heute den Putschpräsidenten Abdel Fattah al-Sisi mit Millionenbeträgen stützen. Auch der von Mursis Regierung beantragte 4,8-Milliarden-Dollar-Kredit des Internationalen Währungsfonds wurde nie überwiesen, weil sich die Muslimbrüder schwertaten mit den drastischen Sparauflagen des IWF. Sie hätten in erster Linie die Ärmsten getroffen. Auch soll das Militär die Zustimmung zu dem Kredit verweigert haben, um das Land »vor einem Hineinregieren aus dem Ausland zu schützen«. Ein paar Jahre später hatten die Generäle diese Sorge nicht mehr: Sie beantragten beim IWF einen Milliardenkredit und bekamen ihn.

Eine weitere entscheidende Schwäche der neuen Regierung war: Mubaraks alter, fast tot geglaubter Sicherheitsapparat feierte unter Mursi fröhliche Urständ. Im Oktober 2012 stellte Amnesty International fest: »Präsident Mohamed Mursi hat die historische Chance, mit dem blutigen Vermächtnis von Polizei und Armee zu brechen, verspielt. Er muss sicherstellen, dass die Sicherheitsorgane zukünftig nicht mehr außerhalb des Gesetzes stehen.«

Auch ägyptische Menschenrechtsgruppen warfen Mursis Innenminister vor, Polizeifolter sei wieder an der Tagesordnung. Mursi entließ ihn zwar, doch nur, um einen »scharfen Hund« durch einen noch schärferen zu ersetzen – einen Polizeigeneral, der sich bereits zu Mubaraks Zeiten durch seine Brutalität hervorgetan hatte. Mit dieser Ernennung hatte Mursi den letzten Rest von Glaubwürdigkeit auch bei vielen seiner Brüder verspielt. Der Marsch durch die Institutionen, auf dem sich die Muslimbrüder wähnten, endet im Frühjahr 2013 abrupt in einer Sackgasse.

Rücktrittsforderungen werden immer lauter, sie kommen diesmal nicht mehr nur von den säkularen Parteien und den alten Eliten. Junge Aktivisten schließen sich zusammen und proben wieder den Aufstand, diesmal gegen Mursi. Im ganzen Land liefern sie sich erbitterte Straßenschlachten mit Mursi-Anhängern. Ende Juni drohen die Unruhen zu eskalieren. Am 1. Juli greift Verteidigungsminister Abdel Fattah al-Sisi ein und setzt seinem Vorgesetzten, dem ägyptischen Präsidenten Mohamed Mursi, die Pistole auf die Brust.

KAPITEL 2

NACH DEM PUTSCH –
DER WILLE DES VOLKES?

3. JULI 2013

Ägypten hält den Atem an. Um 18 Uhr soll das Ultimatum ablaufen, das Verteidigungsminister al-Sisi dem Präsidenten Mursi gestellt hatte: »Entweder du trittst zurück und schreibst Neuwahlen aus, oder wir setzen dich ab.« Bis zum Zerreißen gespannt hat Ägypten auf den Abend gewartet. Eine Annäherung zwischen den verfeindeten Lagern hatte es auch an diesem Tag nicht gegeben. Zurücktreten werde er nicht, hatte der Präsident in einer Fernsehansprache um Mitternacht verkündet, schließlich sei er frei gewählt worden. Jetzt ist es nach 18 Uhr. Es dämmert bereits. Plötzlich bricht Jubel aus. Eben hat die staatliche Zeitung *Al-Ahram* gemeldet, der Verteidigungsminister habe seinen Dienstherrn für abgesetzt erklärt und eine Übergangsregierung einberufen. Zweieinhalb Stunden später erklärt Abdel Fattah al-Sisi in einer Fernsehansprache, eine Übergangsregierung sei gebildet worden. Die erst wenige Monate alte Verfassung setzte er außer Kraft.

Hysterisch gelacht haben soll Mohamed Mursi, als drei Offiziere der Republikanischen Garde ihn über seine Amtsenthebung informierten. »Das ist ein Staatsstreich«, habe er gebrüllt. »Ich kann es nicht glauben!« Seine wichtigste Beraterin für politische Angelegenheiten, die Professorin Pakinam al-Scharkawi, brach in Tränen aus, schrie die Offiziere an. Das zumindest berichtete am nächsten Tag die saudische Zeitung *Asharq al-Awsat*. Ihre Informationen will sie von

77

Soldaten der Republikanischen Garde haben. Weder Mohamed Mursi noch seine rund zwanzig Mitarbeiter, die sich mit ihm in seinem Büro im Präsidentenpalast aufhielten, hatten offensichtlich mit dem Staatsstreich gerechnet. Was verwundert, angesichts der Ereignisse der vergangenen Wochen und Monate, der Massendemonstrationen, der Rücktrittsforderungen der Opposition. Selbst die Salafisten hatten bereits das sinkende Schiff der Muslimbrüder verlassen. Offenbar hatte Mohamed Mursi die Macht der Straße und die des Militärs völlig unter- und die eigene katastrophal überschätzt.

Die Menschen in den Cafés, in den Straßen, auf den Plätzen feiern die Absetzung als ihren Sieg. Feuerwerksraketen schießen sie ab, hupende Autokorsos fahren durch die Stadt. Aus dem ganzen Land werden die Bilder feiernder Menschen übertragen.

Die Menschen tanzen in den Straßen, umarmen sich und preisen die Generäle wie Erlöser. Erinnerungen an den 11. Februar 2011, als Mubarak endlich zurückgetreten war, werden wach.

Wie schon 2011 rollten auch jetzt wieder Panzer. Diesmal ging es gegen die Anhänger der Muslimbrüder. Polizei und Militär schwärmten aus. Die Einsatzkräfte hatten offensichtlich die Anweisung, scharf zu schießen. Immer wieder kam es zu Zusammenstößen zwischen den Sicherheitskräften und den Anhängern des entmachteten Präsidenten. Die waren zornig, verzweifelt und zum Märtyrertod bereit. Auch in anderen Städten wie Alexandria, Port Said, Tanta kam es zu erbitterten Kämpfen zwischen den Muslimbrüdern und der schwer bewaffneten Polizei. »Ihr habt uns die Revolution gestohlen!« und »Ihr seid Verräter!«, schrien die Mursi-Anhänger.

In den ersten Stunden nach dem Putsch starben Dutzende Menschen, und das war erst der Anfang. Am 8. Juli richtete die Armee ein erstes Massaker an den Islamisten an mit 53 Toten und mehreren Hundert Verletzten. Die Soldaten hatten wahllos in die größtenteils friedlich demonstrierende Menge geschossen. Am 27. Juli starben siebzig Mursi-Anhänger durch gezielte Kopfschüsse der Polizisten. Von einem »Genickschussmassaker« sprachen Beobachter damals. Den grausamen Höhepunkt aber fanden all diese Aktionen in dem Blutbad, das die Polizei am 14. August vor der Rabia-al-Adawija-Moschee anrichtete, wo seit Wochen Mursi-Anhänger kampierten und für die Rückkehr des Präsidenten demonstrierten. Über tausend Demonstranten starben an diesem Tag. Allerdings auch Polizisten durch Schüsse aus den Reihen der Muslimbrüder.

Verantwortlich für die Einsätze war der alte und neue Innenminister Mohamed Ibrahim. Mursi hatte ihn erst im Januar 2013 ins Innenministerium berufen, und diensteifrig hatte dieser die Anti-Mursi-Demonstrationen niederknüppeln lassen. Ibrahim hatte bereits Mursis Vorgänger Mubarak gedient und sich den Ruf eines kaltblütigen Polizeigenerals erworben. Nach dem Machtwechsel am 3. Juli musste er seinen Schreibtisch erst gar nicht räumen. Jetzt ging der Wendehals mit beispielloser Grausamkeit gegen die Anhänger seines ehemaligen Arbeitgebers vor. Das Innenministerium und die gleichgeschaltete Presse beeilten sich, sie vom ersten Tag an pauschal als Terroristen zu kriminalisieren. Demnach hatte Mohamed Ibrahim vor dem Putsch also dem Chef einer kriminellen Vereinigung gedient.

Mursi selber wurde zunächst an einen unbekannten Ort gebracht. Die Führungsriege der Muslimbrüder wurde mit Ausreisesperren belegt. Niemand sollte entkommen, um womöglich vom Ausland aus Widerstand zu organisieren, schließlich waren die Regime im Sudan, in der Türkei und in Katar den ägyptischen Muslimbrüdern sehr gewogen. Der türkische Präsident Erdoğan protestierte scharf gegen die Verhaftungen seines Amtskollegen Mursi. Auch Katar protestierte, hatte doch der kleine, aber extrem reiche Staat jahrelang die Brüder finanziert, sehr zum Ärger seines Nachbarn Saudi-Arabien.

Einfache Brüder trauten sich kaum mehr auf die Straße. Bartträger und verschleierte Frauen gerieten sofort ins Visier der Polizei. Viele

Mursi-Anhängerinnen legten in diesen Tagen ihre Kopftücher ab, wenn sie einkaufen gehen mussten, und die Männer erschienen plötzlich mit glattrasierten Gesichtern. Doch oft half auch das nicht. Nachbarn denunzierten sie oder ihr Name stand ohnehin auf einer der schwarzen Listen.

Unterstützung von anderen Gruppen und Parteien bekamen die nun wieder Verfolgten und Verfemten selten. Selbst die Salafisten begrüßten den Putsch und distanzierten sich von ihren einstigen Bündnisgenossen – vielleicht, um das eigene Überleben zu sichern, vielleicht hatten sie aber auch eine Anweisung aus Saudi-Arabien bekommen, das die neue Regierung finanzierte.

Glückwünsche an die Adresse der Militärs schickte der Iman und Rektor der Kairoer Azhar-Universität, Großscheich Ahmed al-Tajib – eine Pflichtübung, wird doch der Rektor dieser wichtigen sunnitischen Institution vom ägyptischen Präsidenten ernannt. Auch der koptische Patriarch, Papst Tawadros II., gratulierte, in der Hoffnung, endlich Sicherheit für seine Gläubigen im Land garantiert zu bekommen. Gegen die koptischen Christen und ihre Kirchen hatte es immer wieder Angriffe gegeben während der Herrschaft der Muslimbrüder. Erst im April war es vor der Markus-Kathedrale, dem Sitz des Patriarchen, während der Beerdigung von vier von Dschihadisten ermordeten Kopten zu Ausschreitungen zwischen Christen und Islamisten gekommen. Die Polizei hatte fast eine Stunde lang tatenlos zugesehen. Wieder starb ein Kopte. Kein Wunder also, dass die koptische Minderheit im Land nach dem Putsch erleichtert aufatmete, al-Sisi zujubelte und auf ein besseres, sichereres Leben hoffte.

»Ich glaube, Mursi wurde von einer großen Mehrheit der Kopten tatsächlich als eine Bedrohung wahrgenommen.« Der junge Kopte, der sich im Sommer 2019 bereit erklärt, sich zusammen mit seiner Ehefrau mit mir in Kairo zu treffen, will lieber anonym bleiben. Auch der neuen Zeit traue er nicht. Von mehr Sicherheit unter al-Sisi könne längst keine Rede mehr sein. »Anfangs«, so fährt er fort, »haben viele Kopten, vielleicht sogar die Mehrheit, al-Sisi als Retter gesehen, der ihnen mehr Schutz bieten wird, sie sind ihm daher nahezu blind gefolgt.«

Ein gefährlicher Irrtum. Weil sie als Kollaborateure des Putschpräsidenten galten, gerieten sie einmal mehr ins Visier der Islamisten. Als im August 2013 die Sicherheitskräfte das Protestlager der Muslimbrüder vor der Rabia-Moschee in Kairo stürmten und über tausend Demonstranten töteten, entluden sich die Wut und der Hass der Mursi-Anhänger nicht zuletzt auf die ägyptischen Christen. Innerhalb von nur fünf Tagen zündeten Anhänger des gestürzten Präsidenten 63 Kirchen an, außerdem fünf katholische Schulen in Minia, Suez und Assiut. In den Städten Suez und Assiut zerstörten Islamisten zwei Klöster. In Alexandria lynchte ein wütender Mob einen koptischen Taxifahrer, der versehentlich in eine Pro-Mursi-Demonstration hineingeraten war. Wohnhäuser wurden verwüstet und Geschäfte geplündert. In Luxor brannten Hotels und auf dem Nil Hotelschiffe, deren Besitzer Kopten waren.

In den folgenden Monaten ließ die Raserei der Islamisten allmählich nach, doch die Kopten mussten lernen, dass das Sicherheitsversprechen des neuen Machthabers nur ein weiteres Lippenbekenntnis war. Anschläge auf Kirchen gibt es nach wie vor. Weit über hundert Gläubige sind seit dem Putsch bis heute ums Leben gekommen.

Dass er sich zum Machthaber aufschwingen würde, das war am 3. Juli 2013 durchaus noch nicht klar: »Die Armee will nicht an der Macht bleiben«, hatte al-Sisi in seiner ersten Fernsehansprache gelobt und Neuwahlen für Parlament und Präsidentschaft angekündigt. Bis dahin werde das Land von einer starken Interimsregierung geführt werden. In diesem Übergangskabinett übernahm er selbst das Verteidigungsressort sowie das Amt des stellvertretenden Ministerpräsidenten.

Spätestens mit der Vereidigung des neuen Kabinetts am 16. Juli hätte aber auch dem blauäugigsten Putsch-Sympathisanten klar werden können, dass das Militär nicht vorhatte, sich so bald wieder zurückzuziehen. Wer sich das Gruppenfoto des Übergangskabinetts genauer ansah, entdeckte viele bekannte Gesichter aus der Mubarak-Zeit. Wichtige Ressorts wie das Wirtschaftsministerium übernahmen Unternehmervertreter, die schon in der Zeit vor den Aufständen in der Politik aktiv waren. Sogar ein Führungsmitglied der 2011 aufgelösten NDP tauchte im neuen Kabinett auf.

Doch selbst linksliberale Gruppen wie die »Nationale Heilsfront« um Mohamed al-Baradei signalisierten am 3. Juli Sympathie für den Machtwechsel. Einige Tage später sollte al-Baradei das Angebot des Putschgenerals al-Sisi annehmen, der von ihm ernannten Übergangsregierung als Vizepräsident der Republik beizutreten. Baradei, ein bekanntes Gesicht der Tahrir-Platz-Revolte, war den Generälen im Juli mehr als willkommen, konnten sie doch so eine direkte Verbindung zwischen dem 25. Januar 2011 und dem 3. Juli 2013 herstellen. Selbst Baradei hatte vollmundig verkündet, mit den Ereignissen des 3. Juli sei die Revolution vom 25. Januar wiederbelebt worden. Mit dieser Äußerung lieferte er den Generälen ohne Not eine zusätzliche Rechtfertigung ihres Umsturzes.

Von einer zweiten Revolution sprach denn auch das Militär: Man habe nur den Willen des Volkes vollstreckt. Die Gegenrevolution biederte sich beim Tahrir-Platz an und versucht die wahren Ziele des Putsches zu verschleiern. Mit Erfolg. Zeitungen und Fernsehkanäle, sofern sie nicht wegen ihrer Nähe zu den Muslimbrüdern geschlossen worden waren, beeilten sich, die Sprachregelungen der neuen Zeit zu übernehmen. Auch Tahrir-Platz-Aktivisten wie Ahmed Maher, Wael Abbas und der Schriftsteller Ala al-Aswani begrüßten zunächst den Sturz Mursis, hofften sie doch auf ein liberaleres, säkulares Ägypten. Kritik am Putsch fand praktisch nicht statt.

Doch es gab sie. Kritik kam von einer kleinen Minderheit junger Ägypter, die sich nicht auf eine der beiden Seiten schlagen wollte, weder auf die des Militärs noch auf die der Muslimbrüder. Schon früh hatten sie vor der Machtübernahme durch das Militär gewarnt. Vergeblich. Jetzt saßen sie zwischen allen Stühlen. Weder wollten sie auf dem Tahrir-Platz dem Verteidigungsminister applaudieren, noch wollten sie auf dem Rabia-Platz zusammen mit den Muslimbrüdern gegen das neue Regime demonstrieren. Sie suchten sich einen neuen Ort für ihre Proteste, einen »dritten Platz«, und so nannten sie denn auch ihre Bewegung: »The Third Square«. Für ihre Kundgebungen besetzten sie vorübergehend den Sphinx-Platz im gutbürgerlichen Stadtteil Muhandisin.

Einer ihrer Sprecher, Ahmed Adel, sagte: »Wir sind eine Gruppe junger Menschen, die weder auf dem Tahrir-Platz zu Hause sind noch bei den Muslimbrüdern. Wir wollen weder Religionsfaschismus noch einen Militärstaat.« Er verurteilte, dass al-Sisi die Verfassung abgeschafft habe. Für einen solchen Staat hätten sie schließlich am 25. Januar 2011 nicht demonstriert. In einem ihrer Flugblätter hieß es: »Der Verteidigungsminister verlangt eine Ermächtigung, um unter dem Vorwand der Terrorismusbekämpfung Ägypter töten zu dürfen.« Die Gruppe hoffte, es würden sich bald Aktivisten auf vierten, fünften und noch mehr Plätzen versammeln. Dazu sollte es nicht kommen, aber die Gruppe ließ sich nicht entmutigen.

Auf einer Facebook-Seite, die heute noch aufgerufen werden kann, veröffentlichten sie regimekritische Kommentare, erinnern zum Beispiel am 14. August 2014 an das Rabia-Massaker. Zum ersten Jahrestag des Putsches, dem 3. Juli 2014, stellte »Third Square« einen bewegenden Kommentar der Online-Journalistin Heba Afify auf ihre Seite, der die politische Atmosphäre jener Tage eindringlich beschreibt:

»Proteste erlebe ich zunehmend mit dem mir bislang wenig bekannten Gefühl der Angst. Ich sehe ständig die Gesichter der Getöteten. Und wenn ich die Briefe der politischen Gefangenen lese, dann kann ich mich nicht mehr mit dem Argument trösten, dass sie ein wichtiges Opfer gebracht haben und wegen etwas Gutem einsitzen. Ungerechtigkeit ist hässlich, und ich möchte nicht, dass sie mir widerfährt. Ich frage mich, was mit ihnen sein wird, wenn sie wieder rauskommen. Werden sie wieder protestieren? Werde ich weitermachen?«

Gründe, nicht weiterzumachen, gab es viele im Juli 2014. 40000 meist junge Ägypter saßen im Gefängnis, angeklagt als angebliche Terroristen, wegen Widerstands oder auch nur wegen der Teilnahme an Demonstrationen. Ahmed Maher saß im Juli 2014 schon über ein Dreivierteljahr hinter Gittern. Todesurteile wurden im Akkord gefällt.

In der oberägyptischen Stadt Minija brauchte das Gericht am 14. März 2014 gerade einmal fünfzehn Minuten, um mehr als fünfhundert Muslimbrüder pauschal, ohne jede Einzelfallprüfung, zum Tod durch den Strang zu verurteilen.

Ende Mai 2014 hatte sich Abdel Fattah al-Sisi zum Staatspräsidenten wählen lassen – mit mehr als 90 Prozent der Stimmen. Im Ausland wurde die Wahl kritisiert. Alle wichtigen Gegenkandidaten saßen im Gefängnis oder hatten ihre Kandidatur zurückgezogen. Angesichts solcher aus der Mubarak-Zeit bekannten Wahlmanipulationen gaben viele Oppositionelle und Regimekritiker auf.

Nicht so Heba Afify. Sie schrieb bis vor zwei Jahren Kommentare für die Online-Zeitung *Mada Masr*. Auch die Gruppe »Third Square« versuchte weiterzumachen. Der letzte Post auf ihrer Facebook-Seite erschien am 31. Dezember 2014. Scrollt man zurück, stößt man am 7. Dezember auf ein Video-Interview mit der ägyptisch-britischen Schriftstellerin Ahdaf Soueif, die 2019 mit dem Europäischen Kulturpreis ausgezeichnet werden sollte. Auf die Frage, was al-Sisi mehr fürchtet, die Muslimbrüder oder die säkulare Opposition, antwortete sie im Jahr 2014:

»Ich glaube, das Regime hat große Schwierigkeiten mit Menschen, die sich weder zu den Muslimbrüdern bekennen noch zum Militär. Sie sind schwer zu verstehen, kaum berechenbar, deswegen versucht es, diese Oppositionellen wegzusperren. Außerdem stören sie das Narrativ der Regierung. Das Regime setzt sich mit Ägypten gleich, mit seinem Wohlergehen, seiner Sicherheit. Wer das nicht akzeptiert, wird als Verräter gebrandmarkt, denn er gefährdet diese Sicht der Dinge.«

Einer dieser Oppositionellen war der Journalist Safwan Elsayyad. Mit ihm bin ich in Berlin verabredet, im »Kaffee am Meer«. Heimwehverdächtig der Name des Cafés – Safwan stammt aus der Mittelmeerstadt Alexandria. Der Verdacht stimmt, er hat Sehnsucht nach seiner Stadt am Meer. »Aber ich weiß, vorläufig kann ich nicht zurück.«

Seine politische Biographie liest sich wie ein Wanderführer durch die linksliberale Parteienlandschaft Ägyptens: Er war aktiv bei Kifaja, beim »6. April«, Mitglied erst in der liberalen »Al-Ghad«-Partei von Aiman Nur, dann in der »Verfassungspartei« von al-Baradei, mit dem er sich aber überwarf, als der sich den Generälen zur Verfügung stellte.

»Ich sitze zwischen allen Stühlen. Das ist aber gut so. Ich war ein Gegner der Muslimbrüder, und ich bin auch ein Feind des Militärs. Für mich zählen Menschenrechte, Freiheitsrechte. Religion darf bei diesen Fragen keine Rolle spielen«, diktiert er in mein Aufnahmegerät, das mit dem Straßenlärm vor dem »Kaffee am Meer« etwas überfordert ist. Safwan ist so etwas wie der Prototyp des jungen säkularen Ägypters, der weitgehend auf sich allein gestellt kämpfen muss für seine politischen Ideale. Für mehr Freiheit, Gerechtigkeit und Würde. Dazu gehörte auch die Abschaffung der Militärprozesse gegen Zivilisten, ein großes Anliegen fast aller Oppositioneller vor dem Putsch. Jeder protestierte gegen diese Gerichtswillkür. Aufkleber wurden verteilt mit genau dieser Forderung: »Keine Militärprozesse gegen Zivilisten!« Ein solcher Sticker sollte Safwan zum Verhängnis werden.

2014 saß Safwan in Alexandria im Freien auf einer Bank, das Notebook aufgeklappt. Auf dem Rücken des Bildschirms klebte der Sticker. Patrouillierende Polizisten sahen ihn und nahmen Safwan umgehend fest. Sie brachten ihn zu ihrem Vorgesetzten, einem General. Was ihm einfiele! Ob er Muslimbruder sei oder einer anderen Terrororganisation angehöre.

»Er brüllte mich an: Ich bin ein General! Du bist nichts! Du bist weniger als nichts! Dann schlug er mir mit der Faust ins Gesicht. Mehrmals. Schließlich wurde ich abgeführt und ins Gefängnis gebracht.« Wegen eines Stickers auf seinem Laptop.

Untergebracht war er in einer Zelle zusammen mit zwanzig anderen Gefangenen, politischen Häftlingen wie ihm, aber auch mit Dieben, Räubern, Gewaltverbrechern. Geschlagen wurde er nicht mehr. Die anderen kamen oft blutend von Verhören zurück.

»Man kann in so einer Zelle nur in Schichten schlafen, weil es nicht genug Platz gibt. Am Ende des Raums gibt es ein kleines Loch in der Wand. Das ist das Fenster. Hinter einem völlig verschmutzten Vorhang gibt es ein Loch im Boden. Sie nennen es Badezimmer, es ist aber nur eine primitive Toilette. Wenn man Glück hat, dann kann man sich am anderen Ende des Raum aufhalten. In der Nähe dieses Vorhangs stinkt es unerträglich.«

Die Tage zogen sich hin. Aus Tagen wurden Wochen. Je länger die Haft ohne Anklage dauerte, desto verzweifelter wurde Safwan.

»Man weiß einfach nicht, was man tun soll. Ich hatte keine Verbindung zu meiner Familie, keinen Kontakt zu einem Rechtsanwalt. Ich wusste nicht, warum ich im Gefängnis war, hatte keine Ahnung, wie lange sie mich dabehalten würden. Man will schreien und verliert langsam jede Hoffnung.«

Nach sechs Monaten lassen die Behörden ihn frei, warum weiß er bis heute nicht. Auch nicht, warum ihm ein Jahr später wieder Verhaftung drohte. Nach einem Insiderhinweis tauchte er unter. Mit Hilfe von Freunden gelang ihm die Flucht nach Europa.

Ich frage ihn, ob sich das alles gelohnt habe – die Proteste, die Opfer, die vielen Toten.

Safwar zuckt mit den Schultern und sagt lapidar: »Ich würde alles wieder so machen, wie wir es am 25. Januar gemacht haben. Al-Sisi ist allerdings das Schlimmste, was uns passieren konnte.«

TAMAROD – DIE GEKAUFTE GRASWURZELBEWEGUNG

Dem Putsch am 3. Juli vorausgegangen war ein über mehrere Wochen andauernder Proteststurm gegen die Herrschaft der Muslimbrüder, die alles versprachen, aber nichts hielten, und die im Frühjahr 2013 immer verzweifelter nach Sündenböcken suchten, um sie für das eigene politische Versagen verantwortlich zu machen. Die Wirtschaft lag am Boden, die Teuerung fraß die letzten Ersparnisse der Menschen auf, wenn sie so etwas überhaupt hatten. Gegen die Unzufriedenen ließ Präsident Mursi die Polizei aufmarschieren, wie es vor ihm auch Mubarak getan hatte.

Dieses Versagen und die Frustration der Menschen nutzte eine neue Protestbewegung aus, die sich »Tamarod« (Rebellion) nannte. Mitte April von fünf Mitgliedern der Kifaja-Bewegung gegründet, schwärmte sie sofort im ganzen Land aus und sammelte Unterschriften gegen Mursi. Kifaja distanzierte sich von den Tamarod-Gründern. »Sie sind zwar Kifaja-Mitglieder, machen das aber nicht in unserem Auftrag«, verkündete Kifaja-Sprecher Mohamed al-Aschqar.

Ende April 2013 waren schon etliche Hundert junge Ägypter unterwegs, um Unterschriften zu sammeln, mit dem Ziel, ein Amtsenthebungsverfahren gegen Mursi einzuleiten. In einem ihrer Flugblätter hieß es: »Seit der Machtübernahme durch Mohamed Mursi spürt der einfache Bürger, dass keines der Ziele der Revolution verwirklicht wurde. Ziele wie Lebensunterhalt, Freiheit, soziale Gerechtigkeit und nationale Unabhängigkeit. Mursi scheiterte an ihrer Umsetzung insgesamt, denn er verwirklichte weder Sicherheit noch soziale Gerechtigkeit. Er ist gescheitert, er ist ungeeignet, ein Land in der Größe Ägyptens zu führen.«

Das war starker Tobak. Aber mit ihrer Polemik trafen die Tamarod-Organisatoren den Nerv der meisten Ägypter. Bald verzehnfachte sich die Zahl der Unterstützer, aus den Hunderten Demonstranten im April wurden Tausende im Mai, dann Zehntausende, am Ende angeblich Millionen. Eine wundersame Aktivistenvermehrung, wie sie selbst die Tahrir-Platz-Besetzer 2011 nicht hinbekommen hatten. Entsprechend astronomisch waren die Zahlen der angeblich gesammelten Unterschriften. Bis zum ersten Jahrestag des Amtsantritts Mursis, dem 30. Juni 2013, wollte Tamarod 15 Millionen Unterschriften sammeln. Am Stichtag waren es dann angeblich 22 Millionen.

Diese Zahl ist nie überprüft worden, und es gibt begründete Zweifel an ihrer Korrektheit. Doch mag die Zahl auch fiktiv sein, der Unmut in der Bevölkerung war real.

Dafür hatte Präsident Mursi gesorgt. Statt zwischen den Fronten zu vermitteln, hatte er die säkularen Gruppen vor den Kopf gestoßen. Machtteilung oder Kompromisse kamen für ihn nicht infrage. In den Augen vieler Ägypter hatte er sich innerhalb kurzer Zeit zu einem zweiten Pharao entwickelt, zu einem Mini-Mubarak, zu einem unnahbaren Autokraten, trotz der Biederkeit, die er in der Öffentlichkeit ausstrahlte. Dabei war der erste frei gewählte Präsident Ägyptens selbst das Resultat eines Kompromisses. Viele Ägypter hatten für ihn gestimmt, um seinen Konkurrenten, einen Mubarak-Mann, zu verhindern. Mursi – das kleinere Übel. Doch davon wollte er nichts hören. Gegen kritische Journalisten ließ er wegen Präsidentenbeleidigung ermitteln. Erst als alles zu spät war, lenkte er ein und war bereit, mit anderen Parteien eine Regierung der nationalen Einheit zu bilden.

Mursis Kompromisslosigkeit und Selbstherrlichkeit hat wesentlich zu seinem Sturz beigetragen. Aber ohne die Tamarod-Bewegung wäre womöglich alles anders gekommen. Fast ein Jahr lang konnte Tamarod die Legende aufrechterhalten, sie verkörpere den Willen des Volkes. Dann brach diese Geschichte von der basisdemokratischen Graswurzelbewegung mit ihren 22 Millionen Petitionsunterschriften wie ein Kartenhaus in sich zusammen.

Am 14. April 2014 packte einer ihrer Gründer aus: Moheb Doss. Er gestand in einem Interview mit dem Medienportal Buzzfeed, dass es von Beginn an eine enge Zusammenarbeit mit Offizieren der Armee, mit Geheimdienstmitarbeitern und Beamten des Innenministeriums gegeben habe. Immer mit dem Ziel, Mursi zu stürzen und die Muslimbrüder aus der Politik zu verjagen. Das Innenministerium habe Werbemittel wie ägyptische Fahnen und dergleichen für die Demonstrationen zur Verfügung gestellt. Armee und Geheimdienst gaben ihnen konkrete Aufträge.

»Wir waren naiv, wir haben unverantwortlich gehandelt«, sagte Doss. Schon bald konnten sie so gut wie keine Aktion mehr machen ohne die Abstimmung mit dem Geheimdienst. »Wir sind missbraucht worden. Wir mussten als freundliches Gesicht herhalten für etwas ganz anderes, als wir ursprünglich wollten.«

Einfluss auf die Aktivisten nahm auch die ehemalige Verfassungsrichterin Tahani al-Gebali, die von Mubarak als erste Frau in dieses Amt berufen worden war. Sie beriet die Bewegung bei der Formulierung ihrer Forderungen.

Auch die 22 Millionen Unterschriften waren nichts als eine Erfindung der Auftraggeber, die von der nach dem Putsch gleichgeschalteten Presse verbreitet wurde. 8,5 Millionen halten Beobachter für realistisch, aber auch die hat niemand nachgezählt.

Unterstützt wurde die Bewegung darüber hinaus gleichsam von privater Seite. Naguib Sawiris ist einer der reichsten Männer Afrikas.

Dem in der Schweiz sozialisierten Kopten gehören in Ägypten Mobilfunkfirmen, Hotels, Zementfabriken und Bauunternehmen. 2011 hatte er die säkulare »Partei der Freien Ägypter« gegründet. Gegen ihn und seine Familie ermittelte damals die Staatsanwaltschaft wegen des Verdachts auf Steuerhinterziehung in Milliardenhöhe und Korruption. Sawiris hatte allen Grund, auf einen Systemwechsel im Land zu hoffen. »Ich habe ihnen nur die Büroräume meiner Partei zur Verfügung gestellt«, behauptet Naguib. Allerdings lässt sich kein Präsident nur mit Hilfe von Bürostühlen und Schreibtischen stürzen. Ob und wie viel Geld von Sawiris' Konto auf das der Bewegung überwiesen wurde, lässt sich heute nicht mehr feststellen.

Dass das Tamarod-Konto jedenfalls gut gefüllt war, enthüllte der britische *Guardian* am 5. März 2015 mit Hilfe des im Londoner Exil lebenden ägyptischen Journalisten Osama Gaweesh. Er stellte dem Blatt Audioaufnahmen zur Verfügung, die beweisen sollen, dass al-Sisi und seine Mitverschwörer unmittelbaren Zugriff auf Bankkonten der Tamarod-Bewegung hatten. In einem dieser Mitschnitte hört man, wie sich al-Sisis Stabschef, General Abbas Kamal, an den Verteidigungsminister wendet mit den Worten: »Wir brauchen morgen 200 000 ägyptische Pfund von dem Tamarod-Konto. Sie wissen, das ist der Anteil, den die Vereinigten Emirate überwiesen haben.«

Ob die Mitschnitte tatsächlich authentische sind, konnte auch der *Guardian* nicht mit letzter Sicherheit klären. »Keiner weiß«, so schreibt die für ihre zuverlässigen Recherchen bekannte Zeitung, »wer diese Aufnahmen gemacht hat. Die Theorien reichen von Mursi-Sympathisanten im Umfeld des Stabschefs über einen ausländischen Spionagedienst bis hin zu unzufriedenen Mitgliedern von al-Sisis Sicherheitsapparat. Wer auch immer die Quelle ist, Stimmanalytiker in Großbritannien glauben, dass wenigstens einige dieser Aufnahmen authentisch sind.«

Glaubt man dieser Quelle, dann wurde Tamarod nicht nur von reichen Ägyptern und dem ägyptischen Staat finanziert, sondern auch von Golfstaaten, denen der Muslimbruder-Präsident als eine Bedrohung erschien.

Schon während der Unterschriftenkampagne waren Zweifel an der Unabhängigkeit von Tamarod aufgekommen. Besonders auffällig war die zeitliche Synchronisation mit dem Militär unmittelbar vor dem Putsch, das gemeinsame Einlaufen in die Zielgerade am 2. und 3. Juli 2013 – beide hatten dem ägyptischen Präsidenten am 1. Juli ihr Ultimatum gestellt. Als der Verteidigungsminister al-Sisi am Abend des 3. Juli im staatlichen Fernsehen schließlich den Anbruch einer neuen Zeit verkündete, saßen hinter ihm auf den Ehrenplätzen nicht nur das Oberhaupt der koptischen Kirche und der Rektor der Al-Azhar-Moschee, sondern auch Mahmud Badr, einer der fünf Gründer von Tamarod. In den folgenden Monaten sollte der junge Badr immer wieder als Befürworter des Militärs in Ägypten auffallen. Zur Belohnung wurde er im Herbst 2013 eines der Mitglieder des fünfzigköpfigen Verfassungskomitees, das eine dem neuen Präsidenten genehme Verfassung entwarf. 2016 zog er als Abgeordneter in das neu gewählte Parlament ein.

Anders erging es Tamarod-Mitgliedern, die sich gegen diesen Schmusekurs mit dem Militär gestellt hatten. Für viele von ihnen waren nicht die Muslimbrüder das Problem, sondern das Regierungsversagen Mursis. Nur aus diesem Grund wollten sie ihn loswerden. Die Partei der Brüder selber verstanden sie als Teil eines demokratischen Pluralismus. Als sie diese Haltung auch noch nach dem Putsch vertraten, wurden die Ersten noch im Herbst 2013 verhaftet. Der prominenteste unter ihnen, Moheb Doss, schloss sich einer Gruppe von Aktivisten an, die sich »Jugend des 25. Januar« nannte, in Erinnerung an den Beginn des Arabischen Frühlings. Am 6. Januar 2016 wurde er verhaftet und blieb für fünfzehn Tage in Untersuchungshaft.

Die Anklage wegen Terrorismus stand wie gewöhnlich im Raum.

Mit einer solche Drohung versucht das Regime al-Sisi bis heute, Oppositionelle mundtot zu machen, ohne Rücksicht darauf, dass diese Verfolgung angeblicher Terroristen erst wirkliche Terroristen schafft. So haben vermutlich besonders unter den jungen Muslimbrüdern ägyptische Terrorgruppen erfolgreich Nachwuchs rekrutiert.

AL-SISIS KAMPF GEGEN DEN TERRORISMUS

26. Februar 2015. 6 Uhr morgens in Kairos Nachbarstadt Gizeh. Innerhalb von einer halben Stunde explodieren sechs Sprengladungen. Zerstört werden die Büros der Telekommunikationskonzerne Vodafone und Etisalat. Ein Passant kommt ums Leben, neun werden verletzt. Zu den Anschlägen bekennt sich eine Organisation mit dem Namen »Popular Resistance Movement«, bis dahin kaum bekannt, aber offensichtlich gut genug ausgebildet, um einen solchen Anschlag durchführen zu können. In ihrem Bekennerschreiben erklärten die Terroristen, dass mit den Anschlägen eine von der Regierung ausgerichtete Investorenkonferenz verhindert werden sollte, an der auch Vodafone Egypt und das emiratische Etisalat teilnehmen wollten. Die Emirate seien Ziel gewesen, weil sie den Putsch von al-Sisi finanziert hätten. Tatsächlich waren damals die Vereinigten Emirate neben Saudi-Arabien die wichtigsten Geldgeber der Regierung al-Sisi. Allein 2013 hatten sie 4,6 Milliarden Dollar an die neue Regierung überwiesen. Als Startkapital gewissermaßen. Ohne diese Hilfe vom Golf hätte sich der neue Präsident nicht lange im Amt halten können.

Anschläge wie die des »Popular Resistance Movement« waren für al-Sisi allerdings keine ernsthafte Bedrohung. Auch wenn die Möchtegernterroristen in ihrem Bekennerschreiben mit pathetischen Worten verkündeten, dass sie »ihre Aktivitäten gegen die kriminellen Mächte, die Mörder aller Ehrenwerten, die Vergewaltiger der Heiligen und der Kinderschänder wieder aufgenommen haben«. Mit weiteren Anschlägen sei zu rechnen. Den Ägyptern empfahlen sie fürsorglich, sich lieber von Polizeistationen fernzuhalten, damit »sich unsere Helden mit denen beschäftigen können«.

Am 15. August 2014 hatte sich diese Widerstandsgruppe erstmals präsentiert – auf einer inzwischen gelöschten Facebook-Seite. In ihrem ersten Kommuniqué kündigte sie an, ab jetzt mit allen Mitteln gegen das Regime kämpfen zu wollen: »Wir können nicht schweigen, wenn sie unseren Leuten die Kehle durchschneiden, und wir können nicht gleichgültig bleiben angesichts des Hungers des Volkes, während die Mörder in ihren Palästen und Schlössern prassen.«

Ob diese Gruppe tatsächlich aus der Jugendorganisation der Muslimbrüder hervorgegangen ist, lässt sich nicht eindeutig klären. Vieles spricht aber dafür. Zum Beispiel der Tag der Bekanntmachung des ersten Kommuniqués, der 15. August 2014 – genau ein Jahr und einen Tag war es her, dass vor der Rabia-Moschee das Massaker an den Muslimbrüdern verübt wurde. In der Selbstdarstellung der Gruppe hieß es darüber hinaus, in der Muslimbruderjugend habe sich eine »revolutionäre« Führung durchgesetzt, unter deren Dach sich fünf Gruppen zusammengeschlossen hätten. Wie eng die Verbindungen zu den Muslimbrüdern tatsächlich sind, bleibt offen. Auch andere Kleingruppen wie »Revolutionary Punishment« wandten sich über Facebook und Twitter an die Öffentlichkeit und kündigten Anschläge an.

228 Anschläge werden diesen Gruppen von »Graswurzelterroristen«, wie sie das in Washington, D.C. ansässige »Tahrir Institute for Middle East Policy« nennt, bis Ende 2016 zugerechnet, dazu gehören Sprengstoffanschläge gegen Polizeistationen, Attentate auf hohe Polizeioffiziere oder Polizeistreifen. Die Polizei jagt die Täter und die, die sie dafür hält, gnadenlos. Über 12 000 meist junge Ägypter werden zwischen 2014 und 2016 als Terroristen verhaftet, egal, ob Beweise gegen sie vorliegen oder nicht.

Eine weitere dieser Gruppen nennt sich »HASM«, ein Akronym für »Die Bewegung der Armen Ägyptens«. 2015 gegründet, soll sie nach Angaben ägyptischer Sicherheitsbehörden den Muslimbrüdern nahestehen. Sie bekannte sich zur Ermordung des ägyptischen Polizeichefs Mahmud Abdel Hamid im Juli 2016, übernahm die Verantwortung für ein Attentat auf jenen Richter, der den ehemaligen Präsidenten Mursi zu zwanzig Jahren Gefängnis verurteilt hatte. Außerdem reklamiert sie für sich einen Anschlag auf einen Kontrollpunkt in der Nähe der Pyramiden, bei dem sechs Polizisten ums Leben kamen.

Allerdings – nicht jeder Terroranschlag im Land geht auf das Konto frustrierter ehemaliger Tahrir-Demonstranten. Auf dem Sinai etwa, im Norden der Halbinsel, sind Terroristen am Werk, deren Vorgeschichte zurückgeht in die Zeit Mubaraks und seine Unterdrückung der Sinai-Beduinen. Außerdem gibt es die Radikalislamisten des benachbarten Gaza-Streifens, die Hamas, und den »Islamischen Dschihad«. Wie viele junge Ägypter sich nach dem Putsch 2013 den Sinai-Terroristen, die sich »Ansar Beit al-Maqdis« (Unterstützer Jerusalems) nennen, angeschlossen haben, ist unbekannt, ebenso, ob es Querverbindungen zur Muslimbruderschaft gibt, wie das ägyptische Innenministerium immer wieder behauptet. Ausschließen kann man es nicht. Immerhin war die Zusammenarbeit zwischen ägyptischen Muslimbrüdern und der palästinensischen Hamas immer sehr eng.

Bis Ende 2018 sind – seit al-Sisis Amtsantritt – über 900 Menschen bei terroristischen Überfällen getötet worden, dazu gezählt werden muss auch der Absturz eines russischen Charterflugzeugs und der Anschlag auf eine hauptsächlich von ägyptischen Sufis besuchte Moschee auf dem Sinai. In der Moschee hatten die Angehörigen dieser nicht orthodoxen Glaubensrichtung sich zum Freitagsgebet versammelt, als vierzig Terroristen in Geländewagen angerast kamen, die Moschee umstellten und Sprengsätze in das vollbesetzte Gotteshaus warfen. Durch Fenster und Türen feuerten sie mit Maschinengewehren in die Menge. Über dreihundert Menschen starben, darunter siebenundzwanzig Kinder.

Waren anfangs Polizeistationen, Regierungsgebäude, Militärstützpunkte und Kirchen das Ziel, trifft es heute zunehmend auch Ferienorte auf dem Sinai, um den Tourismus, diesen so wichtigen Wirtschaftszweig des Landes, zu schwächen.

Ägyptens Polizei und Militär steht den Anschlägen hilflos gegenüber. Man brüstet sich hinterher damit, einige Dutzend Terroristen getötet zu haben. Die Zahlen sind aber nicht überprüfbar, und nie ist garantiert, dass die Toten tatsächlich auch Terroristen waren. Die Frage, warum man immer erst nach den Anschlägen auf den Plan tritt und nicht vorher, beantworten die Behörden nicht. Sie gilt als Majestätsbeleidigung.

Immer wieder kommt es zu grausamen Pannen. Im September 2015 musste das Innenministerium vor Kameras zähneknirschend vermelden: »Eine gemeinsame Einheit aus Polizei und Militär, die im Oasengebiet der westlichen Wüste Terroristen verfolgte, hat versehentlich vier Allradfahrzeuge beschossen, die zu einer mexikanischen Touristengruppe gehörten. Bei dem Vorfall wurden zwölf Mexikaner und Ägypter getötet, während zehn weitere Personen mit Verletzungen in Krankenhäuser gebracht wurden.«

Menschenrechtsorganisationen beschuldigen das ägyptische Militär, es töte auf dem Sinai Ägypter schon bei bloßem Terrorismusverdacht und zerstöre deren Häuser. Auch Frauen und Kinder seien immer wieder Opfer solcher Willkür. 2018 meldete die Menschenrechtsorganisation Amnesty International sogar, die ägyptische Luftwaffe habe auf dem Sinai von den USA gelieferte Streubomben gegen Terroristen eingesetzt. Wer glaubt, mit Streubomben Terroristen bekämpfen zu können, nimmt willentlich in Kauf, dass Kinder und unschuldige Zivilisten getötet werden. Die Hilflosigkeit des ägyptischen Militärs bei seinem Kampf gegen IS-Banden auf dem Sinai zeigt wohl nichts deutlicher als dieser Einsatz von Massenvernichtungsmunition.

2019 hat der Präsident – etwas unbedacht – eingestanden, dass man das israelische Militär um Unterstützung gebeten habe, da man anders der Lage nicht Herr werden könne. In verdeckten Operationen gehen seither israelische Spezialeinsatzkräfte auf dem Sinai gegen Terrororganisationen vor. Auch Kampfflugzeuge mit dem Davidstern auf dem Rumpf haben dort schon bis zu hundert Einsätze geflogen. Dieses Eingeständnis grenzt für einen arabischen Politiker an eine Bankrotterklärung. Man kann mit dem ungeliebten Nachbarn durchaus zusammenarbeiten. Auch andere arabische Regierungen bedienen sich solcher Hilfe, geben es aber nie in der Öffentlichkeit zu.

Auch an seiner Westgrenze ist Ägypten bedroht. Für die Terroristen ist es ein Leichtes, aus dem Bürgerkriegsland Libyen in die westliche Wüste einzudringen und bis zum Nil vorzustoßen. Vermutlich sind Gruppen aus Libyen verantwortlich für Anschläge im Mai 2016 gegen koptische Kirchen in Oberägypten, im Dezember 2016 gegen eine Kirche in Kairo und an Ostern 2017 gegen Kirchen in Alexandria und in der Stadt Tanta im Nildelta. Fast hundert Menschen starben. Für die ohnehin im Land häufig drangsalierten Christen waren diese Terrorakte ein Fanal. Immer mehr wandern aus, in die USA oder nach Europa.

EIN LICHT IN DUNKLER ZEIT – *MADA MASR*

Dass Journalisten mitten im Interview verhaftet werden, gehört in Ägypten zum Berufsrisiko, besonders dann, wenn sie dafür bekannt sind, die Regierung zu kritisieren. Das wusste auch Lina Attalah, als sie sich vor dem für Folter berüchtigten Tora-Gefängnis mit der Mutter des dort inhaftierten Menschenrechtsaktivisten Ala Abdel Fattah traf. Das war am 18. Mai 2020. Während des Gesprächs tauchten plötzlich Beamte der ägyptischen Staatssicherheit auf, nahmen Attalah das Mobiltelefon ab und zwangen sie, mit auf die nächste Polizeiwache zu kommen, ohne dass sie ihren Anwalt benachrichtigen durfte.

Lina Attalah ist die vielleicht bekannteste unter den wenigen unabhängigen Journalistinnen und Journalisten des Landes. Aber auch die am meisten gehasste, zumindest von ägyptischen Polizisten, Politikern und Offizieren, weil sie als Chefredakteurin der Online-Zeitung *Mada Masr* immer wieder handfeste Skandale bei Polizei, Armee und in der Politik aufdeckt. *Mada Masr* gehört zum Feinsten und Tapfersten, was an Medien gegenwärtig in Ägypten publiziert wird. Ein Licht in der dunklen Zeit, durch die das Land im Augenblick geht. Allerdings auch ein Licht, das die Sicherheitsbehörden des Landes immer wieder auszulöschen versuchen.

Kennengelernt habe ich Lina Attalah im Oktober 2019. Es war einfach, sie und ihr Redaktionsteam zu finden. *Mada Masr* ist kein heimlich im Keller eines Hochhauses produziertes Untergrundmedium, das sich vor Staat und Polizei versteckt. Per Textnachricht hatte sie mir die Adresse geschickt. Im sechsten Stock eines Wohnhauses im Kairoer Stadtteil Dokki. Neben der Eingangstür ist ein großes Schild mit der Aufschrift »Mada Masr« angeschraubt. Klingeln. Ein junger Mann öffnet: »Bist du Jörg? Willkommen! Komm rein!« Lina komme ein bisschen später, ich solle mich schon mal umschauen. Einen Kaffee bekomme ich auch. Drei große Räume in der einst herrschaftlichen Wohnung sind belegt. In einem arbeitet eine Gruppe von Redakteuren vor ihren Bildschirmen an der nächsten Ausgabe. Die Tagesschicht.

Wie kann es sein, dass eine solche Zeitung im Ägypten von Abdel Fattah al-Sisi erscheint, produziert von jungen, fröhlichen Menschen, die gelassen und offensichtlich ohne Furcht über all das berichten, was Militär und Polizei zu unterdrücken versuchen? Die Antwort kommt stürmisch durch die Eingangstür gestürzt: »Entschuldige die Verspätung, Jörg. Gib mir eine Minute!«

Es ist ebenjene Lina Attalah, die Chefredakteurin, die sich da entschuldigt. Mit einem entwaffnenden Lächeln. Dann setzt sie sich zu mir.

»Was kann ich für dich tun?«

Na, was schon? Zunächst wohl die Frage beantworten, warum gibt es euch überhaupt? Warum lässt das Regime diese Zeitung zu?

Sie antwortet mit einem Schulterzucken. Wisse sie auch nicht so richtig. Seit Juni 2017 wird ihre Website in Ägypten zwar blockiert, soll also im Land nicht mehr erreichbar sein, kann aber trotzdem über Umwege von den ägyptischen Leserinnen und Lesern im Internet gefunden werden. »Diese Sperre ist illegal«, erklärt Lina selbstbewusst, schließlich sei *Mada Masr* bei den Behörden registriert, darf also erscheinen. Eigentlich.

»Nicht wir sind illegal, sondern das, was die Behörden mit uns machen, ist illegal. Auch nach ägyptischen Gesetzen.«

Wenn diese den ägyptischen Machthabern im Weg stehen, formen sie diese nach ihrem Gutdünken um. Seit 2018 legalisiert nun ein Gesetz solche Online-Blockaden. Weit über 3400 Websites sind inzwischen gesperrt, darunter die der Deutschen Welle und des Online-Magazin *Qantara*. Wäre es da für die Regierung nicht einfacher, *Mada Masr* gleich ganz zu verbieten, so wie sie alles verboten haben, was nicht auf Regimekurs eingeschwenkt ist?

»Diese Frage stellen wir uns natürlich auch ständig. Besonders wenn wir über Folter oder die Armee berichten, rechnen wir mit dem Schlimmsten. Was sie machen, ist eine Art weiche Zensur, indem sie die Website blockieren.«

Und dennoch. Die Verhaftung am 18. Mai war die zweite innerhalb kurzer Zeit, immer nur für ein paar Tage, immer aber mit der gleichen Botschaft: »Treibt es nicht zu weit. Wir können auch anders.«

Der Menschenrechtler und Blogger Ala Abdel Fattah ist dafür ein Beispiel. Seit September 2019 sitzt er wieder im Hochsicherheitstrakt des Tora-Gefängnisses, nahezu in Isolation. Erst Ende März 2019 war er nach fünf Jahren Gefängnis entlassen worden. *Mada Masr* hatte immer wieder berichtet. Zuletzt im Mai. »Ala Abdel Fattah beendet seinen Hungerstreik nach 36 Tagen« lautete die Schlagzeile.

Doch auch andere Themen nehmen bei *Mada Masr* breiten Raum ein, die Corona-Pandemie zum Beispiel, denn niemand glaubt den offiziellen Zahlen der Regierung. Die Reporter gehen vor Ort, in die viel zu engen Gassen der Armenviertel, in denen sich das Virus besonders schnell ausbreitete. Sie besuchen verzweifelte Ärzte in schon zu normalen Zeiten miserabel ausgerüsteten Krankenhäusern. Außerdem ist auf der Website eine lange Reportage über den Krieg auf dem Sinai zu finden, zwischen ägyptischer Armee und Terroristen des »Islamischen Staats«. Sogar vertrauliche Quellen aus Armeeeinheiten kann der Reporter zitieren. Alles Nachrichten, die Leser anderer ägyptischer Medien vergeblich suchen.

Die namentlich gekennzeichneten Artikel zitieren unter anderem Quellen, die im inneren Machtbereich des Militärs oder des Regimes angesiedelt sein müssen. Denn, so Lina Attalah, Sisis System sei kein geschlossener Block. *Mada Masr* habe Zugang zu Unzufriedenen innerhalb des Regimes, die natürlich lieber im Verborgenen bleiben wollen.

»Uns informieren Parlamentsabgeordnete, die dem Regime nahestehen. Wir haben Quellen im Außenministerium, alles Informanten, die aus irgendwelchen Gründen verärgert sind. Die riskieren natürlich einiges. Aber es gibt viele Risse und Fraktionen innerhalb des Regimes. Aus solchen Kreisen kommen unsere Informationen.«

Vermutlich auch die, die im November 2019 zur Festnahme von Lina und einigen ihrer Kollegen und fast zur Schließung von *Mada Masr* geführt hatten. Über den Sohn des Präsidenten hatten die Reporter recherchiert, Mahmud al-Sisi, der bislang ein hohes Amt im ägyptischen Geheimdienst bekleidet hatte. Der Artikel zitiert Informanten, nach denen der Präsidentensprössling mit den Protesten aus der Bevölkerung im September und Oktober völlig überfordert gewesen sei. Er solle daher nun als Militärattaché in die ägyptische Botschaft nach Moskau abgeschoben werden, so der Bericht.

Auch wenn diese Informationen mehrfach abgesichert waren, wie Lina in einem Brief an die Leserinnen und Leser versicherte, eine solche Majestätsbeleidigung bleibt nicht ungesühnt. Drei Tage nach der Veröffentlichung klopft es morgens gegen halb fünf bei dem verantwortlichen Redakteur Shady Zalat an der Wohnungstür. Bewaffnete Sicherheitsbeamte holten ihn aus dem Bett, ohne einen Haftbefehl vorzulegen, und führten ihn ab wie einen Schwerverbrecher. Lange wusste seine Frau nicht, in welchem der vielen Gefängnisse er einsaß.

Einen Monat zuvor hatte er mir bei meinem Besuch in der Redaktion noch gesagt: »Die Angst vor Verhaftung ist der Preis, den wir zahlen müssen für die Möglichkeit, hier arbeiten zu dürfen. Im

Herbst, als es diese Massenverhaftungen gab, da hatte ich wirklich Angst. Aber wenn ich bei einer anderen Zeitung arbeiten würde, verlöre ich den Respekt vor mir selber.«

Einen Tag nach seiner Verhaftung durchsuchten zehn Polizisten mehrere Stunden lang die Redaktion von *Mada Masr*. Niemand durfte die Räume verlassen, niemand telefonieren. Am Ende nahmen sie Lina Attalah und zwei weitere Redakteure fest und verschleppten auch sie, mit Handschellen aneinandergefesselt. Sie alle wurden am nächsten Tag zwar wieder freigelassen, doch die Botschaft war klar: Für *Mada Masr* gelten die gleichen Zensurbestimmungen wie für alle anderen Medien – wer zu viel riskiert, dem droht Gefängnis.

Laut Reporter ohne Grenzen sollen zurzeit fast dreißig Medienschaffende wegen ihrer journalistischen Arbeit im Gefängnis sitzen. Allein acht Journalisten wurden während der Verhaftungswelle im Oktober und November 2019 festgenommen und warten im Gefängnis auf ihre Prozesse – wenn es überhaupt welche geben wird. Auf der Rangliste der Pressefreiheit, die Reporter ohne Grenzen regelmäßig aktualisiert, liegt Ägypten inzwischen auf Platz 166 zwischen Libyen und Jemen, nur noch 14 Plätze von Schlusslicht Nordkorea entfernt. Insgesamt 60 000 politische Gefangene sitzen hier ein.

Gegründet hat Lina Attalah *Mada Masr* im Frühjahr 2013, nachdem die Kairoer Tageszeitung *Egypt Independent* auf Druck der Regierung die von ihr geleitete Online-Ausgabe eingestellt hatte. Da beschlossen Lina und ihre Freunde, sich mit einem eigenen Medium unabhängig zu machen.

Die klare Linie gegen das Militär wird belohnt. Bis zur Internetsperre im Juni 2017 hatte die Zeitung durchschnittlich eine halbe Million Leser im Monat. Alle Artikel sind kostenfrei. Wie viele Menschen aktuell die Beiträge lesen, kann die Redaktion wegen der Sperre nicht feststellen. Davon lassen sich die Macherinnen und Macher aber nicht beirren. Ihr Mut zahlt sich zumindest finanziell aus: Fünfunddreißig junge Mitarbeiter von *Mada Masr* werden besser bezahlt als ihre Kollegen bei anderen ägyptischen Zeitungen.

»Selbst der Bürohelfer bekommt bei uns mehr als bei anderen Verlagen«, betont Lina Attalah. Finanziert wird die Truppe aus dem Ausland, hauptsächlich skandinavische Geldgeber unterstützen sie.

»Wir haben aber keine einzige Auflage bekommen, außer eine gute Zeitung zu machen!«

Um einen großen ovalen Tisch saßen die Redakteure, als ich sie besuchte, die Laptops vor sich aufgeklappt. Sie bereiteten die nächsten Beiträge vor.

»Wart ihr damals alle auf dem Tahrir-Platz?«

Welch eine Frage! Einige verdrehten die Augen. Wie kann man nur?

»Natürlich. Sonst wären wir nicht hier.«

Lohnt es sich denn, sich tagtäglich diesem Risiko auszusetzen, dieser Angst, dass jederzeit Polizisten kommen können, um sich zu rächen für die vielen Enthüllungen und Berichte über Folter?

Redakteur Hatham Gabr: »Die Arbeit hier schützt mich vor Depressionen, vor dem Gefühl, diesem System hilflos ausgeliefert zu sein. Sie schützt mich vor der Verzweiflung, dass alles vergebens war.«

Dass sie trotz der Verhaftungen auf jeden Fall weitermachen wollen, erklärt Kollege Sharif Abdel Kouddous kurz darauf im November gegenüber der Deutschen Welle:

»Dieser Vorfall war ohne Zweifel eine beispiellose Eskalation des Drucks auf *Mada Masr*. Aber wir werden unsere Arbeit fortführen – diese große Solidarität bestärkt uns darin. Wir sind eine Gruppe von Menschen, die zusammenarbeitet, und wir müssen entscheiden, wie wir in Zukunft arbeiten werden. Aber wir werden sicher nicht dichtmachen und aufhören.«

WAS IST GEBLIEBEN VOM ARABISCHEN FRÜHLING?

War alles vergeblich? Die Mobilisation der Massen landesweit? Die vielen friedlichen Aktionen? Und die vielen Opfer, die Verletzten und Toten? Hat al-Sisi die Zeit wirklich zurückgedreht? Ist alles wie zuvor?

Es ist unter al-Sisi schlimmer als unter Mubarak, höre ich immer wieder in Kairo. Zum Beispiel von Dr. Aida Seif al-Dawla, der Grande Dame der ägyptischen Opposition: »Das Regime al-Sisi ist vulgärer als das alte Regime«, erklärt sie mit hörbarem Zorn in der Stimme. 1993 hatte sie zusammen mit anderen das Nadim-Zentrum gegründet, das Folteropfern hilft, Traumata zu überwinden. Für ihre Arbeit ist sie international mehrfach ausgezeichnet worden, zuletzt mit dem Menschenrechtspreis von Amnesty International. Vulgärer? Inwiefern?

»Folter gab es auch unter Mubarak. Der Sicherheitsapparat war der Gleiche. Aber Mubarak hatte immerhin so etwas wie politische Ideen. Wirtschaftsreformen und so weiter. Er war kein Demokrat. Überhaupt nicht. Die Politik heute ist aber nur bestimmt von Hass und Rachegefühlen wegen des Machtverlusts im Arabischen Frühling. Sie wollen die absolute Macht und tun alles dafür. Schamlos. Für den Präsidenten zählen nur die Jasager in seiner unmittelbaren Umgebung. Seine Familienmitglieder. Nur dieser enge Kreis ist für ihn wichtig. Je weiter der Kreis wird, desto mehr wächst sein Misstrauen.«

Seine Welt ende bei den Militärs, so Aida. Die übrigen Menschen Ägyptens seien für ihn nur der große Rest, den er als »das Volk« bezeichnet. Das Volk sei für ihn aber nur eine anonyme Größe, die vielleicht beim Thema Überbevölkerung eine Rolle spiele. Oder bei Fragen der Stadtverschönerung. Auch bei diesem Thema nehme das Regime keine Rücksicht auf »das Volk«.

Informelle Siedlungen sind sicherlich das hässliche Gesicht Kairos. Als Slumgürtel legen sie sich immer dichter um die Stadt und dringen in sie ein. Das sei auch ein Ergebnis von al-Sisis Wirtschaftspolitik, betont Aida. Diese illegalen, aber dicht bewohnten Siedlungen, in denen Menschen oft schon seit Jahrzehnten leben, lässt al-Sisi auflösen und mit Bulldozern plattmachen. Die Bewohner werden zwangsumgesiedelt, an den Rand der Wüste, um Platz für das zu schaffen, was die Generäle unter Modernisierung der Stadt verstehen, den Bau einer Shopping-Mall zum Beispiel. In den alten Siedlungen leben die Menschen heute inzwischen in ständiger Angst vor Vertreibung. Sie wissen nicht, wie lange sie noch in ihren ärmlichen Behausungen bleiben können, und sie wissen nicht, wohin sie vertrieben werden, ob es dort für sie Arbeit gibt.

»Wie gesagt, dieses Regime zeichnet sich durch Vulgarität aus. Und man handelt in der Überzeugung, sich nie rechtfertigen zu müssen«, sagt die Ärztin, der das Regime verboten hat, Folteropfer zu behandeln, die sich aber von dieser vor bald dreißig Jahren selbst gestellten Aufgabe nicht abbringen lässt.

Ist also wirklich alles beim Alten geblieben? Hat sich gar nichts verändert, außer dass es schlechter geworden ist?

Ich möchte wissen, wie die nachfolgende Generation über ihr Land denkt, die heute Achtzehnjährigen, die 2011 zu jung waren, um an den Protesten teilzunehmen, Menschen, die in al-Sisis Ägypten groß geworden sind.

Die deutschsprachige Schule der Borromäerinnen in Kairo gab mir bei meinem Besuch im Oktober 2019 die Möglichkeit, mit solchen jungen Menschen zu reden. Die Schülerinnen sind siebzehn oder achtzehn Jahre alt und stehen kurz vor dem Abitur. Die Schule liegt mitten in Downtown Kairo, keine fünf Minuten vom Tahrir-Platz entfernt. Die Borromäerinnen – mit vollem Namen die »Barmherzigen Schwestern vom heiligen Karl Borromäus« – sind eine katholische Ordensgemeinschaft. Die Schule ist eine konfessionsunabhängige Mädchenschule. Die Klassen sind klein, maximal dreißig Schülerinnen, ein Luxus in einem Land, in dem Schulklassen mit fünfzig, manchmal sogar achtzig Schülern keine Seltenheit sind, unterrichtet von schlecht bezahlten Lehrern, die durch Nachhilfe mehr verdienen, als der Staat ihnen bezahlt. Wer bei den Borromäerinnen lernt, erhält eine exzellente Ausbildung.

Vor zehn Jahren hatte mich die Kairoer Filialschule zum ersten Mal zu einem Vortrag eingeladen. Über meine Arbeit als Auslandskorrespondent sollte ich erzählen. Das war im Dezember 2010 gewesen, knapp einen Monat vor dem Beginn des Aufstands, von dem wir uns zu jenem Zeitpunkt nie hätten vorstellen können, welche Ausmaße er annehmen würde. Am Tag des Besuchs fanden Parlamentswahlen statt, von denen jeder wusste, dass Mubarak sie so lange fälschen lassen würde, bis er mit dem Ergebnis zufrieden wäre. Das war auch bei den Schülerinnen kein Geheimnis, sie redeten offen darüber, wütend, voller Verachtung.

»Es lohnt nicht, sich in die Politik einzumischen. Die machen doch, was sie wollen«, sagte eine der jungen Frauen damals. Sie kannte Ägypten nur als ein von Mubarak und Konsorten autoritär geführtes Land.

Und eine andere fügte hinzu: »Wir können nichts machen. Über Politik zu Hause reden, das gibt es bei uns nicht.«

So wie sie dachten damals wohl die meisten.

Ein Jahr später sollte ich sie wieder treffen. Diesmal nicht in ihrer alten Schule. Sie hatten umziehen müssen in eine andere Schule, in einem anderen Stadtteil Kairos, weil die Nähe zum Tahrir-Platz für die jungen Frauen unerträglich geworden war. Möchtegernrevoluzzer hatten sie wiederholt belästigt, waren übergriffig geworden. Ein Aufstand ohne Anstand – auch das ein Gesicht dieser Rebellion. Selbst Vergewaltigungen hatte es gegeben, mitten auf dem Platz.

»Die haben das für Freiheit gehalten«, empörte sich eine der Schülerinnen. »Einer hat mir ins Gesicht gesagt, er dürfe das jetzt in der neuen Zeit.«

Und dennoch. Die meisten der jungen Frauen sahen die Veränderungen positiv.

»Endlich können wir über Politik reden, können uns zur Wehr setzen. Früher haben wir uns nicht getraut. Jetzt können wir alles sagen.«

Aus den Politikverdrossenen waren Fast-Revolutionärinnen geworden. Auch wenn diese wohlbehüteten höheren Töchter während der Unruhen ihre Wohnung gar nicht hatten verlassen dürfen, redeten sie jetzt, als hätten sie Mubarak persönlich gestürzt. Dabei waren höchstens ihre Väter auf den Platz gegangen, hatten anschließend zu Hause davon erzählt. Egal. Was zählte, war die Begeisterung. Ende 2011 wirkten sie wie entflammt für die neue Zeit trotz der missverstandenen Freiheit einiger Platzhirsche. »Das müssen die halt lernen. Bereit sein, den anderen zu verstehen und zu respektieren. Das gehört auch zur Demokratie.«

Wuchs da eine neue, revolutionär-demokratische Jugend heran?

Die jungen Frauen, die ich im Oktober 2019 treffe, waren während des Arabischen Frühlings sieben, acht Jahre alt. Ich begleite sie in den Geschichtsunterricht von Lehrer André Koll. Thema: Was ist Demokratie? Was darf ein Staat? Was muss ein Bürger dürfen? Was ist Meinungsfreiheit, wo endet sie? Wann darf ein Staat eingreifen? Brisante Fragen, über die in al-Sisis Ägypten sonst allenfalls hinter vorgehaltener Hand geflüstert werden darf.

Der aus Stralsund stammende André Koll und seine Kolleginnen und Kollegen wollen keine Untertanen ausbilden. Die Schülerinnen sollen sich Wissen aneignen, vor allem aber sollen sie lernen, selbstständig zu denken. Wenigstens in der Schule.

An diesem Tag legt Koll den Schülerinnen Auszüge aus der ersten DDR-Verfassung vor. Was man dort liest, klingt gut. Zunächst. »Alle Staatsgewalt geht vom Volk aus.« Oder: »Alle Bürger sind vor dem Gesetz gleichberechtigt.« Dann liest man aber auch die Erklärung: »Boykotthetze gegen demokratische Einrichtungen … sind Verbrechen im Sinne des Strafgesetzbuches.« Ist diese Verfassung also wirklich demokratisch oder doch versteckt autoritär? Mit diesen und ähnlichen Fragen sollen die Schülerinnen sich auseinandersetzen.

Für zehn Minuten beugen sich siebenundzwanzig Mädchenköpfe über den Text und gehen ihn konzentriert mit Bleistift und Marker durch. Gelegentlich knarren Holzstühle, die Klimaanlage kämpft tapfer gegen die Hitze an. Draußen herrschen bereits 33 Grad, obwohl es erst kurz nach zehn Uhr ist.

»Boykotthetze gegen demokratische Einrichtungen« als Straftatbestand – ein Schlüsselbegriff aus der Verfassung, ein zentraler Begriff in der Schülerdiskussion. Es ist ein Gummiparagraph, durch den politische Kritiker schnell mundtot gemacht werden können. Solche Artikel kennen die Schülerinnen auch in Ägypten: Hetze gegen den ägyptischen Staat, Verbreitung von Falschnachrichten und Terrorismus sind die üblichen Begründungen ägyptischer Gerichte, um Kritiker zum Schweigen zu bringen.

Schnell wird deutlich, diese jungen Frauen, die demnächst als Studentinnen in der Mitte der Gesellschaft stehen werden, sind viel skeptischer, was die hehren Begriffe von »Freiheit« und »Demokratie« betrifft, als ihre Vorgängerinnen vor zehn Jahren.

»Zu viel Freiheit schadet«, lautet eines ihrer Argumente. Oder: »Sicherheit geht vor Meinungsfreiheit.« Auch dieses Argument kommt immer wieder. Nicht ganz unverständlich – alle haben direkt oder indirekt Terrorangriffe in Kairo erlebt. Daher wird rasch deutlich: Die meisten sind bereit, Einschränkungen der Freiheitsrechte hinzunehmen.

»Ist das dann noch Demokratie? Kann es eine halbe Demokratie geben?«, fragt Lehrer Koll.

Die meisten Mädchen haben mit der Vorstellung keine Probleme. Es sei besser, wenn die Regierung solche Dinge entscheide, als dass ein übertriebenes Freiheitsbedürfnis zu Chaos führe wie in der Vergangenheit.

Nur zwei Schülerinnen widersprechen. Die eine sagt: »Eine halbe Demokratie ist keine Demokratie! In Ägypten darf man die Regierung nicht kritisieren. Man wird sofort bestraft.« Und die andere weist darauf hin, dass Smartphones jederzeit von der Polizei kontrolliert werden können, auf der Straße, einfach so. Jetzt nicken auch die Fürsprecherinnen der halben Demokratie. Auch sie haben diese Erfahrung machen müssen, dass Polizisten sich ihre Facebook-Seite zeigen lassen, um sie nach Kritik an der Regierung zu durchsuchen.

Dann fährt Lehrer Koll schweres Geschütz auf. Er zitiert aus einer ägyptischen Zeitung: »Die ägyptische Staatsanwaltschaft für nationale Sicherheit verhängte am 29. September 2019 fünfzehn Tage Untersuchungshaft gegen den bekannten Blogger Ala Abdel Fattah und seinen Rechtsanwalt. Ihnen wird die Zugehörigkeit zu einer Terrorgruppe und Veröffentlichung falscher Nachrichten vorgeworfen.« Lehrer Koll fragt: »Haben alle Bürger das Recht, ihre Meinung frei zu äußern?«

Die Arme fliegen hoch.

»Es gibt das Problem bei uns, dass jedes Mal, wenn sich jemand gegen die Regierung äußert, man sofort sagt, der gehört zu einer Terrorgruppe. Wer legt fest, was eine Terrorgruppe ist?«

Also keine Demokratie.

Heftiges Schnipsen kommt aus der anderen Ecke des Klassenraums. Widerspruch: »Ägypten ist in einer anderen Lage als Deutschland. Es kann nicht Millionen verschiedener Meinungen aushalten, weil Ägypten wegen der Terrorgruppen nicht stabil ist.«

Eine weitere Schülerin stützt das Argument: »Die Mehrheit der Bevölkerung ist nicht gut ausgebildet. Mit denen kann man keine Demokratie machen.«

Nach einer Dreiviertelstunde schrillt die Schulglocke. Unterrichtsende. Noch ehe ich mich richtig verabschieden kann, stürzen sie raus auf den Schulhof, lachend, fröhlich, laut. Wie Schülerinnen und Schüler überall auf der Welt.

Ich sehe ihnen nach. Diese jungen Frauen repräsentieren so etwas wie den Mittelstand in diesem Land. Auffällig war, dass keine das Loblied auf Präsident al-Sisi gesungen hat, im Gegenteil – Skepsis war spürbar. Doch eine Alternative scheint ihnen undenkbar und vielleicht auch nicht erstrebenswert. Sicherheit ist für sie wichtiger als Freiheit. Veränderungen sehen sie eher argwöhnisch. Von der früheren Revolutionseuphorie ist nichts übrig geblieben. Zu viel Chaos, zu viele Probleme, zu wenig greifbare Ergebnisse. Das bestimmt ihr Bild der Zeit von 2011 bis 2013. Demokratie ist schön und gut, sagte mir einmal ein Bauer in Faijum, aber kann man die essen, kriege ich meine Kinder damit satt?

Nach einer Neuauflage des Arabischen Frühlings steht den jungen Ägyptern zurzeit augenscheinlich nicht der Sinn. Mit dem al-Sisi-Regime sind sie allerdings auch nicht glücklich. Hoffnungsfroh stimmt da, was eine der Schülerinnen am Ende der Diskussion gesagt hatte: »Wir haben im Augenblick nur eine halbe Demokratie. Aber die kann doch wieder zu einer ganzen werden.«

KAPITEL 3

ÄGYPTEN UND DIE EU HEUTE

STABILITÄT UM JEDEN PREIS

Er strahlt, als er auf dem Tahrir-Platz ankommt. Die Menschen feiern ihn wie einen Popstar. »Wir lieben dich!«, rufen sie und klatschen. Die Menschen wollen ihm die Hände schütteln, ihn berühren. Die Personenschützer können die Zudringlichen kaum abwehren. Jubel ohne Ende. Und immer wieder die Rufe: »Lang lebe Ägypten! Lang lebe Deutschland!« Das Rufen und Klatschen der Menschen wird, wie es sich gehört, von einem lautstarken Hupkonzert der Autos begleitet, die den Platz umrunden.

Eine solche Begeisterung hat er selbst auf seinen besten Parteitagen nicht erlebt, die damals allerdings schon ein bisschen zurückliegen: Guido Westerwelle, Außenminister und FDP-Vorsitzender. Er genießt sichtlich dieses Bad in der Menge. Er schüttelt Hände, redet mit den Menschen: »Hier wird ein Stück Weltgeschichte geschrieben.«

Es ist der 24. Februar 2011, zwei Wochen nach Mubaraks Rücktritt. Europäische Außenminister geben sich die Klinke in die Hand bei der Arabischen Liga, beim Chef des Militärrats, General Mohamed Hussein Tantawi – dem damaligen De-facto-Regenten des Landes –, und natürlich bei möglichst vielen Oppositionellen. Keiner will zu spät kommen. Ein Besuch auf dem Platz gehört für alle zum Programm. Vor zwei Tagen war die Außenbeauftragte der EU, Catherine Ashton, gekommen. Am nächsten Tag will der italienische Außenminister die Jungrevolutionäre besuchen. Der britische Premierminister David Cameron hat es von allen Regierungschefs der EU als Erster geschafft, dem neuen Ägypten seine Aufwartung zu machen.

Für Guido Westerwelle ist es zwar nur ein Kurzbesuch, doch er bringt immerhin 30 Millionen Euro mit, die für Demokratieförderung ausgegeben werden sollen, unter anderem für die sogenannte »Tahrir-Lounge«, einem – so die Idee – geschützten Treffpunkt oppositioneller Blogger des Kairoer Goethe-Instituts. »Wer den friedlichen Weg geht, kann mit unserer Kooperation und Freundschaft rechnen«, verspricht Westerwelle in einem Beitrag für die Tageszeitung *Al-Masri Al-Youm*. Tunesien hatte er bei seinem Besuch eine Woche zuvor ein ähnliches Angebot gemacht. Ein Jahr später beklagen Kairoer Blogger sich über Behinderungen durch das Goethe-Institut. Angeblich habe der Militärrat über die deutsche Botschaft interveniert und verlangt, die Tahrir-Lounge zu schließen. Unter den Anklägern: der bekannte Blogger Ala Abdel Fattah und der Journalist und Blogger Wael Eskander. Der Oppositionstreffpunkt bleibt geöffnet bis heute.

Westerwelles Hilfszusagen und seine Begeisterung für die Demokratiebewegung sind vielleicht ehrlich gemeint gewesen. Doch kann dies nicht darüber hinwegtäuschen, dass nicht nur Deutschland, sondern der ganze Westen zunächst erkennbar irritiert reagiert hatte, ja geradezu schockiert war angesichts der Aufstände der arabischen Jugend. Frankreich hatte dem tunesischen Alleinherrscher Zayn al-Abidin Ben Ali eilfertig noch Gummiknüppel und Tränengasnachschub angeboten, als Hilfe zur Niederschlagung der Aufstände. Zwei Tage vor dessen Flucht nach Saudi-Arabien hatte die französische Außenministerin Michèle Alliot-Marie ihm das »weltweit anerkannte Know-how unserer Sicherheitsdienste« angedient.

Am Alten festhalten um jeden Preis – das war die außenpolitische Devise der EU-Staaten. Auch in Berlin herrschte zunächst keine

Freude über den Wunsch nach mehr Demokratie im Nahen Osten. Was würde geschehen, wenn die arabischen Autokraten entmachtet würden? Bislang hatten sie den Status quo garantiert, und so sollte es bleiben. Ohne die Mubaraks, Ben Alis und Co. können wir unsere bisherige Politik über den Haufen werfen, so das schlichte Denken dieser Außenpolitiker.

Zentral für die westliche Nahostpolitik waren drei Fragen gewesen und sind es wohl noch heute: Welche Regierungen bieten Schutz vor Islamismus, Terrorismus und Flüchtlingen und müssen daher gestützt werden? Und: Sind diese Regierungen bereit, Israels Sicherheit zu gewährleisten? Und schließlich: Hat der Westen freien Zugang zu den Ressourcen und Rohstoffen in dieser Region? Beziehungsweise: Was und wer könnte diesen Zugang gefährden?

Pluralismus, Menschenrechte oder gar Demokratie spielten bei diesem außenpolitischen Kalkül eine nur untergeordnete Rolle. Demokratie? Gut für Sonntagsreden, schlecht fürs Geschäft. Schlecht vor allem in Sachen Flüchtlingsabwehr. Oberste Priorität hatte und hat für den Westen die Stabilität, und eine Demokratiebewegung in Nahost, das bedeutete – Instabilität.

Auch Guido Westerwelle hatte diese Nahostpolitik vertreten, ohne Wenn und Aber. Sogar noch ein dreiviertel Jahr vor seinem denkwürdigen Besuch auf dem Tahrir-Platz. Im Mai 2010, als bereits erkennbar war, dass es im Land brodelte, hatte Westerwelle bei einem Besuch im Präsidentenpalast Husni Mubarak als »einen Mann mit enormer Erfahrung und von großer Weisheit« gepriesen, der die Zukunft seines Landes fest im Blick habe. Von der Tageszeitung *Al-Ahram* nach den anstehenden Wahlen im Dezember 2010 gefragt, antwortete er: »Ägypten ist durch langjährige politische Kontinuität geprägt und ein Stabilitätsanker in der Region.« Mehr Demokratie einzufordern oder die Menschenrechtsverletzungen auch nur zu erwähnen, hielt er nicht für notwendig. Terrorismusbekämpfung und Stabilität waren schon immer die wichtigsten Größen deutscher Ägyptenpolitik gewesen, nicht erst seit Westerwelle.

Er befand sich mit dieser Haltung in bester Gesellschaft. Die amerikanische Außenministerin Hillary Clinton hatte Ägyptens Präsidenten und seine Frau als »wirkliche Freunde meiner Familie« bezeichnet. Ihr Chef, US-Präsident Barak Obama, nannte Mubarak in einem BBC-Interview 2009 eine »Kraft für Stabilität und gut für die Region«. Der italienische Ministerpräsident Berlusconi bekannte noch im Februar 2011 bei einem Gipfeltreffen der Regierungschefs der EU in Brüssel: »Wir hoffen auf einen Übergang in Ägypten, der mehr Demokratie bringt, mit einem Präsidenten wie Mubarak.«

Mubarak zu stützen, hielt der Westen für den einzig gangbaren Weg. Denn *stürzte* er, käme die stärkste Oppositionskraft an die Macht, die Muslimbrüder und ihre islamistischen Verbündeten, und die hassten den Westen. Sich auf ein demokratisches Experiment einzulassen, dazu war er nicht bereit.

Vielleicht nicht ganz unverständlich, kannte man doch genug Beispiele, wo es so gelaufen war. Im Iran waren 1979 die Mullahs an die Macht gekommen und hatten den Westen zu ihrem Feind erklärt. Im Irak und in Afghanistan wüteten Al-Qaida und ähnliche Terrorgruppen. In Algerien war gerade ein blutiger Bürgerkrieg zwischen Islamisten und der Armee zu Ende gegangen, und auch in Ägypten griffen Terroristen immer wieder Touristenziele an und legten so einen der Hauptwirtschaftszweige lahm. Es schien nur vernünftig, die ungeliebten Regime in ihrem Kampf gegen den Terrorismus nach Kräften zu unterstützen. Dass diese künstlich stabil gehaltenen Regime mit ihrer Politik einen Großteil dieser Terroristen und Radikalislamisten überhaupt erst produzierten – durch Repression und Gewaltherrschaft, durch Polizeiwillkür und Folter –, das sahen die westlichen Politiker nicht, oder sie wollten es nicht sehen.

Der Vordenker der Muslimbrüder, Sayyid Qutb, wäre vermutlich sein Leben lang ein frommer Asket geblieben, hätte er nicht die Gewalterfahrung im Gefängnis gemacht. Die Frage, ob Khomeini je an die Macht gekommen wäre, wäre der vom iranischen Parlament gewählte Premierminister Mohamed Mossadegh nicht durch einen vom britischen und amerikanischen Geheimdienst inszenierten Putsch 1953 gestürzt worden, lässt sich natürlich nicht beantworten. Aber dass der von den USA und Großbritannien eingesetzte und bis zu seiner Abdankung 1979 gestützte Schah mit seinem gefürchteten Geheimdienst SAVAK Oppositionelle in die Arme radikaler Mullahs getrieben hat, daran gibt es keinen Zweifel.

Doch zu Selbstkritik haben die westlichen Regierungen in ihrem Umgang mit der arabischen Welt noch nie geneigt. Statt einzusehen, dass Gewalt nur Gegengewalt provoziert, rüsten die EU-Mitglieder die arabischen Autokraten mit allem aus, was diese zum Überleben brauchen, in der trügerischen Hoffnung, damit für Stabilität zu sorgen. Der Arabische Frühling stellte diese bequeme Stabilitätspolitik zum ersten Mal empfindlich auf die Probe.

VERLÄSSLICHE GESCHÄFTSBEZIEHUNGEN

Zur deutschen Stabilitätspolitik gehörten bis 2011 unter anderem die Lieferungen von Kleinwaffen wie Maschinenpistolen für die Polizei, gepanzerte Fahrzeuge und Fernmeldegerät. Die meisten deutschen Exportgenehmigungen stammten noch aus der Zeit der Großen Koalition aus CDU/CSU und SPD. Ägypten konnte bei den deutschen Waffenschmieden bestellen, was immer das Land gerade brauchte. Die Bundesregierung bewilligte, und die Rüstungsindustrie belieferte. Allein zwischen 2003 und 2009, also in jener Zeit, als immer mehr Ägypter gegen Mubarak aufbegehrten und Arbeiter streikten, exportierten deutsche Rüstungsbetriebe über 2500 Maschinenpistolen, außerdem 606 Sturmgewehre – nach Definition der deutschen Exportrichtlinien also Kriegswaffen. Als wichtiger Lieferant immer dabei: die im schwäbischen Oberndorf ansässige Firma Heckler & Koch. Zwar waren Frankreich und die USA die wichtigsten Waffenlieferanten – die Bundesrepublik lag damals an dritter Stelle –, der Wert der von Deutschland nach Ägypten gelieferten Waffen habe sich aber von 33,6 Millionen Euro im Jahr 2008 auf 77,5 Millionen Euro 2009 »dramatisch gesteigert«, wie der Rüstungsexperte Jürgen Grässlin 2010 feststellte. Der größere Teil war »Kommunikationsausrüstung«, ohne dass diese näher spezifiziert wurde. 2009 gehörten aber auch 884 Maschinenpistolen modernster Bauart vom Typ MP5 zum Lieferpaket, das Heckler & Koch nach Ägypten schickte. Ein

Teil dieser Waffen wurde auch an Mubaraks Polizisten weitergegeben. Ob diese zwei Jahre später während der Demonstrationen auf dem Tahrir-Platz zum Einsatz kamen, ob Menschen mit den Schnellfeuerwaffen von Heckler & Koch erschossen wurden, lässt sich nachträglich nicht mehr feststellen. Auf dem Tahrir-Platz starben jedenfalls damals mehr als 850 meist junge Demonstranten.

Auch einige der eingesetzten Wasserwerfer stammten aus deutscher Produktion, genauso Transportfahrzeuge der Polizei und Armee, wie der gepanzerte Mannschaftstransporter »Fahd«, der von dem deutschen Rüstungskonzern Henschel Wehrtechnik in den achtziger Jahren für die ägyptische Armee entwickelt wurde und seitdem in Ägypten in Lizenz selber produziert wird. Noch bis 2012 genehmigt das Wirtschaftsministerium die Lieferung von Ersatzteilen und anderen Komponenten zum Bau dieses Radpanzers, obwohl der Minister hätte wissen müssen, dass am 9. Oktober 2011 Panzerfahrer zwei dieser elf Tonnen schweren Fahrzeuge in eine Gruppe von Demonstranten gelenkt hatten. Mindestens elf Kundgebungsteilnehmer kamen bei diesem Einsatz ums Leben. Dennoch blieb Ägypten damals wie heute einer der eifrigsten Abnehmer deutscher Waffen und Militärgüter. Geliefert wurde und wird aber auch an Algerien und Tunesien.

Auch bei der Polizeiausbildung war das Bundeskriminalamt gerne behilflich, bot 2010 Kurse an zur internetgestützten Suche nach Terrorverdächtigen und Hinweisen auf geplante Anschläge. Eine deutsche Firma hatte im selben Jahr modernste Ausspähtechnik zur Überwachung des Internets geliefert. Natürlich ist es gut, wenn geplante Terroranschläge rechtzeitig entdeckt werden, doch solche Ausspähtechniken können und werden auch gegen friedliche Demonstranten und die Zivilgesellschaft eingesetzt. Laut einem von Amnesty International im Frühjahr 2019 veröffentlichten Bericht handelt es sich bei der Firma, die diese Spionagesoftware entwickelt hat, um die bei München ansässige Firma FinFisher. Exportiert hat sie diese Ausspähtechnik mit Erlaubnis des Wirtschaftsministeriums. 2008 stand Geiselbefreiung auf dem Lehrplan deutscher Polizeikurse am Nil. Immer wieder erhielt Ägypten – wie auch Tunesien und Algerien – sogenannte »Ausstattungshilfe in Form von Führungs- und Einsatzmitteln, Kriminaltechnik, Kraftfahrzeugen sowie IT-Technik und Büroausstattung«, wie es in den Rüstungsexportberichten heißt. Was die Staaten letztendlich mit dem gelieferten Gerät machten, konnte und wollte die Bundesregierung gar nicht so genau wissen. Es ist bekannt: Selbst wenn in den Lieferverträgen ein Endverbleib beim Militär vereinbart wird, prüft niemand, ob die Waffen nicht doch an die Polizei oder Paramilitärs weitergegeben werden. Auch dank dieses Wegschauens schienen die Prügelpolizisten der Regime gut gerüstet zu sein gegen die Aufstände 2010/11, wenn auch nicht gut genug, wie der Erfolg der Demonstranten in Tunesien oder Ägypten zeigt.

Wohin diese Exportpolitik der Bundesregierung führte, erlebten die Bundeskontrolleure aus dem Wirtschaftsministerium im libyschen Bürgerkrieg, der seit 2011 in dem Land wütet. Auch hier tauchten deutsche Waffen auf, die ursprünglich nach Ägypten geliefert worden waren, natürlich mit der Auflage, sie unter keinen Umständen weiterzureichen.

Von den deutschen Waffen und der deutschen Ausrüstung ahnten die jubelnden Tahrir-Platz-Besetzer nichts, als der deutsche Außenminister sie am 24. Februar 2011 gut gelaunt besuchte. »Deutschland, wir lieben dich« hätten sie wohl kaum gerufen, hätten sie geahnt, dass auch Deutschland zu den wichtigsten Lieferanten der verhassten Polizei gehörte. Erst als Westerwelle wieder in Berlin landete, hauten ihm deutsche Waffenexport-Gegner und Friedensorganisationen die entsprechenden Zahlen um die Ohren. »Heuchler«, das war noch das freundlichste Wort, das sie für ihn übrighatten. Das »Bonn International Center for Conversion« (BICC) hatte ausgerechnet, dass die Bundesregierung im Jahr 2009 Waffenlieferungen im Wert von rund

270 Millionen Euro an Länder genehmigt hatte, die im Hinblick auf Menschenrechte und Gewaltkonflikte als problematisch zu bezeichnen waren, darunter Saudi-Arabien, Angola, Algerien und eben auch Ägypten.

Immerhin hatte FDP-Minister Rainer Brüderle im Januar 2011 den Waffenexport nach Ägypten einstweilen gestoppt. Der Grund war aber nicht das Mubarak-Regime. Das hatte all die Jahre die Geschäftsbeziehung nicht getrübt, sondern eher gefördert. Die Unruhen rund um den Tahrir-Platz waren der Grund, jene jungen Menschen also, die ein besseres, vielleicht sogar demokratischeres Land wollten. Bestehende Verträge wie Ersatzteil- und Munitionslieferungen sollten aber noch abgewickelt werden. So schnell wollte man eine langjährige gute Geschäftsbeziehung nicht aufgeben.

Armee und Polizei hatten in der Vergangenheit nicht nur Pistolen, Schnellfeuerwaffen und G3-Gewehre bekommen, sondern auch Trainingsflugzeuge und Schnellboote »Made in Germany«. Außerdem besuchten ägyptische wie auch tunesische oder algerische Offiziere regelmäßig Kurse an Bundeswehrhochschulen. Von 2000 bis 2010 hatten 186 ägyptische Soldaten an Lehrgängen in Deutschland teilgenommen. Zwischen Januar 2011 und März 2013 kamen diese regen Beziehungen zwar zum Erliegen, aber nach dem Putsch von al-Sisi vergab das BKA wieder Stipendien an ägyptische Beamte der Nationalen Sicherheitsbehörde und bildet inzwischen auch vor Ort aus. Verlässliche Geschäftsbeziehungen eben.

MORALISCHE BEDENKEN

Am 3. Juli 2013 stürzte die ägyptische Armee den in den ersten freien Wahlen des Landes gewählten Präsidenten Mohamed Mursi. Der Oberkommandierende, Verteidigungsminister Abdel Fattah al-Sisi, ernannte sich zum Interimsverteidigungsminister und stellvertretenden Ministerpräsidenten. Ein Jahr später ließ er sich durch Wahlen ohne ernsthaften Gegenkandidaten mit 96,91 Prozent der Stimmen in diesem Amt bestätigen. In Ägypten wurden die Uhren auf die Zeit vor dem 25. Januar 2011 zurückgedreht. Im August richtete die Armee zusammen mit der Polizei unter den protestierenden Muslimbrüdern grausame Massaker an. Mohamed al-Baradei, der sich als Vizepräsident für die neue Regierung hatte vereinnahmen lassen, trat unter Protest von seinem Amt zurück. Auch der prominente Gründer der Bewegung »6. April« Ahmed Maher und seine Mitstreiter wandten sich nach diesen Erfahrungen endgültig von al-Sisi ab. Und wie reagierte die Europäische Union auf diesen Putsch, den man in Ägypten nicht so nennen darf?

In offiziellen Verlautbarungen der neuen Regierung hieß es, das Militär sei dem Willen des Volkes gefolgt, und in Festreden wird der Putsch heute gar als »die dritte Revolution« gepriesen, nach den Umstürzen von 1952 und dem 25. Januar 2011. Westliche Politiker, die schon bald nach der Absetzung Mursis das Land besuchten, hielten sich an diese Sprachregelung. Auch in der am 14. Juli veröffentlichten Presseerklärung der EU-Außenbeauftragten Catherine Ashton tauchte dieses »Unwort« nicht auf. Bei ihrem Besuch hatte sie noch versucht, zwischen den Konfliktparteien zu vermitteln, doch vergeblich. Die EU-Außenbeauftragte zeigte sich zwar besorgt über die Gewalt der Sicherheitskräfte und die Massenverhaftungen, forderte freie Wahlen und eine Rückkehr zu einer zivilen Regierung, doch sie vermied es, die Absetzung Mursis zu verurteilen, genauso wie auch eine Woche später der Außenministerrat der EU. Erst als es am 14. August zu dem Massaker vor der Rabia-Moschee kam, entschieden sich die EU-Außenminister für eine schärfere Gangart.

Am 22. August 2013 beschlossen sie, die militärische Kooperation mit Ägypten einzustellen. Verboten wurde die Lieferung »jeglicher Ausrüstung, die für interne Repression genutzt werden kann«. Außerdem sollte die Wirtschaftskooperation mit Ägypten geprüft werden. Immerhin ist Europa der wichtigste Handelspartner des Landes. Und diesen Hebel müsse man ansetzen, schlug während der Ratssitzung der deutsche Außenminister Guido Westerwelle vor. Doch wenigstens vorübergehend die deutsche Botschaft zu schließen als eine Geste des Protests, daran dachte er nicht.

Ihre Beschlüsse vom 22. August bestätigten die Außenminister ein Jahr später noch einmal: keine Rüstungsexporte nach Ägypten. Auch das Europäische Parlament bekräftigte am 15. Januar 2015 in einer Entschließung einmütig, die »Ausfuhr von Sicherheitsausrüstung und von militärischer Hilfe, die dazu benutzt werden könnte, friedliche Proteste zu unterdrücken, oder die den strategischen und sicherheitspolitischen Interessen der EU zuwiderläuft«, zu verbieten. Ferner forderten die Parlamentarier, die »Ausfuhr von Abhör- und Überwachungstechnologien« zu untersagen, »die dazu benutzt werden könnten, Bürger auszuspionieren und zu unterdrücken«. Trotz manch dehnbarer Formulierungen klingen die Entschließungen fast so, als habe die EU doch etwas dazugelernt.

Sollte aber ein Politiker ernsthaft gehofft haben, mit diesen Maßnahmen Kairo in die Knie zu zwingen, hatte er sich getäuscht. Die Generäle wussten nur zu gut, dass guter Verdienst gute Vorsätze schnell zunichte machen kann, dass daher moralische Bedenken bei den westlichen Partnern nie von langer Dauer waren.

Schon ein Jahr nach der Resolution des EU-Parlaments beklagte Amnesty International, die EU exportiere weiter Waffen nach Ägypten – als habe es die Beschlüsse des Ministerrats von 2013/14 nie gegeben. Allein 2014 seien aus der EU Rüstungsexporte im Gesamtwert von mehr als 6 Milliarden Euro genehmigt worden, obwohl sie einen kompletten Lieferstopp beschlossen hatte. Auch die Bundesregierung gehörte zu den Lieferanten. Sie genehmigte Rüstungsexporte in Höhe von 22,7 Millionen Euro. In erster Linie ging es um Teile für U-Boote, die schon früher an Ägypten geliefert worden waren. Ein Jahr später waren es immer noch Exporte im Wert von 18,7 Millionen Euro, darunter Teile für Torpedos und Flugkörperabwehrsysteme für Transportflugzeuge. Dazu kamen, was sich wie harmloser Kleinkram liest, Kommunikations- und Navigationsausrüstung sowie Ortungsgeräte.

Was genau man sich unter der Kommunikations- und Navigationsausrüstung vorstellen soll, erfährt man aus dem Bericht nicht. So wurden nach Ägypten »Bodengeräte und Teile für Kampfflugzeuge, Teile für Flugkörper, Bodengeräte für Flugkörper und Flugkörperabwehrsysteme für Luftfahrzeuge, außerdem Kommunikationsausrüstung und Teile für Kommunikationsausrüstung, Navigationsausrüstung« exportiert, im Gesamtwert von 14,28 Millionen Euro. Unklar bleibt, welche Teile für Kommunikationsausrüstung an wen geliefert wurden.

Diese Fragen seien aber entscheidend, so der am Bonner Konversionszentrum BICC arbeitende Rüstungsexperte Max Mutschler im Gespräch mit mir: Für wen waren die Teile bestimmt – Militär oder

Polizei oder andere Sicherheitsdienste – und unter welchen Bedingungen wurden sie geliefert?

Unter normalen Bedingungen können Walkie-Talkies für die Polizei hilfreich sein im Kampf gegen Kriminelle. In einem autoritär regierten Land wie Ägypten hingegen sind sie unverzichtbar im Kampf der Polizei gegen unzufriedene Bürger. Auch hier kann schnelle Verständigung die Jagd auf Andersdenkende effektiver machen. So geschehen bei den Unruhen gegen den Präsidenten Ende September 2019, als Tausende gegen Verschwendung und Korruption des Regimes protestierten. In kürzester Zeit verhaftete damals die Polizei fast viertausend meist junge Ägypter, die aus welchen Gründen auch immer verdächtig waren oder sich nur zur falschen Zeit am falschen Ort aufhielten.

In den Jahren 2015 bis 2019 wurde aus Deutschland außerdem Technologie zur Einrichtung von Überwachungszentren und zur Vorratsdatenspeicherung nach Ägypten geliefert, alles in allem im Wert von 2 Millionen Euro. Zur Erinnerung: 2016 hatte der Europäische Gerichtshof entschieden, die »allgemeine und unterschiedslose« Speicherung von Daten verstoße gegen europäisches Recht. Auch das Bundesverfassungsgericht hatte schon früher erhebliche Bedenken angemeldet.

Einen etwaigen Missbrauch der »sonstigen Rüstungsgüter«, wie sie im *Rüstungsexportbericht* genannt werden, könnte das zuständige Wirtschaftsministerium in Berlin zwar leicht rekonstruieren, will dies aber offensichtlich nicht, zumindest nicht in den öffentlich zugänglichen Berichten. Man wolle die »Betriebs- und Geschäftsgeheimnisse der betreffenden Unternehmen« nicht gefährden, so die Begründung.

»Ich habe eine persönliche Wunschvorstellung«, so Max Mutschler vom Bonner BICC: »Die Behörden haben alle Informationen. Man könnte diese Informationen also in eine Datenbank einspeisen. Um mehr Transparenz zu schaffen, würde es schon ausreichen, wenn die Bundesregierung nach der Genehmigung die Stückzahl der Artikel veröffentlichen würde, das konkrete Produkt selber und den Endempfänger. Dann wäre der Transparenz sehr viel geholfen und das Geschäftsgeheimnis bliebe dennoch gewahrt.«

Eine solche Datenbank könnte zum Beispiel darüber informieren, dass zweihundert Funkgeräte einer bestimmten Bauart an das ägyptische Militär geliefert worden seien unter der Bedingung, sie nicht an die Polizei weiterzugeben. Eindeutig und klar. Doch die Bundesregierung will sich unter keinen Umständen in die Karten schauen lassen. Daher legt sie lieber einen Schleier über die eigenen Exportberichte. Nicht verwunderlich: Das staatlich sanktionierte Geschäft mit dem Tod ist nicht gerade ein Aushängeschild für eine Regierung.

Seit 2015 stieg der Wert der Rüstungsexporte aus Deutschland nach Ägypten erneut deutlich an: von 18,7 auf fast 400 Millionen im Jahr 2016 und im folgenden Jahr sogar auf über 708 Millionen Euro. Insgesamt ist der Rüstungsexport aus Deutschland nach Ägypten um 200 Prozent gewachsen, wie das »Tahrir Institute for Middle East Policy« in Washington, D.C. errechnet hat. Verantwortlich für diesen signifikanten Anstieg waren in erster Linie die gelieferten U-Boote und Überwasserkriegsschiffe. 2019 betrug der Genehmigungswert der Exporte von Rüstungsgütern nach Ägypten sogar 800 Millionen Euro. Damit lag das Land nach Ungarn auf Platz zwei der Empfängerländer. Auch 2020 stieg der Rüstungsexport in autoritär regierte Länder wie Ägypten weiter an. Im April wurde das dritte in Kiel produzierte U-Boot an die ägyptische Marine übergeben. Im Juli 2020 genehmigte der zuständige Bundessicherheitsrat der Bundesregierung sogar Bau und Auslieferung eines vierten. Was aber ist so schlimm an U-Booten? Mit denen lassen sich schließlich keine Demonstrationen auf dem Tahrir-Platz zerschlagen. So argumentieren Lieferanten und Ministerialbeamte. Nicht falsch, dennoch beklagte Amnesty International zu Recht: »Angesichts der andauernden Menschenrechtsverletzungen des ägyptischen Militärs und der Sicherheitskräfte sind weitere Rüstungsexporte aus Deutschland das falsche Signal.«

Darüber hinaus muss man die Gesamtlage im Nahen Osten im Auge behalten. Kriegsschiffe werden zur Seeblockade des Jemen eingesetzt. »Ägypten ist als Mitglied der Koalition gegen die Huthi-Rebellen an der Blockade des Jemen beteiligt«, so Rüstungsexperte Mutschler. »Bei einer solchen Seeblockade kann man auch U-Boote einsetzen. Die Deutschen haben das im Ersten und Zweiten Weltkrieg vorgemacht.« Besonders geeignet für eine solche Blockade sind natürlich die Fregatten, die Ägypten in Deutschland gekauft hat. Regionale Einsatzverbote in Verträgen festzuschreiben nützt nicht viel, solange Verstöße nicht sanktioniert werden. So gibt es Indizien, dass Saudi-Arabien in Deutschland hergestellte Patrouillenboote zur Blockade der Küste des armen Nachbarlandes auffahren lässt. Kritik gibt es deswegen nicht. Einen Exportstopp der noch nicht ausgelieferten Patrouillenboote verhängte die Bundesregierung erst 2018, aber nicht wegen der Seeblockade. Anlass war der Mord an dem regimekritischen Journalisten Jamal Khashoggi.

Das Ziel der Sperrung jemenitischer Häfen ist es, den Nachschub an Waffen und Munition für die Huthi-Milizen zu behindern. Doch die Blockade behindert ebenso die Versorgung der zivilen Bevölkerung mit dringend benötigten Nahrungsmitteln und Medikamenten. Schon zu Friedenszeiten musste das bettelarme Land fast 90 Prozent seiner Lebensmittel importieren. Jetzt sind nach fünf Jahren Krieg mindestens 16 Millionen Menschen unmittelbar vom Hungertod bedroht. Der akute Mangel an sauberem Trinkwasser hat Choleraepidemien ausgelöst. Arzneimittel fehlen, Krankenhäuser werden von den Kampfflugzeugen der von Saudi-Arabien angeführten Anti-Huthi-Koalition zerstört. Die Bilder grausam abgemagerter Kinder haben bislang noch keine der Kriegsparteien zu einem Einlenken bewogen. Die UNO wird nicht müde, von der größten humanitären Katastrophe der Gegenwart zu sprechen, und wird doch nicht gehört. Sie weist außerdem auf Kriegsverbrechen hin. Wer Waffenverkäufe an diese Kriegsparteien genehmigt, wird sich die Frage gefallen lassen müssen, ob er sich nicht mitschuldig macht an ebendiesen Kriegsverbrechen.

Deutschland war natürlich nicht der einzige Lieferant in jenen Jahren. Zwölf andere Länder der EU exportierten ebenfalls Rüstungsgüter ohne Rücksicht auf die Entscheidungen des Rates der Außenminister von 2013 und 2014 oder die Resolution des EU-Parlaments. Laut Amnesty International gehörten zu diesen Lieferungen Kleinwaffen einschließlich Munition, außerdem gepanzerte Fahrzeuge, Militärhubschrauber und Überwachungstechnologie. Frankreich verkauft moderne Kampfflugzeuge, die auch im Jemenkrieg eingesetzt werden. Stephan Roll, Ägypten-Experte der Stiftung Wissenschaft und Politik (SWP), stellte 2019 in einer Studie fest: »Ägypten hat seine Waffenkäufe im Zeitraum von 2014 bis 2018 im Vergleich zum Zeitraum von 2009 und 2013 mehr als verdreifacht und ist damit weltweit drittgrößter Waffenimporteur.« Dabei bräuchte das Land dringend, so Roll, Investitionen in »die marode Infrastruktur, das unzureichende Bildungssystem oder die überbordende Schattenwirtschaft«. Wer einmal mit offenen Augen durch Kairo geschlendert ist, gar einen Blick in eine ägyptische Staatsschule werfen konnte, kann dies nur bestätigen.

DIE NEUE PARTNERSCHAFT

2015 reiste der damalige Wirtschaftsminister Sigmar Gabriel nach Kairo und pries al-Sisi als einen »beeindruckenden Präsidenten«. Die Weltfirma Siemens schloss bei dieser Reise den größten Investitionsvertrag ihrer Geschichte ab. Innerhalb von drei Jahren baute sie zusammen mit einem ägyptischen Partner ein riesiges Kraftwerk in der Wüste. Diese Investitionen haben zweifellos Arbeitsplätze geschaffen, die das Land dringend benötigte, es wertete das Regime aber auch deutlich auf. Als Handels- und Investitionspartner der Europäer, als wertvollen Absatzmarkt und Touristenziel. Der Besuch des SPD-Ministers war ein wichtiger, wenn nicht gar der entscheidende Schritt, um die Beziehungen zwischen den beiden Ländern zu normalisieren. Der vorübergehend wegen seiner skrupellosen Machtpolitik geschmähte al-Sisi durfte wieder auf Nachsicht in Europa hoffen.

Gerade mal drei Jahre ist es her, dass sich die EU-Außenminister auf eine Isolierung Ägyptens geeinigt hatten. Schon im Juli 2016 war es damit vorbei. Weder die EU noch Deutschland hielten nunmehr einen Boykott noch für notwendig, obwohl sich der Regierungskurs gegen ägyptische Oppositionelle deutlich verschärft hatte. Im Juli 2016 unterzeichneten der ägyptische Innenminister Magdi Abdel Ghaffar und sein deutscher Amtskollege Thomas de Maizière ein Sicherheitsabkommen, dem ein knappes Jahr später der Bundestag zustimmte. Dieses Abkommen sieht die Zusammenarbeit bei der

Terrorismusbekämpfung vor, außerdem sollen Menschenschmuggel, Drogen- und Waffenhandel sowie Korruption und Geldwäsche bekämpft werden. Informationen über Verdächtige können ausgetauscht und Operationen gemeinsam durchgeführt werden. Gleichzeitig wird dabei von Ägypten die »Beachtung der Grund- und Menschenrechte« eingefordert. Auf eine Kleine Anfrage der Fraktion der Grünen vom 24. April 2017 – vier Tage vor der Abstimmung des Bundestages über das Sicherheitsabkommen –, wie man sicherstellen wolle, dass die »Beachtung der Grund- und Menschenrechte« gewährleistet sei, lautete die Antwort: »Wie in internationalen Beziehungen und bei völkerrechtlichen Verträgen üblich, vertraut die Bundesregierung darauf, dass die völkerrechtlichen Zusagen von dem Vertragspartner eingehalten werden.« Eine bessere Antwort hätte sich die ägyptische Regierung nicht wünschen können. Kritische Nachfragen hatte sie also von der Bundesregierung nicht zu befürchten.

Auch die Kritik der EU an den Menschenrechtsverletzungen in Ägypten wurde immer leiser. Der niederländische Botschafter in Kairo, Gerard Steeghs, glaubte im April 2016 sogar Fortschritte bei der Demokratisierung des Landes beobachtet zu haben. Er verkündete die frohe Botschaft auf Twitter und provozierte damit einen mittleren Shitstorm. Einer der letzten ägyptischen Blogger, die noch wagten, öffentlich Kritik am Regime zu üben, Wael Eskander, fragte den Botschafter, ob für die Niederlande Entführung und Massenverhaftungen, Folter und Polizeiwillkür tatsächlich Fortschritte seien. Fortschritte gebe es vielleicht für das niederländische Business in Ägypten!

Andere Ägypter fragten einfach, ob der Botschafter noch alle Tassen im Schrank habe. Seine angeblich auf Tatsachen beruhende Beobachtung hatte er jedenfalls zur gleichen Zeit getwittert, als auch die EU gegenüber Ägypten begann, den 2013 beschlossenen Boykott, der in Wirklichkeit nie einer war, auch offiziell aufzugeben. Auf eine kurze Zeit der Ächtung und Aussperrung folgte die Wiederaufnahme einer alten Geschäftsbeziehung und eine Politik der guten Nachbarschaft, so als habe sich in Ägypten tatsächlich alles zum Besseren gewendet.

NICHTS DAZUGELERNT

Am 16. Juni 2017 waren alle guten Vorsätze der EU endgültig vergessen. An diesem Tag unterzeichneten Kairo und Brüssel die sogenannten »*EU-Egypt Partnership Priorities 2017–2020*«, ein bilaterales Dokument mit Zielsetzungen für die Zusammenarbeit der nächsten drei Jahre. An der Spitze dieser Prioritätenliste stehen Investitionen in Industrie und Handel, in Kleingewerbe, in Modernisierungsprogramme und Energiesicherheit. Ganz am Ende, praktisch im Kleingedruckten, werden auch die Verbesserung der Menschenrechtslage, die Demokratisierung und Stärkung der Zivilgesellschaft genannt. Ein Hohn, wenn man bedenkt, dass im selben Jahr in Ägypten ein Gesetz erlassen wurde, das sämtliche NGOs einer noch stärkeren Staatskontrolle unterwirft. Dass im Ägypten des Jahres 2017 über 500 Websites blockiert waren, darunter das von der Deutschen Welle betriebene Nachrichtenportal *Qantara*. Dass Menschenrechtsaktivisten der Reisepass entzogen wurde, dass ihnen jederzeit Haft und Folter drohten. Dass fast dreißig Journalisten wegen angeblicher Verbreitung von Falschnachrichten im Gefängnis auf ihre Prozesse warteten. Dass 2017 über 100 Todesurteile verhängt und teilweise vollstreckt worden waren. All das hatte für die EU offensichtlich keine »*priority*«.

1,3 Milliarden Euro war der EU die neue Partnerschaft mit einem alten Kumpel wert, schließlich hatte sie schon 2004 mit Mubarak ähnliche, für Ägypten lukrative Nachbarschaftsverträge abgeschlossen. 2016 war Ägypten das Land weltweit, das am meisten Finanzhilfen von Geberländern wie der EU oder Deutschland bekam. 5,5 Milliarden insgesamt.

Bundeskanzlerin Angela Merkel setzte noch eins drauf und griff noch einmal tief in ihre Schatulle. Um das Land wirtschaftlich zu stabilisieren, gewährte sie 2017 und 2018 jeweils einen Kredit in Höhe von 250 Millionen Euro als Budgethilfe und 500 Millionen Euro cash in die klamme ägyptische Staatskasse. Ein stolzer Betrag, von dem al-Sisis weggeputschter Vorgänger Mohamed Mursi nur hatte träumen können – zumal Kanzlerin Merkel und Wirtschaftsminister Philipp Rösler ihm eine solche Hilfe bei seinem Besuch in Berlin tatsächlich in Aussicht gestellt hatten. Allerdings machte Rösler die Überweisung von der Lage der Menschenrechte abhängig – eine Bedingung, mit der sich der jetzt amtierende Präsident in Ägypten gar nicht erst rumschlagen muss. Er bekommt sein Geld auch ohne Auflagen. Schließlich verfügt er über ein paar ziemlich wirksame Druckmittel.

Eins dieser Druckmittel ist der Terrorismus, das andere sind die Flüchtlinge. Gegenüber den Europäern droht al-Sisi regelmäßig mit angeblich 5 Millionen Flüchtlingen, die in seinem Land nur auf eine Gelegenheit warten, weiter nach Italien überzusetzen. Tatsächlich sind beim Flüchtlingshilfswerk der Vereinten Nationen, UNHCR, rund 250 000 Migranten registriert. Noch einmal doppelt so viele leben nach Angaben von NGOs als nicht erfasste Flüchtlinge im Land, von denen tatsächlich viele immer wieder versuchen, nach Italien zu gelangen. Zwischen 2015 und 2017 waren nach Angaben aus Rom rund 24 000 Flüchtlinge aus Ägypten in Italien angekommen. Wie viele im Mittelmeer ertrunken sind, ist unbekannt. Inzwischen arbeiten bei der Abwehr von Flüchtlingen das Bundeskriminalamt und der ägyptische Geheimdienst GIS eng und, aus Sicht der Bundesregierung, offensichtlich erfolgreich zusammen.

Bei al-Sisis zweitem Staatsbesuch in Berlin, im Oktober 2018, bei dem der ägyptische Präsident wieder mit allen Ehren empfangen worden war, lobte Bundeskanzlerin Merkel al-Sisi als erfolgreichen Fluchtverhinderer. Auf einer gemeinsamen Pressekonferenz mit al-Sisi sagte sie:»Wir haben hier darüber gesprochen, dass Ägypten seine Seegrenze exzellent absichert, sodass es, von Ägypten ausgehend, de facto keine Migration nach Europa gibt, obwohl in Ägypten sehr viele Flüchtlinge leben. Das ist hoher Anerkennung wert.«

Dass diese Grenzsicherung dank der deutschen »polizeilichen Ausbildungs- und Ausstattungshilfen« für den ägyptischen Grenzschutz und die Polizei möglich geworden war, blieb unerwähnt. Elf Schulungskurse für den ägyptischen Grenzschutz hatte das Bundeskriminalamt bis dahin veranstaltet. Ob bei diesen Lehrgängen »Abschiebung von Flüchtlingen nach internationalem Recht« ein Thema war, ist eher unwahrscheinlich, wäre aber wünschenswert gewesen. Denn Ägypten schiebt Flüchtlinge willkürlich auch in Länder ab, in denen ihnen Verfolgung, Gefängnis oder Schlimmeres drohen.

Die Kanzlerin und ihre CDU klopften sich auf die Schultern und feierten den Besuch als Erfolg, obwohl auch bei dieser Reise al-Sisis nach Berlin eine Frage offenblieb, auf deren Beantwortung man seit langem in der CDU wartete. Es ging um einen Fall aus dem Revolutionsjahr 2011. Im Dezember hatte die ägyptische Polizei die Filiale der Konrad-Adenauer-Stiftung (KAS) in Kairo durchsucht. Man war im Morgengrauen gekommen, als ginge es um eine konspirative Terroristenunterkunft. Unterlagen und Computer hatten die Polizisten beschlagnahmt, die Türen versiegelt. Deutsche wie ägyptische Mitarbeiter erwartete ein Gerichtsverfahren. Der Leiter der KAS in Kairo, Andreas Jacobs, durfte lange nicht ausreisen. Andere ausländische NGOs waren ebenfalls geschlossen worden. Das Innenministerium begründete diese Razzien mit angeblich illegaler Finanzierung aus dem Ausland, obwohl die Konrad-Adenauer-Stiftung schon zu Mubaraks Zeiten Kurse wie »Empowerment of Women« angeboten hatte ohne jedes Problem oder Behinderung. 2018 wurden die Mitarbeiter der KAS in Berufungsverfahren in Kairo endlich freigesprochen, ihr Auslandsbüro bleibt aber geschlossen, obwohl auch die aktuelle ägyptische Regierung immer wieder Entgegenkommen versprochen hatte. Die CDU lockte mit Zugeständnissen, doch zu einem Ergebnis war man nicht gelangt. Der Besuch von al-Sisi im Oktober 2018 zeigte einmal mehr deutlich, dass der ägyptische Präsident keinerlei Interesse hat an ausländischen NGOs in seinem Land.

Flüchtlinge und Terrorismusbekämpfung – das waren auch die Hauptthemen beim ersten Gipfeltreffen der EU mit der Arabischen Liga im ägyptischen Badeort Scharm El-Scheich ein halbes Jahr nach al-Sisis Besuch in Berlin. Fünfzig Staatsoberhäupter, darunter Könige, Emire, Präsidenten, aber auch andere Regierungsvertreter gaben sich im Februar 2019 am Roten Meer ein Stelldichein. Auch Kanzlerin Merkel, Kommissionspräsident Jean-Claude Juncker und EU-Ratspräsident Donald Tusk gaben sich die Ehre. Zwar war das Resultat dieser Zusammenkunft mager, konkrete Ergebnisse gab es nicht, Gastgeber al-Sisi konnte sich dennoch freuen, sonnte er sich doch sichtlich in dieser hochrangigen Gesellschaft. Der ägyptischen Öffentlichkeit präsentierte er sich als erfolgreicher, international umworbener Staatenlenker. Schließlich wollte er sich zwei Monate später in einem Referendum zum Dauerpräsidenten wählen lassen. Das Ergebnis war zwar schon damals ausgemachte Sache, schließlich hatte es genügend Druck auf die Gegner dieser Verfassungsreform gegeben, doch die Wahlkampfhilfe aus Europa war trotzdem willkommen, zeigt sie doch, egal was in Ägypten passiert, europäische Politiker kommen immer und in Scharen. Selbst beim Thema Menschenrechte gehen die Europäer dem ägyptischen Gastgeber inzwischen kaum noch auf die Nerven. Während der Abschlusspressekonferenz hatte der Generalsekretär der Arabischen Liga, Ahmed Abul

Ghait, das Wort ergriffen und verkündet: Nicht einer der Anwesenden habe Unzufriedenheit mit der Menschenrechtslage ausgedrückt.

Als sie das hörten, machten die mitgereisten Journalisten verwunderte Gesichter. Nicht über Menschenrechte geredet? Kann das sein, wo doch die Frage nach den Menschenrechten inzwischen zu einem liebgewonnenen Ritual solch westöstlicher Begegnungen geworden ist? Die Politiker der EU verschaffen sich so ein ruhiges Gewissen, und die Politiker aus Nahost wissen, dass die Kritik selten Folgen hat.

EU-Kommissionspräsident Jean-Claude Juncker konnte und wollte daher die Behauptung des Liga-Chefs so nicht stehen lassen. Das Mikrofon musste er sich regelrecht erkämpfen für seine Richtigstellung. Er habe das Thema in seinem ersten Redebeitrag angesprochen, rief er den arabischen Autokraten und natürlich den Journalisten zu. Hatte Ahmed Abul Ghait die Erwähnung vergessen oder verdrängt, oder wollte er einfach mal testen, wie weit er gehen kann? Kopfschütteln dürfte diese Szene jedenfalls nicht nur bei Mohamed Lotfi ausgelöst haben.

Ein Jahr vor dem Gipfel in Scharm El-Scheich hatten Lotfi und seine »Ägyptische Kommission für Rechte und Freiheiten« einen ausführlichen Lagebericht zu den Menschenrechten in seinem Land veröffentlicht. Die Gipfelteilnehmer aus Europa hätten sich dort aus erster Hand informieren können. Das Bild, das er von Ägypten unter Präsident Abdel Fattah al-Sisi zeichnet, ist bestürzend. »Hier verschwinden Menschen, die laut und deutlich ihre Meinung sagen. Folter gehört zur Tagesordnung. Aktivisten werden verhaftet. Wir kümmern uns aber auch um die Rechte von Minderheiten wie den Flüchtlingen aus Afrika.«

In dem Bericht hatte Lotfi eindringlich an die Europäer appelliert, bei Treffen mit ägyptischen Politikern immer wieder die Menschenrechtsfrage anzusprechen, auf die Notwendigkeit hinzuweisen, die Zivilgesellschaft zu stärken und keine Waffen und Überwachungstechnologie zu liefern – all dies Forderungen, auf die sich auch die EU unmittelbar nach dem Putsch 2013 eingeschworen hatte, die aber nie eingehalten wurden. Es ist dies ein weiteres Beispiel für die Doppelmoral, die arabische Intellektuelle den westlichen Demokratien zu Recht zum Vorwurf machen.

All das war bei den Gipfelgesprächen kein Thema gewesen, zumindest nicht öffentlich. »Das politische Umfeld und die Gesetzgebung ist in Ägypten für die Zivilgesellschaft im Allgemeinen und für Aktivisten im Besonderen extrem feindselig geworden«, schreibt Lotfi in seinem Bericht. »Die Regierung diffamiert die unabhängige Zivilgesellschaft und ihre Aktivisten als Bedrohung der nationalen Sicherheit und Stabilität.« Tausende Aktivisten in Haft, sie warten auf ihre Prozesse, die wie gewöhnlich alles andere als fair verlaufen würden, wenn es sie überhaupt gibt.

Im Sommer 2019 versuche ich mich mit ihm in Kairo zu treffen. Doch in seinem Büro möchte er mich lieber nicht empfangen. Die Adresse seines Arbeitsplatzes sollen nur die engsten Vertrauten wissen – obwohl er sich keine Illusionen macht: »Die Behörden beobachten uns ständig und wissen fast alles.« Er schlägt ein Telefonat über den verschlüsselnden Messenger-Dienst »Signal« vor. Seine Stimme kommt leicht verzerrt aus den Lautsprechern meines Tablets: »Sie versuchen uns anzuschwärzen, zu verunglimpfen, rücken uns in die Nähe von Terroristen. Sie versuchen uns fertigzumachen. Sie manipulieren unsere Facebook-Seiten und fangen unsere E-Mails ab. Wenn du etwas Kritisches über sie veröffentlichst, werden sie dies gegen dich verwenden.«

Harte Urteile über ein Regime, das von der EU derart umworben wird. Ich darf ihn zitieren, ich soll es sogar. Schließlich will er seine Botschaft in der Welt verbreiten. Erfahren auf diesem Weg dann nicht auch die ägyptischen Spürhunde, was Mohamed Lotfi denkt? Das gibt er zu, aber die entwürdigenden Erfahrungen mit der ägyptischen

Staatssicherheit seien so elementar, dass er sich nicht nur kühl kalkulierend mit ihnen auseinandersetzen kann.

»Man hat ständig Angst um die eigene Familie«, erzählt er mir. »Man hat Angst vor dem Gefängnis. Vielen von uns ist es verboten zu reisen. Viele wissen nicht, wie sie die Schulgebühren für ihre Kinder bezahlen sollen. Auf eine Rente dürfen die wenigsten hoffen. Ich selber gehöre zur wohlhabenden Mittelklasse. Aber es gibt viele, die nicht so abgesichert sind und die sich dennoch engagieren, und auch sie nehmen jederzeit Haft in Kauf.«

2018, wenige Monate nach der Veröffentlichung seines Berichts, hatte die Staatssicherheit ihn, seine Frau Amal Fathi und seinen damals dreijährigen Sohn verhaftet. Er und sein Kind kamen nach ein paar Stunden wieder frei, seine Frau blieb in Haft. Ihr sollte der Prozess gemacht werden, wegen angeblicher »Mitgliedschaft in einer terroristischen Gruppe«. Sie habe Facebook benutzt, »um Ideen zu verbreiten, die zu Terrorakten aufrufen«. Außerdem habe sie »vorsätzlich Falschinformationen verbreitet«. Tatsächlich hatte sie 2011 die Bewegung »6. April« unterstützt. Vor allem aber hatte sie Kommentare zu sexueller Belästigung von Frauen veröffentlicht, die in Ländern wie Ägypten weit verbreitet ist. Im Netz hatte sie zuletzt ein Video gepostet, in dem sie erzählt, wie sie in einer Bank von einem Kunden sexuell bedrängt worden war. Das Video hatte sofort große Aufmerksamkeit erregt. Die lokalen Medien griffen es auf und begannen Amal als Vaterlandsverräterin zu beschimpfen. Diese Hasskampagne brachte schließlich die Staatssicherheit auf den Plan, aber nicht wegen der sexuellen Belästigung Amals, sondern wegen ihrer Berichte darüber. Am 11. Mai frühmorgens klopfte ein in Zivil gekleideter Beamter der Staatssicherheit an die Haustür, begleitet war er von schwer bewaffneten Polizisten einer Spezialeinheit. Ein kurzer Wortwechsel, dann wurde die kleine Familie abgeführt.

»Im Gefängnis hat meine Frau nicht die richtigen Medikamente bekommen, die sie dringend benötigte«, erzählt mir Lotfi über die Messenger-Verbindung. »Sie leidet unter akuter Depression. Irgendwann verlor sie die Kontrolle über ihre Beine. Sie konnte kaum mehr laufen. Es war fürchterlich für mich, sie so zu sehen und nichts machen zu können. Aber sie hielt durch.«

Im September 2018 verurteilte ein Gericht sie zu zwei Jahren Haft. Obwohl sie sofort eine Kaution stellte, ordnete ein Gericht ihre Entlassung aus dem Gefängnis erst am 27. Dezember 2018 an und stellte sie unter Hausarrest. Zweimal pro Woche muss sie sich bei der Polizei melden. Wenige Tage später bestätigte ein Gericht die Verurteilung zu zwei Jahren Gefängnis. Dieses Urteil schwebt über ihr wie ein Damoklesschwert. Sie kann jederzeit wieder verhaftet werden.

Die deutsche Botschaft in Kairo war die einzige ausländische Vertretung, die regelmäßig den Prozess gegen Amal Fathi beobachtete und kommentierte und vielleicht dadurch Schlimmeres verhinderte. »Ich glaube, dass das geholfen hat. Auch sonst werde ich immer wieder aus der Botschaft unterstützt. Als ich nach Deutschland eingeladen war, machte sie zum Beispiel Druck, damit ich einen Pass bekomme.«

40 000 bis 60 000 politische Gefangene gebe es in Ägypten, so Mohamed Lotfi, und selbst als Anwalt ist man nicht vor Justizwillkür sicher: »Wenn man als Anwalt zum Beispiel in einem Fall von Verschwindenlassen aktiv wird oder in einem Fall von Folter, oder wenn man sich für die Rechte von Menschen in Gefängnissen einsetzt, läuft man Gefahr, juristisch ausgeschaltet zu werden. Wenn man sich an die Vereinten Nationen wendet, um über die Verschwundenen zu berichten, wird man am Flughafen verhaftet.« Mit der Folge, dass immer mehr junge Ägypter resignieren oder sich radikalisieren, schreibt Lotfi in seinem Bericht. »Wenn man seine Rechte gewaltlos vertritt, wird man fast genauso behandelt wie jemand, der mit einer Waffe auf der Straße herumläuft. Und das ist eine sehr gefährliche Haltung der Sicherheitsbehörden, weil sie jungen Menschen zeigt, dass

gewaltloses Handeln nichts bringt. Das macht sie anfälliger für die Rekrutierungen durch terroristische Gruppen wie dem sogenannten Islamischen Staat.«

Bei unserem Gespräch in Kairo ergänzte er: »Salafisten, Muslimbrüder, Dschihadisten – die sind alle im gleichen Gefängnis eingesperrt. Es sind auch ganz junge darunter. Und wenn diese von einem IS-Kämpfer richtig bearbeitet werden, wenn der ihnen sagt: ›Was haben denn die Wahlen gebracht? Doch nur, dass du jetzt hier bist. Warum kämpfst du nicht lieber im Dschihad?‹, dann wird das einige der jungen Muslimbrüder sicherlich beeindrucken.«

Gefängnisse als Schulen des Dschihad – ein Zusammenhang, den auch der jordanische Islamismus-Experte Hassan Abu Hanieh sieht. Für ihn sind die Hauptursachen des Terrorismus »die strukturelle Gewalt durch autoritäre Regime und die fehlende Aussicht auf demokratischen Wandel«. Aus ihnen zögen radikale Bewegungen ihre Kraft, so Hanieh in einem Interview mit dem Nachrichtenportal der Deutschen Welle *Qantara*.

Dass Ägypten ein ernst zu nehmendes Problem mit Terroristen hat, lässt sich nicht leugnen. Doch das Vorgehen der Sicherheitsbehörden steht in keinem Verhältnis zu der eigentlichen Bedrohung. Sie nutzen vielmehr Anschläge, um gegen friedliche Oppositionelle mit maßloser Härte vorzugehen. So löste eine Anschlagsserie von 2016/17 im ganzen Land Verhaftungswellen aus, bei denen die Polizei nicht nur gegen Islamisten vorging, sondern gezielt auch gegen Bürgerrechtler. Außerdem wurden Menschenrechtsorganisationen verboten, die dem Regime schon lange ein Dorn im Auge waren, das Nadim-Center etwa mit seiner Klinik für Folteropfer, der einzigen Einrichtung dieser Art im Land. Auch die Online-Zeitung *Mada Masr* fiel den angeblichen Anti-Terror-Aktionen zum Opfer und durfte vorübergehend nicht mehr veröffentlichen. Die Anklage gegen die Verhafteten immer dieselbe: Unterstützung einer terroristischen Vereinigung.

Für die Bundesregierung und für die EU-Kommission ist all dies kein Grund, die enge Zusammenarbeit mit dem al-Sisi-Regime einzustellen oder es wenigstens infrage zu stellen. Im Gegenteil. Auf eine Kleine Anfrage der Menschenrechtsbeauftragten der FDP-Fraktion, Gyde Jensen, in der sie unter anderem fragte: »Inwiefern und in welchen Bereichen befürwortet die Bundesregierung eine Fortführung der Sicherheitskooperation mit Ägypten?«, antwortete die Bundesregierung am 31. Januar 2019: »Die Bundesregierung befürwortet … eine Fortführung der Partnerschaft zu Ägypten, zu der auch eine Zusammenarbeit im Sicherheitsbereich gehört.«

Diese Fortführung der Sicherheitspartnerschaft leistet die Bundesregierung gründlich. Im Juni musste das Wirtschaftsministerium nach einer Anfrage des grünen Außenpolitikers Omid Nouripour einräumen, es habe in der Zeit von Januar 2019 bis Juni 2019 Rüstungsexporte in den Nahen Osten im Gesamtwert von 1,1 Milliarden Euro genehmigt, darunter 13 Lieferungen von Rüstungsgütern nach Ägypten im Wert von 801 Millionen Euro. Was genau geliefert wurde, lässt sich dem Bericht nicht entnehmen. Ägypten war damit 2019 Nummer eins der Waffenempfänger unter den sogenannten Drittstaaten, also Ländern, die nicht der NATO angehören.

Schon 2017 hatte Stephan Roll von der Stiftung Wissenschaft und Politik in einem Artikel für das Nachrichtenportal *Qantara* vor dieser Exportpolitik gewarnt. »Ägypten (kann) gegenwärtig kein Partner im internationalen Kampf gegen den Terrorismus sein.« Eine Zusammenarbeit sei angesichts der offenkundigen Instrumentalisierung des Antiterrorkampfes durch die ägyptische Führung zum Scheitern verurteilt, so Roll. »Statt die Sicherheitskooperation mit Kairo weiter auszubauen, sollten die europäischen Staaten stattdessen endlich auf politische Reformen und die Einhaltung rechtsstaatlicher Standards drängen.«

Damit wollte sich Bundeswirtschaftsminister Peter Altmaier aber nicht belasten bei seinem Besuch in Ägypten Anfang Februar 2019. Politische Reformen einzufordern war für ihn kein Thema, zumindest nicht in der Öffentlichkeit. Immerhin, nach seinem Programm mit ägyptischen und deutschen Wirtschaftsgrößen hatte er sich in der deutschen Botschaft mit dem Bürgerrechtler Mohamed Lotfi zu einem Mittagessen getroffen. Der übergab ihm seinen Bericht und beschrieb ihm ungeschminkt die Realität in seinem Land.

»Wir haben ihm erklärt, dass das Regime eher Instabilität als Stabilität bringen wird«, so Lotfi in unserem Gespräch. »Und wir haben den Wunsch, dass Länder wie Deutschland dem Regime klar und deutlich erklären, dass nur eine starke Zivilgesellschaft das Land voranbringen wird.« Verwundert habe Altmaier sich gezeigt, so Lotfi, als er ihm den Zusammenhang von Repression und Radikalisierung zu erklären versuchte. Eine Lehrstunde in Sachen Menschenrechte. Doch nach dem Gespräch kam von ihm immer noch keine offene Kritik am ägyptischen System. Kein Wort des Ministers gegenüber den mitgereisten Journalisten, obwohl sich ägyptische Bürgerrechtler, die von dem Treffen erfahren hatten, ein solches Signal erhofft hatten.

»Die EU ist total angepasst. Von der Kommission kommt nichts, höchstens vom EU-Parlament«, höre ich immer wieder in Kairo. Deutschland sei da etwas besser als die EU in Brüssel und viele andere Mitgliedsländer.

Wandel durch Handel lautet das Credo der meisten Wirtschaftspolitiker, will sagen: Sind die Wirtschaftsbeziehungen gut, dann wird der Rest schon irgendwie kommen. Doch fragt man die Politiker nach einem Land, in dem sich auf diese Weise jemals eine Diktatur in eine Demokratie verwandelt hätte, herrscht betretenes Schweigen.

Dass es auch anders geht als derartig leisetreterisch, hatte der französische Staatspräsident Emmanuel Macron bei seinem Besuch eine Woche vor Peter Altmaier, Ende Januar 2019, gezeigt. »Ich habe Präsident al-Sisi daran erinnert, dass die Suche nach Sicherheit, die uns antreibt, nicht von der Frage der Menschenrechte getrennt werden kann«, verkündete er in einer Pressekonferenz in Kairo, bei der auch das ägyptische Staatsoberhaupt anwesend war. »Stabilität und dauerhafter Frieden gehen Hand in Hand mit der Achtung individueller Freiheit, der Würde jedes Einzelnen und der Rechtsstaatlichkeit«, so Macron. Er kritisierte während seines Besuchs die Festnahme von »Bloggern, Journalisten und Aktivisten« und traf sich mit Oppositionellen. Gegen mehrere nahmen die ägyptischen Sicherheitsbehörden nach dem Treffen sofort Ermittlungen auf wegen »Gefährdung der nationalen Sicherheit«. Trotz seiner für den ägyptischen Präsidenten ungemütlichen Intervention konnte der französische Präsident Wirtschaftsverträge in Millionenhöhe abschließen.

KAPITEL 4

SUDAN – DAS SYSTEM AL-BASCHIR

DIE FRAUEN VON AL-DARAISA

Das fängt ja gut an! Kaum die erste Frage gestellt, schon ein leicht angesäuertes Stirnrunzeln als Antwort. In irgendein Fettnäpfchen war ich da wohl getreten. Ob der Arabische Frühling die sudanesische Revolution angefeuert habe, hatte ich von meinen Gesprächspartnerinnen wissen wollen. »Sind die jungen Sudanesen so etwas wie die Erben des Tahrir-Platzes?«

Das war im Dezember 2019. In Burri Al-Daraisa, ein im Westen der Hauptstadt Khartum gelegener Stadtteil. Meist ärmere Sudanesen leben hier, Tagelöhner, Männer, die alles reparieren können, kleine Angestellte, Frauen, die für andere Wäsche waschen oder kochen, die am Straßenrand Tee und Kaffee verkaufen, die mit Kleinstbetrieben sich und ihre Kinder über Wasser halten, denen die Sorgen um das tägliche Brot tiefe Furchen ins Gesicht gegraben haben. Mit diesen Menschen wollte ich mich treffen, mit einfachen Sudanesinnen und Sudanesen, ohne die die Revolution 2019 nicht so erfolgreich gewesen wäre. Vier Frauen aus Al-Daraisa hatten sich bereit erklärt, mir Rede und Antwort zu stehen. Ihnen hatte ich die offensichtlich provokante Frage nach dem Arabischen Frühling gestellt.

Der Ort Al-Daraisa – mehr Dorf als städtische Siedlung. Häuser aus Lehmziegeln oder Zement, die meisten einstöckig. Immerhin Strom und Wasserleitungen gibt es. Ein paar Tausend Menschen leben rund um einen mit rostbraunem Sand bedeckten Dorfplatz, ein

Windstoß, und schon wirbelt der Staub auf und setzt sich in den Kleidern fest, knirscht zwischen den Zähnen und juckt in den Augen. Dieser Platz – der Dorfmittelpunkt mit vielen Aufgaben. Als Fußballfeld zum Beispiel wird er genutzt, ein Tor ist umgestürzt. Auch als Versammlungsort. Als ich ihn am späten Nachmittag endlich gefunden habe, werden gerade Stühle aufgestellt für eine öffentliche Zusammenkunft am Abend, außerdem ist der Platz Open-Air-Disco. Für die Zeit nach dem Treffen schrauben Jugendliche riesige Lautsprecher auf Stative. »Test, Test, Test!« Eine kurze Tonprobe. So etwas Ähnliches wie ein Gitarrenriff mit Schlagzeuggehämmer. Voll aufgedreht. Rückkopplung. Es ist ohrenbetäubend. Und schließlich gammeln da auch noch aufgebockte Pick-ups, umgestürzte Tuk Tuks und altersschwache Rostlauben auf dem rötlichen Sand vor sich hin. Am Rande dieses Roten Platzes – eine der Gemeinschaftseinrichtungen des Dorfes: der Männerclub. Hier versammeln sich am Abend die Alten zum Kartenspielen und Teetrinken. Auf einem Tisch steht ein Fernseher. Ein Fußballspiel läuft gerade, aber keiner schaut hin.

Der Zusammenhalt unter den hier lebenden Menschen ist legendär im Sudan. Vielleicht auch deswegen spielte der Stadtteil Burri mit seinen über 100 000 Einwohnern, verteilt auf acht Gemeinden wie Al-Daraisa, eine Vorreiterrolle bei den Protesten, die im Dezember 2018 begannen.

Gleich neben dem Club der Senioren befindet sich der Kindergarten. Über Gewalt gegen Frauen wollen Studentinnen heute Abend hier einen Vortrag halten. Hier soll ich mich mit meinen Gesprächspartnerinnen treffen. Die Ersten sind schon angekommen. Sie haben sich viel zu erzählen, reden munter durcheinander, dann zeigt eine auf mich: »Ist das der Fremde?« Von vier freundlichen Matronen in bunten Gewändern werde ich erst gemustert, dann ein bisschen befragt und schließlich akzeptiert.

Als Widad Nasser Mohamed stellt sich eine vor. Sie erzählt mir, dass der Dorfplatz während der Aufstände zum Kampfplatz wurde, auf dem sich Polizei und Dorfjugend regelrechte Schlachten geliefert haben. Mit Tränengas gegen Slogans brüllende Jungrevoluzzer, mit Gummigeschossen gegen Transparente, mit scharfen Schüssen gegen Steinewerfer.

Die ganze Gemeinde habe sich an den Aufständen gegen das Regime beteiligt, erzählt mir Widad: »Jeder hat damals getan, was er am besten konnte. Wir haben alle zusammengehalten.« Alle sind stolz auf ihren Mut, fast so, als habe sich die Revolution auf ihrem Dorfplatz entschieden. Die Vorstadt Burri war eines der Zentren des Widerstands. Die Staatspartei der Islamisten, die National Congress Party (NCP), hatte hier nie richtig Fuß fassen können. Sich dem Regime zu verweigern, gehörte unter den Einwohnern schon immer zum guten Ton, so wie der Besuch der Gemeindeversammlungen auf dem Dorfplatz. Irgendwie war man hier schon immer dagegen, auch wenn man es nicht immer so offen gezeigt hat wie bei den Aufständen.

Und dann meine bedenkliche Frage, ob die Sudanesen die Erben des Arabischen Frühlings seien …

»Wieso arabisch?«, empört sich eine der Frauen. »Wir haben hier einen sudanesischen Frühling. Mit dem arabischen hat der nichts zu tun.«

Und schon sind wir mittendrin im Thema »Was ist sudanesisch?« – worüber sich in diesem multiethnischen Riesenreich stundenlang diskutieren lässt. Man sieht hier Männer in weiten weißen Gewändern, die viel Luft an den Körper lassen, den Kopf mehr oder weniger kunstvoll mit weißen Tüchern umwunden. Andere Passanten tragen afrikanische Tracht. Manche haben sogar traditionelle Schmucknarben im Gesicht. Natürlich sieht man auch Männer in dunklen Anzügen – manche auch mit Schlips, bei vierzig Grad im Schatten.

Genauso vielfältig die Kleidung bei den Frauen. Viele tragen den »Tob« – einen meterlangen, meist bunten Stoff, locker um Körper und Kopf geworfen – oder, je nachdem wie streng der Glaube praktiziert wird, ein eng am Gesicht anliegendes Kopftuch und einen bodenlangen Wollrock. Man sieht aber auch Frauen in leichten Kleidern, und seit der Rebellion immer häufiger Hosenträgerinnen.

Die Hautfarbe der Menschen ist braun in allen Abstufungen, von sehr hell bis sehr dunkel. Etwa zwanzig große Ethnien leben im Land. Jede hat ihre eigene Sprache und Kultur. Darüber hinaus haben Wissenschaftler sechshundert kleine bis kleinste Ethnien ermittelt. Auch sie mit ihren eigenen Sprachen oder wenigstens mit ihrem eigenen Dialekt.

Wer sind sie also, diese Sudanesen? Sind sie Araber? Afrikaner? Beides und von allem ein bisschen? Die meisten sind Muslime, gehören aber zahlreichen verschiedenen Richtungen des Islams an. Auch Christen leben im Sudan, und zwar nicht zu knapp. Auch hier gibt es fast alle Konfessionen – von römisch-katholisch über protestantisch bis orthodox. In Burri verstehen sich alle als gute Muslime.

»Und was habt ihr während der großen Rebellion gemacht?«, möchte ich wissen.

»*Revolution*, bitte«, verbessert mich Widad.

Ihre Freundinnen nicken energisch. Sie allen haben ohne Ausnahme die Demonstranten unterstützt, haben etwa ihre kleinen Wohnungen als Zufluchtsort zur Verfügung gestellt, wenn die jungen Kämpfer und Kämpferinnen fliehen mussten vor der Übermacht der Polizei, vor Tränengas und Gummigeschossen. »Wir haben Wasser bereitgehalten und natürlich Essen. Einen Medikamenten- und Verbandsvorrat hatten wir auch angelegt. Wenn wir sahen, dass sie angerannt kamen, dann haben wir die Tür geöffnet und so viele wie möglich reingelassen.« Und dann die Tür sofort wieder verriegelt. »Als die Polizisten draußen Demonstranten suchten, mussten sich im Haus alle auf den Boden legen und ruhig sein.« Denn die Sicherheitskräfte schossen scharf auf die Fenster und warfen manchmal Tränengasgranaten in die Räume.

Und ihre Töchter? Haben die zu Hause Sandwiches gemacht?

»Wo denkst du hin! Die hätten wir nie zu Hause halten können. Alle waren schließlich von der Korruption betroffen. Deswegen haben die Töchter genauso demonstriert wie die Söhne. Da gab es keinen Unterschied.« Obwohl bekannt war, dass sich Soldaten an festgenommenen Frauen vergriffen, sie sogar vergewaltigten. Aber in kaum einem anderen Land der islamischen Welt haben junge Frauen so mutig in der ersten Reihe der Demonstranten gestanden wie bei den Aufständen im Sudan.

Warum standen so viele Frauen an vorderster Front, will ich von ihnen wissen.

»Wir sind doch am meisten unterdrückt worden! Die Männer wurden auch unterdrückt, aber als Frau war es noch einmal etwas anderes.« Der Zwischenruf kommt von Seham Mohamed. Ihre Augen sind zu Schlitzen verengt, als sie mit viel Wut in der Stimme ihr Leben vor der Revolution beschreibt: »Uns hat man ständig Vorschriften gemacht. Kleidervorschriften, Reisevorschriften, Ausgehvorschriften. In der Öffentlichkeit Händchenhalten war natürlich verboten. Die Polizisten für öffentliche Ordnung haben uns verfolgt. Wenn sie etwas an uns auszusetzen hatten, haben sie uns in aller Öffentlichkeit zurechtgewiesen oder haben dafür gesorgt, dass wir bestraft wurden. Wir haben in der ständigen Angst gelebt, von ihnen an den Pranger gestellt zu werden.«

Diese »Public Order Police« machte Frauen zu Menschen zweiter Klasse. Dabei konnten sie sich auf das »Gesetz für öffentliche Ordnung« berufen, das zur Aufrechterhaltung von Moral und Sitte auf Grundlage der Scharia installiert worden war. Das Gesetz war so vage formuliert, dass es der Polizeiwillkür Tür und Tor öffnete. Für eine Festnahme reichte es, wenn Frauen Hosen trugen. Waren die Sittenpolizisten der Meinung, eine Frau habe ihre Haare nicht korrekt bedeckt, konnten sie sie bestrafen. Es drohten Schläge mit der Peitsche oder einem langen Stock. Mindestens 15 000 Opfer solcher Züchtigungen während der Herrschaft des alten Despoten al-Baschir hat die sudanesische Initiative »No to Oppression against Women« gezählt. Auf öffentlichen Plätzen fanden diese Strafaktionen statt, unter den Augen der schaulustigen Menge. Zur Demütigung der »Sünderin« und zur Abschreckung anderer Frauen. Kein Wunder, dass die Sittenpolizei von den Frauen mehr gefürchtet wurde als die Staatssicherheit. Selbst Hochzeiten überwachten diese Moralapostel. Wurde zu wild getanzt? Zu eng? Ging alles sittsam zu? Welche Musik wurde gespielt, etwa dekadente Popmusik aus dem Westen? Und um halb elf spätestens war Schluss, oder die Sittenpolizei schritt ein.

Durch diesen permanenten Druck seien Frauen einer regelrechten Gehirnwäsche unterzogen worden, meint Samahir Elmubarak, die ich wenige Tage später besuchen sollte. Sie ist eine der Sprecherinnen der »Sudanese Professionals Association«, die die sudanesische Revolution 2019 mitorganisiert hat. »Die Polizei für öffentliche Ordnung ist ausschließlich gegen Frauen vorgegangen«, berichtet sie mir, »Männer durften anziehen, was sie wollten, Frauen nicht. Außerdem wurden die Ärmsten der Armen unter den Frauen besonders schikaniert, Teeverkäuferinnen zum Beispiel. Sie haben ihnen ihr Geld abgenommen und sie auch vergewaltigt. Und so etwas nennt sich Sittenpolizei!«

Um noch mehr über die Drangsalierung der Frauen im Sudan zu lernen, fahre ich über eine der Nilbrücken ans westliche Ufer. Dort liegt Omdurman, Khartums Zwillingsstadt. Als ich dem Taxifahrer die Adresse im Stadtteil Al-Abasia nenne, runzelt er ratlos die Stirn: »Das finde ich nie. Ich fahre dich rüber. Dann nimmst du ein Tuk Tuk. Diese Fahrer kennen sich besser aus.«

Und tatsächlich, der nächste Fahrer weiß sofort, wo ich hinwill, schließlich ist Zainab Badr Eldin eine weit über Omdurman bekannte Frauenrechtlerin. Ich quetsche mich auf die Rückbank des dreirädrigen Motorrollers. Der Fahrer gibt Gas, umkurvt geschickt die vielen Schlaglöcher der Sandpiste, dann hält er abrupt – vor einem bescheidenen Haus hinter hohen Mauern. Fast wäre er daran vorbeigefahren.

Zainab erwartet mich. Den obligatorischen Tee hat sie schon vorbereitet. Mit ihrer 2009 gegründeten Initiative »No to Oppression against Women« hatte sie in der Revolution 2019 eine führende Rolle gespielt: »Mein Haus war der Sammelpunkt für alle Demonstrationen in Omdurman. Von hier aus ging es los. Immer Punkt 13 Uhr.«

Für Zainab nicht der erste Widerstand gegen das Regime. 1990, unmittelbar nach dem Putsch, mit dem al-Baschir an die Macht kam, hatten die neuen Behörden sie als Lehrerin entlassen. Neben tausend anderen. Zu unzuverlässig – man brauchte Arbeitsstellen für Parteigänger der neuen Machthaber.

»Bist du verbittert nach diesen Erfahrungen?«

»Nein, ich bin überhaupt nicht verbittert. Im Gegenteil, ich bin stolz auf das, was wir erreicht haben. Wir bieten Frauen Rechtshilfe an, wir haben Geld gesammelt, um Geldbußen für Frauen zu bezahlen, die wegen des Tragens von Hosen verurteilt worden sind.«

Wir sitzen auf dem Boden in einem kleinen Haus, in dem sie mit ihren beiden erwachsenen Söhnen lebt. Beide haben leidenschaftlich mitdemonstriert. Der jüngere saß 2019 drei Monate in Haft. Er ist misshandelt worden. Die Ordnungskräfte kannten und hassten seine Mutter und deren Kampf gegen die einst von Hasan al-Turabi, dem religiösen Führer des Sudan, eingeführten Scharia-Vorschriften.

»Wie haben sich die Scharia-Vorschriften auf den Alltag einer sudanesischen Frau ausgewirkt?«, will ich wissen.

»Ich darf zum Beispiel ohne Erlaubnis meines Mannes nicht reisen. Bei der Passkontrolle am Flughafen muss ich die schriftliche Einwilligung vorlegen. Einmal musste mein Mann zum Flughafen kommen, sonst hätte ich nicht ausreisen dürfen. Ohne meinen Mann oder meinen Bruder darf ich keine Geschäfte abschließen. Das ist alles eine ständige Demütigung.«

»Sollte also die Scharia-Gesetzgebung abgeschafft werden?«

»Unbedingt. Wir brauchen einen strikt säkularen Staat.«

Eigentlich sollte man erwarten, dass sich alle sudanesischen Frauen sofort dieser Forderung anschließen. Schließlich haben die Bestimmungen der Scharia im Sudan das Leben jeder Frau eingeschränkt. Aber das ist durchaus nicht der Fall. Ich hatte auch die Frauen in Burri-Daraisa danach gefragt. Meine Frage löst unter ihnen eine heftige Diskussion aus. Sie stecken die Köpfe zusammen. Schließlich wendet sich Widad an mich. »Nein! Die können wir nicht so einfach abschaffen«, gibt sie das Debattenergebnis bekannt. »Die Scharia ist göttliches Recht, das können wir Menschen nicht beseitigen. Wir müssen die Regeln beachten.«

Seham ergänzt: »Aber sie müssen gerecht angewendet werden. Keine politische Partei darf sie missbrauchen. Das war in der Vergangenheit der Fall. Das ›Gesetz für öffentliche Ordnung‹ muss bei Armen und Reichen gleichermaßen angewendet werden. Der Islam gehört in die neue Verfassung.«

Ein Riss geht also durch die Gesellschaft des Sudan – ein Riss, der auch die Diskussion um eine neue Verfassung mitbestimmen wird: Soll sie sich am Islam orientieren, welche Rolle darf Religion in dieser neuen Grundordnung der sudanesischen Gesellschaft spielen? Oder hat Religion in der neuen Verfassung gar nichts zu suchen, wie es die meisten sudanesischen Frauenrechtlerinnen fordern?

Seit sich Militär und Opposition im August 2019 auf eine Übergangsregierung geeinigt haben, ist die alte Verfassung außer Kraft gesetzt. Nach den für 2022 geplanten Wahlen soll eine verfassungsgebende Versammlung eine neue formulieren.

Die noch vom alten Regime verordneten Religionsgesetze schaffte die Regierung erst im Juli 2020 endgültig ab. Dazu gehört die Todesstrafe bei Apostasie (der Abwendung vom Islam) und die Prügelstrafe der »Public Order Police«.

Ein Leben ohne Religion können sich die Frauen von Daraisa in dem Kindergarten aber nicht vorstellen, auch wenn ihnen in der Vergangenheit die strengen Sittengesetze kaum Luft zum Atmen gelassen hatten.

Seham Mohamed kann davon ein Lied singen. Die Mutter einer Tochter hatte lange im nahen Flughafen gearbeitet. »Kein besonders guter Job«, wie sie sagt, aber sie konnte ihre Familie ernähren – bis ihr Chef sie von einem Tag auf den anderen fristlos entließ. »Er hat zu mir gesagt: ›Du bist eine Hure, weil du Mitglied der Kommunistischen Partei bist.‹ Das war eine Lüge. Auch andere wurden entlassen. Die Stellen haben sie mit Frauen besetzt, die in der NCP, der Staatspartei, Mitglied waren. Das war der Trick. Die eigenen Leute mussten versorgt werden.«

Die anderen Frauen in der Kindergartenrunde bestätigen die Geschichte. Jede hatte unter dieser Willkür zu leiden gehabt. Der einzige Ausweg wäre gewesen, der Staatspartei beizutreten. Doch das kam für die Frauen von Daraisa nicht infrage. Sie mussten daher ihre Familien anders ernähren, mussten improvisieren, ständig neue Einkommensquellen auftun.

Die Erzieherin Reem Elhaj zum Beispiel. Sie wollte einen eigenen Kinderhort eröffnen. Monatelang kämpfte sie mit der Staatsbürokratie. Sture Beamte verweigerten ihr die Erlaubnis, immer mit dem Hinweis, sie gelte als unzuverlässig, der Beitritt zur Staatspartei könne helfen. Erst als sie jemanden kennengelernt hatte, der wiederum mit einem Beamten im Familienministerium befreundet war, bekam sie die Erlaubnis, allerdings nicht ohne eine kräftige Zahlung an diesen Beamten. »Ohne Schmiergeld läuft nichts bei uns.«

Dabei hatten Sudanesinnen die Politik ihres Landes seit der Unabhängigkeit von Großbritannien im Jahr 1956 schon immer wesentlich mitbestimmt. Auch dank der Gründerin der »Sudanesischen Frauenunion« Fatima Ahmed Ibrahim, die 1965 als erste weibliche Abgeordnete ins Parlament gewählt worden war. Dort gelang es ihr, im Parlament gegen große Widerstände etliche Gleichstellungsgesetze für Frauen durchzuboxen. Dazu gehörten das Recht auf Arbeit und das Recht auf höhere Bildung für Mädchen, außerdem gleicher Lohn für gleiche Arbeit – lange, bevor diese Rechte in Deutschland eingeführt wurden. Allerdings ignorierten so gut wie alle Regierungen diese fortschrittlichen Gesetze. Die Kommunistin und Frauenrechtlerin Fatima Ahmed Ibrahim, die immer wieder unter Hausarrest gestellt oder 1990 von Religionsführer Hasan al-Turabi ins Exil gezwungen wurde, war bis zu ihrem Tod im August 2017 so etwas wie das mahnende Gewissen der Nation. Auch deswegen war diese unbeugsame Frauenrechtlerin Vorbild für viele sudanesische Frauen.

Dennoch: »Für Frauen kann das Leben im Sudan immer noch eine wahre Hölle sein.« Das sagte Sara Ali zu mir, die junge Studentin, die an jenem Abend in dem Kindergarten den Vortrag hielt. Gewalt gegen Frauen sei weit verbreitet. Nachforschungen anzustellen, womöglich Zahlen zu erheben, war verboten. Während der Revolution habe sie wie andere an vorderster Front gekämpft. Frauen seien aber nach wie vor unterrepräsentiert in der neuen Regierung, die seit August 2019 im Amt ist. Allerdings werde heute über die Benachteiligung offen diskutiert. »Unter al-Baschir war das nicht möglich, jedenfalls nicht in der Öffentlichkeit.«

Kein Wunder also, dass ab Dezember 2018, als die Wut auf das Regime eskalierte, Frauen bei allen Demonstrationen an der Spitze der Protestbewegung standen. »Wir haben sogar in denselben Zelten übernachtet wie die Männer. Vor der Revolution wäre das undenkbar gewesen. Übergriffe habe ich in den Zelten nicht erlebt.«

Während ich mit Sara Ali sprach, waren zwei junge Männer in den Kindergarten gekommen, Anfang zwanzig. Sie hörten dem Gespräch eine Weile zu. Dann winkten sie mir, ich solle mitkommen, sie wollten mir auch etwas erzählen. Sie stellten sich als Mitglieder des örtlichen Revolutionskomitees vor. Sie hätten die Demonstrationen in ihrem Viertel organisiert. Wie sie heißen, wollten sie mir nicht sagen. Ihre Namen täten nichts zur Sache, schließlich wisse man nicht, wie es im Sudan weitergehen werde.

Also mache ich mit ihnen einen kleinen Spaziergang durch die engen Gassen von Al-Daraisa.

»Wir haben hier alles organisiert, zusammen mit den Komitees der Nachbarviertel. Wir haben versucht, nichts dem Zufall zu überlassen«, erzählen sie. Auch wenn es am Anfang recht holprig gelaufen sei. »Im Dezember 2018 war alles noch ziemlich chaotisch. Wir sind ja völlig überrascht worden. Aber bald lief es dann ganz profimäßig.«

Wenn es am nächsten Tag eine Demonstration geben sollte, saßen am Abend vorher alle zusammen, das Revolutionskomitee, die Nachbarschaftsvereinigung, Vertreter der Familien und andere, um die Rollen für den nächsten Tag zu verteilen.

Wer beobachtet auf den Hausdächern die anrückenden Polizeitruppen und warnt mit der Trillerpfeife? Der junge Mann, der das Reden übernommen hat, zeigt auf eins der Flachdächer der einstöckigen Häuser: Dort habe der Ausguck gestanden. Und diese Straßen zum Platz habe man mit Barrikaden versperrt. Ein paar Holzbalken sind noch am Straßenrand zu sehen. »Bei den Vorbereitungstreffen haben wir aber noch mehr organisiert.«

Freiwillige wurden gesucht, die bereit waren, Tränengasgranaten zurück zur Polizei zu werfen. Ein gefährlicher Einsatz, bei denen etliche Demonstranten eine Hand verloren haben.

Außerdem wurde geklärt: Wer bietet sich als Lockvogel an, um die

Polizei in die engen Gassen zu locken? Dort haben sie keine Chance. Und schließlich: Wer spielt den Eimermann? Dieser Aktivist sollte, sobald eine Tränengasgranate auf dem Boden aufgeschlagen ist, losstürmen und einen Eimer über sie stülpen, um das ausströmende Gas aufzufangen. Auf meinen ungläubigen Blick hin zeigt er mir ein Video auf seinem Smartphone. Tatsächlich, es zeigt einen »Eimermann« in Aktion. Gas strömt aus einer Granate, ein Aktivist mit Mundschutz stürzt herbei und stülpt den Plastikeimer darüber. Der Eimer füllt sich mit dem Gas. Dann bricht das Video ab.

Wenn alle Aufgaben verteilt waren, informierten sie die Komitees der Nachbarviertel über Uhrzeit, Ort und geplante Dauer der Protestaktion.

Vor allem Letzteres war wichtig: »Wir haben an manchen Tagen zwölf Stunden demonstriert. Wir wollten die Polizei ständig in Bewegung halten, um sie zu erschöpfen. Einmal ist ein Polizeiwagen hinter unserem Lockvogel so schnell hergerast, dass er die Kurve nicht mehr bekommen hat. Er ist im Straßengraben gelandet.« Stolz zeigt er auf seinem Smartphone ein Bild des umgekippten Geländewagens.

Dann verabschieden sie sich. Ich will noch einmal nach ihren Namen fragen, aber sie lächeln nur und wiederholen: Das tue nichts zur Sache.

Zurück zum Kindergarten, wo die vier Frauen schon auf mich warten. »Wenn es so viel Opposition im Land gibt, wie ihr erzählt, so viel Unzufriedenheit«, frage ich sie, »wie konnte es dann dazu kommen, dass al-Baschir dreißig Jahre an der Macht geblieben ist?«

Jetzt wirken sie etwas ratlos. Ja, warum?

Omaima Fadllah wagt einen Erklärungsversuch: »Ich glaube, es hängt damit zusammen, dass wir alle ungebildet sind. Wir haben jedes Wort geglaubt, das die uns über den Islam erzählt haben – es musste einfach stimmen. Sie haben immer gesagt, sie handeln im Namen Gottes. Und im Namen Gottes lügt man doch nicht! Also konnten wir nichts dagegen sagen.«

Reem Elhaj nickt: »Die Islamisten haben den Islam für ihre Zwecke missbraucht, und wir haben es nicht gemerkt.« Das ist aber nicht alles. »Außerdem ging es den Menschen immer schlechter. Sie habe ihre ganze Kraft für den Überlebenskampf gebraucht. Da blieb nichts mehr übrig für einen Kampf gegen das Regime. Jedenfalls lange Zeit.«

Ein alter Trick der Despoten. Die Untertanen in wirtschaftliche Not zu stürzen, sodass sie an gar nichts anderes mehr denken können als an den Kampf ums nackte Überleben. Auch Angst hatte eine entscheidende Rolle gespielt – Angst vor den Folterknechten in den sogenannten »ghost houses«, den geheimen Folterkammern, von denen jeder gehört, die aber nur die wenigsten gesehen hatten. Aber auch vor Denunzianten, die in jedem Stadtteil im Auftrag der Staatssicherheit die Menschen bespitzelten, vor den Jung-Zeloten der Staatspartei, die sich aufspielten, als gehöre ihnen das Land, und natürlich vor der »Public Order Police«.

Doch als Erklärung reicht das alles noch nicht. Die Herrschaft über die Menschen ging tiefer.

DER SCHATTENMANN

Am 30. Juni 1989 hatten Omar al-Baschir und seine Anhänger in Militär und Politik den vier Jahre zuvor frei gewählten Ministerpräsidenten Sadiq al-Mahdi ins Exil verbannt, al-Baschir hatte sich selbst an die Staatsspitze gesetzt. Damit hatten zum ersten Mal in einem Land des Nahen Ostens Putschisten die Macht an sich gerissen, die den Muslimbrüdern nahestanden oder gar Mitglieder waren. Drei Jahrzehnte sollte die Herrschaft der sudanesischen Fundamentalisten dauern. In keinem anderen sunnitisch-islamischen Land waren sie länger an der Macht. Um ihre Herrschaft zu sichern, bauten sie systematisch den Staat um, schafften neue Institutionen, die sie mit Gefolgsleuten besetzten, belohnten die, die sich dem neuen System unterwarfen und seine Ideologie übernahmen, und bestraften die Abweichler hart. Rund 300000 Staatsangestellte entließen die neuen Herren des Landes und ersetzten sie durch meist junge und unerfahrene Parteigänger. Eine buchstabengetreue Koranauslegung wurde im Sudan Staatsdoktrin, in einem Land, in dem bislang der unorthodox-mystische Sufismus prägend gewesen war. Alle Institutionen wurden ab sofort auf dieses eine Ziel ausgerichtet: Islamismus und Machterhalt.

Spricht man heute in Khartum Sudanesen auf die lange Zeit der Al-Baschir-Regierung an, dann fällt sehr schnell ein Name: Hasan al-Turabi. Manche nennen ihn mit Abscheu und Empörung, bei anderen schwingt unverhohlene Bewunderung mit. In einem sind sich alle einig: Er war einer der wichtigsten Hintermänner und Drahtzieher des Langzeitdiktators Baschir. Den Umbau des Landes in einen islamistischen Staat hatte Baschir weitestgehend ihm zu verdanken.

Al-Turabi war auch der wichtigste Ideologe des Putsches von 1989. Schon unter Baschirs Amtsvorvorgänger Dschafar al-Numairi hatte er als Justizminister Anfang der achtziger Jahre versucht, den Sudan im Sinne der Scharia umzuformen, und schreckte dabei auch vor drastischen Maßnahmen nicht zurück. 1985 ließ er etwa einen beliebten, weil reformorientierten sunnitischen Geistlichen zum Tode durch den Strang verurteilen. Bereits 1983 hatte er die Scharia zur Grundlage der Gesetzgebung im Sudan gemacht. Die neuen Gesetze sahen strenge Kleidervorschriften für Frauen vor. Ehebrecherinnen drohte die Steinigung. Dieben wurde eine Hand abgehackt. Alkohol wurde verboten und ist es für Muslime noch heute. 1998 schuf Turabi als Parlamentspräsident die grausamsten der Scharia-Strafen immerhin wieder ab – sie seien nicht mehr zeitgemäß, begründete er damals. Turabi war zeit seines Lebens ein anpassungsfähiger Politiker mit feinem Gespür für aktuelle Strömungen in der Gesellschaft.

In einem Dokumentarfilm des katarischen Senders Al-Jazeera gab Turabi unumwunden seinen Politikstil preis: »Wenn man nicht durch Wahlen und Parlament bekommt, was man will, dann muss man einen Plan B hervorholen.«

Sein Plan B kam am 30. Juni 1989 zum Einsatz.

Nach dem Putsch von Omar al-Baschir war für Turabi und seine Parteigänger von der Nationalen Islamischen Front (NIF) der Traum einer islamistischen Alleinherrschaft zum Greifen nahe. Seit den siebziger Jahren hatten sie auf dieses Ziel hingearbeitet. Sie hatten Stück für Stück den Beamtenapparat und das Militär unterwandert. Sie waren nie besonders aufgefallen, aber ständig präsent gewesen im öffentlichen Leben des Landes. Nun schlugen sie zu. Zu Tausenden wurden Oppositionelle aus dem Staatsdienst entlassen. Menschen mussten Umerziehungskurse absolvieren, in denen ihnen die Ideologie der Islamisten eingetrichtert wurde. Es kam zu Hinrichtungen, Verschleppungen, Morden.

Mit eiserner Hand wollten die Islamisten einen neuen Menschen im Sudan schaffen. Fanatische Gläubige, die sich ganz in den Dienst der Islamischen Revolution stellten, Überzeugungstäter, ohne Erbarmen mit Andersgläubigen und Kritikern.

Doch der an der Pariser Sorbonne promovierte al-Turabi hatte nicht nur sein Land im Sinn, er hoffte, eine islamistische Internationale schaffen zu können. Daher lud er radikale Islamisten aus der ganzen Welt in den Sudan und bot ihnen hier einen sicheren Hafen – Terrorgruppen wie der Hamas, der ägyptischen Gruppe Al-Dschihad, dem der Mörder des ägyptischen Präsidenten Anwar al-Sadat angehört hatte, und der in einen blutigen Bürgerkrieg verwickelten Islamischen Heilsfront aus Algerien. Aber auch schiitische Fanatiker wie die Hisbollah aus dem Libanon umwarb er. Selbst Osama bin Laden und dessen Terrorgruppe Al-Qaida, damals noch im Aufbau begriffen, holt er 1991 für ein paar Jahre ins Land. Hier richteten sie Trainingslager ein, planten Anschläge und bereiteten sich auf ihre Einsätze vor. Alles mit Duldung der sudanesischen Regierung und Förderung von al-Turabi.

Auf drei sogenannten »Islamisch-Arabischen Volkskonferenzen« versuchte Turabi den Zusammenhalt dieser Apologeten eines »gottgefälligen Terrors« zu festigen. Zwischen 1991 und 1995 trafen sich in Khartum so ziemlich alle Akteure, die im Westen als islamistische Terroristen eingestuft waren. Zu einer Drehscheibe des internationalen Dschihadismus wollte Turabi den Sudan machen, zur Kommandozentrale eines »Heiligen Krieges« gegen Europa und vor allem gegen die USA, die 1991 in der Wüste Saudi-Arabiens gerade gegen den Irak aufmarschierten. Der Sudan gehörte 1990 zu den wenigen arabischen Ländern, die Saddam Hussein weiterhin unterstützten, obwohl er Kuwait besetzt hatte.

»Turabi träumte davon, aus Khartum ein Mekka der Dschihadisten und Islamisten zu machen«, erklärt mir Professor Ata al-Batani, Politikwissenschaftler an der Universität Khartum. »Für ihn lag die Zukunft der islamischen Welt im politischen Islam. Nur so könnten sich die Länder des Nahen Ostens gegen den Imperialismus des Westens zur Wehr setzten, glaubte Turabi.«

Obwohl er unter dem neuen Präsidenten al-Baschir keinen Ministerposten übernahm, spielte er in der Innenpolitik des Landes eine zentrale Rolle – als graue Eminenz, die im Hintergrund die Fäden zieht, und als Chefideologe und Hassprediger gegen den Westen. Sein Ziel und damit auch das Ziel der Regierung war es, durch Arabisierung und Islamisierung der religiösen und ethnischen Vielfalt des Landes ein Ende zu bereiten. Alle waren der islamistischen Gesetzgebung des Staates unterworfen, auch Nichtmuslime. Von einem islamisch-arabischen Einheitsstaat träumte er. Gegen die im Südsudan lebenden Christen (5 Prozent Bevölkerungsanteil) und die Anhänger der verschiedenen Naturreligionen (25 Prozent Bevölkerungsanteil) rief er zum »Heiligen Krieg« auf. Er ließ Volksmilizen, »Popular Defence Forces«, gründen und trieb damit die Militarisierung der sudanesischen Gesellschaft voran. Fast eine halbe Million junge Sudanesen im wehrfähigen Alter wurden in den nächsten Jahren angeworben und an der Waffe ausgebildet, viele von ihnen schlecht trainiert in den Bürgerkrieg geschickt, der seit 1983 tobte, ohne allerdings die Rebellen vor allem im Süden des Landes je in die Knie zwingen zu können. Auch Frauen wurden verpflichtet, in den Volksmilizen zu dienen. Im Gleichschritt exerzieren, schießen lernen, sich dem Drill der Offiziere unterwerfen. All das gehörte zu ihrer Ausbildung. All das geschehe freiwillig, versicherte Turabi damals. Er wolle die Gleichstellung der sudanesischen Frauen vorantreiben. Doch wer sich verweigerte, egal ob Frau oder Mann, musste mit Schikanen rechnen, am Arbeitsplatz, an der Uni. Selbst an Schulen oder auf der Straße hoben Werber Nachwuchsmilizionäre aus. Versuchten die jungen Sudanesen sich diesem Militärdienst zu entziehen, riskierten sie ihr Leben. Im Juni 2020 entdeckten Ermittler der Staatsanwaltschaft in einem Vorort Khartums ein Massengrab mit Dutzenden verscharrten Toten. Es handele sich um Studenten, die 1998 versucht hatten, aus einem nahen Militärlager zu fliehen, um nicht im Südsudan eingesetzt zu werden, gab die Staatsanwaltschaft bekannt.

Der Uni-Campus war lange so etwas wie ein militärischer Exerzierplatz. Noch Anfang 2000 konnten sich Studenten bei islamistischen Studentenorganisationen an der Waffe und im Bombenbauen ausbilden lassen, erzählte mir der Student Abdallah Faza, als ich im Dezember 2019 in Khartum nach Spuren von al-Turabi suche. Dschihad als Unterrichtseinheit.

»Es gab sogar auf dem Campus der Universität Khartum ein von den Islamisten betriebenes Gefängnis, in dem oppositionelle Studenten gefoltert wurden. Zum Beispiel mussten sie sich nackt ausziehen und sich auf den Hals einer Cola-Flasche setzen. Mir ist das Gott sei Dank nicht passiert. Aber einem guten Freund. Der hat es mir erzählt.« Nachprüfen lassen sich solche Erzählungen nicht.

In den neunziger Jahren feierten Turabis Propagandisten der »neuen Zeit« solche Kämpfer und Kämpferinnen auf Massenveranstaltungen als opferbereite Märtyrer, die mit ihrem Dschihad die Südsudanesen zum Islam bekehrten. Tatsächlich wurden diese paramilitärischen Einheiten schnell berüchtigt für ihre Raubzüge in Dörfern und Siedlungen, bei denen sie die Männer ermordeten, Frauen vergewaltigten und Kinder und Jugendliche als Sklaven in den Norden verschleppten. Auch vor Gewaltexzessen gegen Muslime schreckten die aufgeheizten Marodeure nicht zurück.

2009 schrieb Annette Weber, Sudanexpertin der Stiftung Wissenschaft und Politik (SWP), weitsichtig: »Damit die Einwohner des Landes Macht und Sicherheit nicht länger nur mit Vetternwirtschaft, Militärdiktatur, Korruption und Gewalt verbinden, sind weitreichende Anstrengungen notwendig. Ohne die Ausbildung demokratischer Prozesse wie Wahlen, Mitbestimmung und Meinungsfreiheit, also ohne das Entstehen einer zivilen Gesellschaft und demokratischen Kultur im Land, wird die Macht am Nil weiterhin nur einer kleinen Elite gehören.«

Es sollte noch zehn Jahre dauern, ehe die jungen Sudanesen den Aufstand wagten, um diese Zivilgesellschaft einzufordern, doch bis dahin waren sie einem Regime ausgesetzt, das religiösen Fanatismus zur obersten Glaubenspflicht gemacht hatte.

Nach dieser Ideologie sollten gefallene Soldaten von ihren Angehörigen als Helden gefeiert werden. Offen zu trauern war ihnen verboten. Die Helden seien schließlich für eine gottgefällige Sache gestorben, würden im Paradies als Märtyrer belohnt.

In einem Dorf in der Nähe von Khartum nahm ich während einer Sudanreise in den neunziger Jahren an einer Beerdigung teil. Ein Mitarbeiter des Informationsministeriums begleitete mich. Man hatte einer Familie gerade den Leichnam des ältesten Sohns gebracht. Der junge Mann war einer von Tausenden jungen Sudanesen, die im Krieg gegen die Rebellen im Südsudan gefallen waren. Reden durfte ich nicht mit den Frauen. »Das verlangt der Respekt vor der Zeremonie«, versuchte sich mein Aufpasser herauszureden. Offensichtlich hatte er Sorge, die Frauen könnten mir doch ihr Leid klagen. Denn dass sie litten, das sah man ihnen an – die Münder zusammengepresst, die Augen starr auf das Grab gerichtet, die Schultern gebeugt. Von der angeordneten Begeisterung war nichts zu spüren. Allerdings fehlten die bei einer islamischen Beerdigung eigentlich unerlässlichen Klageweiber, deren Jammergeschrei die Totenklage über das ganze Dorf verbreiten soll. Stumm gingen die Menschen nach der Bestattung wieder auseinander.

Wenn der Chefideologe des »neuen Sudan«, Hasan al-Turabi, auf die mangelnde Opferbereitschaft der Bevölkerung angesprochen wurde, äußerte er, die Menschen müssten das »neue Denken« eben erst einmal lernen. Es war seine Standardantwort.

Ich traf ihn mehrfach in den neunziger Jahren. Selbst die harten Strafen der Scharia versuchte er mir im Gespräch als menschenfreundlich zu verkaufen – menschenfreundlicher jedenfalls als das europäische Rechtsverständnis.

»Ihr sperrt Diebe lange Zeit in Gefängnisse, bei uns sind sie nach der Amputation der Hand wieder frei«, sagte er. Aber auf Diskussionen wollte er sich mit mir trotzdem nicht einlassen, denn er wechselte schnell das Thema, indem er auf einen fast drei Meter langen Wandteppich wies, schwarz mit goldgestickten Koranversen: »Den hat mir der saudische König geschenkt. Ein Stück von dem Tuch, das während der Hadsch die Kaaba in Mekka bedeckt.«

Um das »neue Denken« in die Köpfe der Menschen zu bekommen, dafür hatte Hasan al-Turabi seine Umerziehungskurse ins Leben gerufen. Einmal in der Woche sollte jeder Sudanese in seinem Stadtteil an dieser von sogenannten Volkskomitees organisierten Schulung teilnehmen.

Auch Frauen sollten zu diesen Veranstaltungen gehen. Für die Frauen war dies eine kleine Revolution, für die Männer eine große Provokation, für Turabi eine nützliche Rückversicherung bei der Hälfte der Bevölkerung. Vor dem Putsch war es verboten gewesen, dass Frauen nach Sonnenuntergang auf die Straße gehen. Selbst tagsüber durften sie nur in Begleitung das Haus verlassen. Und mit fremden Männern in ein und demselben Raum zu reden, war schlicht undenkbar. Ein gezielter Tabubruch, den nur ein al-Turabi durchsetzen konnte.

Hassan al-Turabi sagte mir damals, der Koran habe schon immer die Befreiung der Frau zum Programm gehabt. »Der Prophet hat sich lieber mit Frauen beraten als mit Männern.« Und er fuhr fort: »Ich will, dass Frauen als Richterinnen arbeiten.« Er erteilt mir und meinem Drehteam sogar die Erlaubnis, einen von einer Richterin geleiteten Prozess zu filmen. Nur sprechen durfte ich mit niemandem, weder mit dem Angeklagten noch mit dem Anwalt, und mit der Richterin schon gar nicht.

Mehr Glück hatte ich bei einer anderen Gelegenheit. Bei einem Dreh in einem der Umschulungskurse durfte ich die Frauen interviewen.

Eine der Teilnehmerinnen sagte vor der Kamera: »Die Männer haben inzwischen zu ertragen gelernt, dass auch Frauen an den Sitzungen dieser Komitees teilnehmen. Es war nicht einfach, zu erreichen, dass Frauen nach acht Uhr noch draußen sein dürfen. Vor der Revolution mussten wir spätestens bei Sonnenuntergang wieder zu Hause sein.«

Sah so also die »Frauenbefreiung« im Sinne des Korans aus? Er habe das Selbstbewusstsein der Frauen gestärkt, ist auch heute noch von Turabi-Bewunderern in Khartum zu hören, deswegen hatte er anfangs unter den Sudanesinnen viele Anhängerinnen. Tatsächlich fand die Frauenbefreiung à la Turabi aber nur in den engen Grenzen statt, die er vorgab.

Bei den abendlichen Dreharbeiten im Volkskomitee zeigte mir der Vorsitzende, wo für ihn diese »Frauenbefreiung« im Alltag spätestens aufhört. Um Emanzipation ginge es nicht, sondern um islamisch korrektes Verhalten: »Die Volkskomitees haben einen eindeutigen Auftrag. In erster Linie sollen sie über die Moral der Bürger wachen, darüber, was gut oder schlecht ist. Die Komitees kontrollieren, ob die Gebete eingehalten werden, sie sorgen dafür, dass die islamische Moral beachtet und die islamische Botschaft verbreitet wird.«

Damit waren die Volkskomitees der ideologische Arm der von den Islamisten geschaffenen allmächtigen »Polizei für öffentliche Ordnung«. Und wer gegen den Kodex der sudanesischen Muslimbrüder verstieß, wurde abgestraft. Noch 2010 hatte die Sittenpolizei fünfzehn junge Frauen, darunter Minderjährige, ausgepeitscht, weil sie in der Öffentlichkeit Hosen getragen hatten.

Nach der Versammlung hatte uns damals eine der Frauen für den nächsten Morgen zu sich nach Hause eingeladen. »Ihr müsst wissen, wie ich lebe«, hatte sie uns zugeflüstert. Rahiba, alleinerziehende Mutter von vier Kindern. Ihr Mann hatte sie vor Jahren verlassen.

»Seht«, so sagte sie uns am nächsten Tag, »dies ist mein erbärmliches Leben.« In einer baufälligen Hütte bewohnte die fünfköpfige Familie ein einziges Zimmer mit einer Kochstelle in einer Ecke. Wasser mussten die Kinder von einer nahen Wasserstelle holen. Schlafen konnten die fünf nur, wenn sie den wackligen Tisch beiseiteräumten und mehrere schmuddelige Matratzen auf dem Lehmboden ausbreiteten, die tagsüber an der Wand lehnten. Doch ohne die Islamisten ginge es ihr und den vier Kinder noch viel schlechter, sagte sie. Jeden Morgen backte sie noch vor Sonnenaufgang Brot. Das Mehl und Salz stellte ihr das Volkskomitee kostenlos zur Verfügung. Die Fladen verkaufte sie und verdiente so ein paar Piaster für ihren Lebensunterhalt. Etwas Vergleichbares hatte es vor dem Putsch nicht gegeben. Während Rahiba von Haus zu Haus ging und ihre Brote anbot, musste sie sich um ihre Kinder derweil nicht kümmern. Die waren gut aufgehoben in einem nahen Kindergarten – auch dies eine Einrichtung, die erst die Islamisten geschaffen hatten. Ein bisschen Lesen und Schreiben lernten sie dort. Natürlich gab es Religionsunterricht. Außer dem Koran gab es keine Bücher. Aber – und das war das Wichtige für Rahiba – im Kindergarten bekamen sie regelmäßig zu essen.

Wir suchten damals den Kindergarten auf. »Dies ist ein Volkskindergarten, der gerade mit der Arbeit begonnen hat«, erklärte uns die junge Kindergärtnerin, die selbstverständlich streng die Kleiderordnung der Muslimbrüder einhielt. Das Gesicht war eng eingerahmt vom Kopftuch. Das Kleid reichte bis zu den Knöcheln. Darüber trug sie eine hochgeknöpfte Bluse mit langen Ärmeln. Nur wer diese Vorschriften der Islamisten einhielt, bekam eine Arbeit, entging den Ermahnungen der Sittenpolizisten und konnte die Angebote der Muslimbrüder nutzen. »Fast alle Kinder kommen aus armen Familien dieser Gegend. Nur vier gehören wohlhabenden an. Und die müssen für die armen mitbezahlen. Die Reichen sollen den Armen helfen, so will es der Koran.« Die Kindergärtnerin war sichtlich stolz auf die Einrichtung.

Für Rahiba war es die einzige Möglichkeit, um ihrer Arbeit nachzugehen – bei den wohlhabenden Nachbarn das frisch gebackene Brot zu verkaufen. Nach zwei Stunden hatte sie ein paar Piaster verdient, die ihrer Familie das Überleben bis zum nächsten Morgen sicherten. Ihr sehnlichster Wunsch sei es, so sagte sie uns, dass ihre Kinder es einmal besser hätten. Vielleicht könnten sie einmal eine Ausbildung machen. Für die Islamisten war die Not der Menschen politisches Kapital. Je schlechter es den Armen ging, desto eher glaubten sie der Parole, dass der Islam die Lösung sei.

Probleme bereitete den Islamisten da schon eher der im Sudan weit verbreitete Sufismus mit seinen Tänzen und seiner Poesie. Man hatte versucht, die Tänze auf dem Friedhof von Omdurman zu verbieten, doch erfolglos. Jeden Freitagnachmittag versammelten sich trotz aller Drohungen Männer vor dem Grabmal von Sheikh Hamad al-Nil, einem berühmten Sufi aus dem 19. Jahrhundert, stellten sich in einem großen Kreis auf, schlugen Trommeln und wiegten den Oberkörper, erst langsam, dann immer schneller, während sie im Chor das Glaubensbekenntnis rezitierten: »Es gibt keinen Gott außer Gott.« So versuchen sie sich in einen ekstatischen Zustand zu versetzen, um Gott näherzukommen. Für buchstabengläubige Dogmatiker wie die Islamisten kann dieser auf mystische Art gelebte Islam nur eine gotteslästerliche Provokation sein.

Doch letztlich blieben alle Versuche, den Sufismus aus dem Sudan zu vertreiben, erfolglos. Ironie der Geschichte: Der Chefideologe des sudanesischen Fundamentalismus Hasan al-Turabi war selbst der Sohn eines Sufi-Sheikhs.

DAS KOLONIALE ERBE

Geboren wurde Hasan al-Turabi im äußersten Osten des Landes, nahe der Grenze zu Äthiopien, in der Provinzhauptstadt Kassala. Sein Vater war Sufi-Sheikh und Kadi, also Richter. Der junge Hasan lernte schon früh den Koran auswendig. Den größten Teil seiner religiösen Ausbildung bekam er von seinem Vater vermittelt. Später ging er auf eine Eliteschule, studierte nach dem Schulabschluss Jura, erst in Khartum, dann in London und schließlich in Paris. Nach seiner Rückkehr in den Sudan stieg er, ein scharf denkender Intellektueller und brillanter Redner, schnell zum Star unter den Islamisten des Landes auf. Er war ein geschickter Menschenfänger, der sich bei seinen Antworten geschmeidig auf seinen Gesprächspartner einstellte.

Dreimal bin ich ihm begegnet, jedes Mal empfing er mich im *Iwan*, dem prunkvoll eingerichteten Besuchersalon seines Hauses. Ein Boy servierte türkischen Kaffee und kaltes Wasser. Ein bisschen herablassend lächelnd wies er auf das Sofa, auf dem ich Platz nehmen sollte. Er selber ließ sich in einem mit rotem Samt bezogenen Sessel nieder. Wie immer trug Turabi das weite weiße Gewand der arabischen Sudanesen, auf dem Kopf einen lässig gebundenen weißen Turban. Sein tiefbraunes Gesicht war umrahmt von einem hellgrauen Bart. Gelegentlich bot er in einem Schälchen Datteln an. Turabi beobachtete genau, wie diese orientalische Szene auf den Besucher aus dem Westen wirkte. Seine Augen folgten jeder Bewegung des Gastes, als wollte er prüfen, ob seine Inszenierung Erfolg hatte. Er war ein Mann, der jeden Schritt kalkulierte, der gelernt hatte, sich durch nichts überraschen zu lassen und jede Situation zu seinem Vorteil zu nutzen. Selbst aus seinen vielen Gefängnisaufenthalten machte er so etwas wie Erholungsurlaube: »Ich hatte endlich Zeit zu lesen und zu schreiben.«

Er beantwortete meine Fragen sehr freundlich, in perfektem Englisch, manchmal mit beißender Ironie, wenn es um die USA ging, manchmal belehrend, besonders wenn es um Dschihadismus und Terrorismus ging: »Der Westen hat nur Vorurteile.« Mit großer Geste unterstrich er seine Sätze. Ein Dirigent seiner eigenen Worte. In solchen Gesprächen klangen seine Analysen häufig weit weniger radikal, als es sein politisches Handeln in der Realität war, aber wohl nur dem westlichen Interviewer gegenüber, denn seine Brandreden im sudanesischen Parlament und bei Massenveranstaltungen auf öffentlichen Plätzen gegen die westlichen Imperialisten und deren dekadente Kultur waren damals legendär.

Dieser so freundliche Mann war im politischen Leben rücksichtslos gegenüber Feinden, aber auch gegen Parteigänger, die ihn auf seinem Durchmarsch zur Spitze der Macht behinderten. »Er war ein exzellenter Redner, ein Demagoge und Opportunist. Ein Pragmatiker der Macht, der die Französische Revolution bewunderte«, so beschreibt ihn der Politologe an der Universität Khartum, Professor Ata al-Batani, bei meinem Besuch im Dezember 2019. »Ich bin gar nicht einmal sicher, ob er ein wirklich gläubiger Mensch war. Ich habe den Eindruck, er benutzte die Religion, um sich möglichst viel Macht zu sichern. Er hatte den Dschihadismus ja auch exportiert. In den Tschad, nach Eritrea und nach Somalia.«

Wegen islamistischer Agitation war al-Turabi zu Beginn der siebziger Jahre ins Gefängnis geworfen und anschließend ins Exil geschickt worden. Nach seiner Rückkehr mischte er sich sofort wieder in die Politik ein. Seine Anpassungsfähigkeit ans jeweils herrschende

System hatte etwas Chamäleonartiges. Er arbeitete mit Präsident Dschafar al-Numairi zusammen, dem Sozialisten und späteren Islamisten, aber auch mit dem Bruder seiner Ehefrau, dem gewählten konservativen Ministerpräsidenten Sadiq al-Mahdi, an dessen Sturz er beteiligt war.

Als zeitweilig mächtigster Politiker des Landes hatte er die strikten Kleidervorschriften für Frauen durchgesetzt, doch als er sich 1999 mit Präsident Omar al-Baschir überwarf und einmal mehr im Gefängnis landete, ging er dazu über, seine eigenen Vorschriften als undemokratisch und antiislamisch zu verurteilen. Für solche intellektuellen Purzelbäume war er schon als junger Juradozent an der Universität Khartum bekannt gewesen. Vom Katheder hatte er Liberalität, Mitsprache und Weltoffenheit gepredigt, im öffentlichen Leben setzte er sich dagegen für das Verbot der gottlosen Kommunistischen Partei ein.

Ab 1999 entdeckte er dann wieder die Vorteile eines demokratischen Regierungssystems, allerdings erst nach seiner Entlassung aus allen Ämtern. Demokratie sei die einzig legitime Staatsform, ließ er sich jetzt gern zitieren. Mit seiner Aussage, der Islam müsse reformiert werden, irritierte er auch seine eigenen Anhänger – derart, dass sie überlegten, ihn wegen Apostasie, also des »Abfalls vom Glauben«, anzuklagen. Nach seinem Sturz 1999 wurde es einsam um Turabi. Er lebte die meiste Zeit unter Hausarrest. Eine Rückkehr an die Macht gelang dem früher so artistischen Wendehals nicht mehr. Von seinen Anfang der neunziger Jahre intensiv gepflegten Kontakten zu nahezu allen Terroristen der islamischen Welt wollte er jetzt nichts mehr wissen.

Warum diese ideologische Kehrtwende? Vermutlich sah al-Turabi das Projekt eines islamistischen Sudan nach knapp zehn Jahren endgültig als gescheitert an. Nach den Dschihadisten-Konferenzen Anfang der neunziger Jahre hatten die meisten westlichen Länder den

Sudan zunehmend isoliert. Für die USA gehörte der Sudan zu den Terrorismus unterstützenden Staaten wie unter anderem der Iran, Nordkorea, Libyen und Syrien. Auch Deutschland und die EU kappten die Verbindungen. Über das Land wurden Wirtschaftssanktionen verhängt, und die Folgen ließen nicht lange auf sich warten. Der Sudan wurde zum rasant verarmenden Pariastaat, dem auch verbündete Staaten wie der Irak oder Syrien bald nicht mehr helfen konnten.

»Von al-Turabis Hoffnungen und Zielen ist nichts geblieben. Im Gegenteil – das sudanesische Modell ist heute eine der größten Bürden für die islamische Sache geworden«, schrieb 2009 Mohamed Mahmoud, ein heute in Birmingham lebender ehemaliger Dozent für Vergleichende Religionswissenschaft der Universität Khartum. »Das Regime hat ein Land geschaffen, das unter dem Joch politischer und religiöser Tyrannei und bedrückender Armut leidet«, so Mahmoud, »ein Land, in dem Regierungskorruption ein beispielloses Ausmaß angenommen hat und öffentliche Dienstleistungen, Bildung, Landwirtschaft und Industrie praktisch zum Erliegen gekommen sind.«

Für al-Turabi war klar, wer schuld war am Scheitern des sudanesischen Experiments: Präsident Omar al-Baschir. Tatsächlich lag die Schuld vor allem bei ihm, al-Turabi, und seinen Islamisten, die mit ihrem schlicht gestrickten Geschichtsverständnis nicht in der Lage waren, eine realistische Einschätzung der wirtschaftlichen, politischen und kulturellen Situation im Land vorzunehmen.

Auch über dreißig Jahre nach dem Abzug der ehemaligen Kolonialmacht lähmten alte Herrschaftsstrukturen den Sudan. Die Briten hatten alle politische, ökonomische und kulturelle Macht auf den arabisch dominierten Großraum Khartum konzentriert, die nicht arabischen Provinzen dagegen sträflich vernachlässigt, teilweise aus Ignoranz, wie die Provinzen im Osten und Westen des Landes, teilweise bewusst, wie den Südsudan, den sie vom Norden abgekoppelt hatten. Wer Bildung wollte, musste in die Hauptstadt reisen. Nur dort gab es gute Gymnasien und Universitäten. Wer ein Unternehmen gründen wollte, machte das besser in Khartum. In den anderen Landesteilen gab es so gut wie keine Infrastruktur, Staubpisten statt Asphaltstraßen, Elektrizität für nur wenige Haushalte, außerdem überfüllte Schulklassen. Wer einen ordentlichen Job haben wollte, konnte ihn nur in der Hauptstadt finden. Politik wurde ausschließlich hier gemacht. Was jenseits der Zentralregion entlang des Nils passierte, interessierte die Politiker kaum – weder die britischen Kolonialherren noch deren sudanesische Nachfolger. Der Südsudan, Darfur, die Ostprovinzen waren für sie nichts als lästige Bürden. Doch statt aus den Fehlern der Kolonialmächte zu lernen, missbrauchte das Regime al-Baschir dreißig Jahre lang seine Herrschaft, um den Sudanesen, diesem Vielvölkergemisch, eine uniforme arabisch-islamistische Identität aufzuzwingen. Die Aufstände im Süden des Landes und in Darfur waren unmittelbares Resultat dieser Ungleichverteilung von Macht, Wohlstand und Bildung.

Letztendlich scheiterte al-Turabi an der kolonialen Hinterlassenschaft der Briten, die er nicht durchschaute oder nicht durchschauen wollte. Daher suchte er auch nicht die Schuld bei sich, sondern bei Omar al-Baschir. Ihn griff er in den folgenden Jahren an und ließ kein gutes Haar an ihm.

DER DAUERDIKTATOR

Omar al-Baschir stammte aus einem einfachen Beduinendorf im Norden des Landes. 1960, mit sechzehn, trat er als Kadett in die Armee ein, wo er schnell Karriere machte. Auf Militärakademien in Ägypten, Pakistan und Malaysia ließ er sich zum Offizier ausbilden, kämpfte aufseiten der Ägypter im Jom-Kippur-Krieg gegen Israel und kommandierte Einheiten im Südsudan gegen die Aufständischen. Ursprünglich arabischer Nationalist wie sein großes Vorbild, der ägyptische Präsident Gamal Abdel Nasser, lehnte er sich seit Ende der siebziger Jahre immer mehr an die Islamisten an. Mit ihrer Hilfe wollte er die Herrschaft im Sudan an sich reißen, was ihm 1989 dann auch gelang. Sein Ziel: Der Sudan sollte ein Gottesstaat werden. Al-Baschir bewunderte den Iran der Mullahs, die bereits zehn Jahre zuvor die Macht übernommen hatten. Um sein Ziel zu erreichen, war ihm fast jedes Mittel recht. Gegen Widerstand ging er mit brutaler Gewalt vor – was ihm schließlich 2009 und 2010 Strafbefehle des Internationalen Strafgerichtshofs in Den Haag einbrachte. Wegen Kriegsverbrechen und Verbrechen gegen die Menschlichkeit in Darfur sollte er vor Gericht gestellt werden.

Es waren gleich mehrere Kriege, die Baschir im eigenen Land führte. Zum einen war da der Bürgerkrieg im Südsudan, wo hauptsächlich Christen und die Anhänger von Naturreligionen leben. Und dann war da ab Anfang der zweitausender Jahre der verheerende

Krieg im Westen des Landes, in der Provinz Darfur. Dort lebten zwar fast ausschließlich Muslime, aber das hielt al-Baschir nicht davon ab, gegen sie vorzurücken. Seit Beginn dieses Krieges Anfang 2000 sind dort bei Kämpfen mindestens 300 000 Menschen ums Leben gekommen, die meisten Zivilisten. 2,7 Millionen wurden vertrieben. Bis heute herrscht kein wirklicher Frieden in dieser Region.

Im Südsudan verlangten die Rebellen anfangs nichts als Gleichstellung mit den muslimischen Sudanesen im Norden und politisches Mitspracherecht. Als Turabi und das Baschir-Regime in Khartum jedoch mit der Erweiterung des Strafrechts um die Scharia-Strafen antwortete, kämpften die Rebellenbewegungen für mehr Autonomie des Südens. Die Einheit des Staates stellten sie zunächst nicht infrage.

Zu Anfang verschlang der Krieg Tag für Tag 300 000 Dollar. Die Kosten sollten in den nächsten Jahren nur noch steigen. Dabei gelang es dem Regime nie, die Rebellenbewegungen endgültig zu besiegen. Im Gegenteil. Rebellenführer John Garang und die anderen Kriegsherren besetzten etwa ein Drittel des sudanesischen Staatsgebiets. Für den Norden ein herber Verlust. Denn es war genau jenes Gebiet, auf dem die Zentralregierung ab Ende der neunziger Jahre Öl fördern wollte. Bis zum Friedensschluss, nach zweiundzwanzig Jahren Krieg, waren ungefähr 2,5 Millionen Menschen ums Leben gekommen. 2005 trat endlich das Friedensabkommen zwischen Nord und Süd in Kraft, das unter anderem ein Referendum über die Unabhängigkeit des Rebellenlandes vorsah.

Eigentlich hätte das Friedensabkommen für Omar al-Baschir Anlass sein müssen, über die Sinnhaftigkeit seiner Politik nachzudenken – schließlich hatte er soeben das wertvollste Staatsgebiet verloren. Doch so tickt ein al-Baschir nicht. Als 2011 der nicht muslimische Süden sich endgültig für die Loslösung vom Norden entschied, kündigte Baschir vollmundig an, für den nun kleineren Nordsudan würde in Zukunft erst recht die Scharia gelten: »Die Scharia und der Islam werden die Hauptquelle der neuen Verfassung sein, der Islam die offizielle Religion und Arabisch die offizielle Sprache.« Ab sofort sollte in seinem Herrschaftsbereich also noch weniger Rücksicht auf andere Religionen und Ethnien genommen werden als ohnehin schon.

Doch allein mit Sturheit und Skrupellosigkeit hätte sich Baschir nicht dreißig Jahre lang an der Macht halten können, hätte er nicht auch ein erstaunliches Maß an außenpolitischer Flexibilität bewiesen. So kündigte er seine enge Freundschaft mit dem Iran auf zugunsten eines Vertrags mit Saudi-Arabien und den Vereinigten Emiraten. Ab 2015 unterstützte er mit eigenen Soldaten den Krieg der beiden Golfstaaten im Jemen gegen die vom Iran ausgerüstete Miliz der Huthis. Dafür bekam er einen Scheck über gut 12 Milliarden Dollar. 2019 sollen bis zu 30 000 sudanesische Soldaten aufseiten der Golf-Allianz gekämpft haben, als Gegenleistung hielten Saudi-Arabien und die Vereinigten Emirate das Regime mit kräftigen Finanzspritzen am Leben.

Selbst der schärfste Sudan-Kritiker, die USA, hob 2017 einen Großteil der zwanzig Jahre zuvor verhängten Sanktionen auf, um Baschir für den Bruch mit dem Iran und die enge Zusammenarbeit zwischen dem sudanesischen Geheimdienst NISS und der CIA zu belohnen. Beide Nachrichtendienste arbeiten eng bei der Terrorismusbekämpfung zusammen. Dass der sudanesische »National Intelligence and Security Service« (NISS) von Amnesty International und Human Rights Watch wiederholt der schlimmsten Verstöße gegen Menschenrechte beschuldigt wird, trübte die vertrauliche Kooperation nicht.

Der EU bot sich Präsident al-Baschir später als nützlicher Helfer in der Migrationsabwehr an, da durch sein Land eine der wichtigsten Fluchtrouten Richtung Mittelmeer verläuft. Grenzschützer der Diktatur wurden im Rahmen des EU-Projekts »Better Migration Management« von der deutschen Bundespolizei ausgebildet. Menschenrechtsorganisationen befürchten, dass zu diesen Grenzschützern auch Mitglieder der berüchtigten Rapid Sudanese Force gehören könnten, doch die Bundesregierung streitet dies vehement ab. Die Sanktionen gegen das Land hob die EU jedenfalls auf. Für al-Baschir ein großer Erfolg. Die einstigen Ankläger des Autokraten in Khartum – die EU ebenso wie die USA – ermöglichten ihm damit zehn Jahre lang sein politisches Überleben.

GESCHEITERTE ÖLPOLITIK

Mit ein bisschen Geschick hätte der Präsident aus der Not des Landes eine Tugend machen können. Weder für den Nord- noch für den Südsudan wäre es allzu schwer gewesen, sich zu sanieren, da beide Landesteile über enorme Ölvorkommen verfügen. Anfang der zweitausender Jahre beliefen sich die Ölreserven des Sudan nach vorsichtigen Schätzungen auf zwei Milliarden Barrel. Gefördert wurden damals täglich 312 000 Barrel. Bis 2005 wollten die Ölgesellschaften die Förderung auf eine halbe Million steigern. So die Pläne der maßgeblichen Akteure im sudanesischen Ölgeschäft. Damals wie heute sind das in erster Linie die »China National Petroleum Corporation« und der malaysische Konzern »Petrona«. In Khartum löste die Ölförderung seit Ende der neunziger Jahre einen regelrechten Bau- und Investitionsboom aus. Glasverkleidete Hochhäuser entstanden, die man in Khartum noch nie gesehen hatte, neue Brücken über den Nil, feine Restaurants. Und vor allem neue Arbeitsplätze. Alles schien besser zu werden.

In den ersten fünf Jahren des neuen Jahrtausends beschloss die Regierung des Sudan auf internationalen Druck, den Bürgerkrieg im Süden zu beenden, zettelte aber zur gleichen Zeit einen neuen an, den in Darfur. Dank des Öls war die Staatskasse inzwischen gut gefüllt. Die Regierung hätte also genügend Geld gehabt, um das zu tun, was das koloniale Großbritannien sträflich vernachlässigt hatte – in die

Entwicklung dieser marginalisierten Regionen zu investieren. Stattdessen steckte sie ihr Kapital wie gehabt in die Zentralregion rund um Khartum. Kein Wunder, dass weder die völlig verarmten Südsudanesen noch die unterentwickelten Darfuris länger bereit waren, sich der Zentralregierung zu unterwerfen. Im Westen des Landes brach der Krieg 2003 aus. Der Süden zwang die Zentralregierung zu einem Kompromissfrieden.

Das Ölglück währte nur sechs Jahre. 2011 entschieden sich die Südsudanesen erwartungsgemäß für die Unabhängigkeit vom Norden und gründeten ihren eigenen Staat. Damit gehörte ihnen rund 75 Prozent des sudanesischen Öls. Doch die 1400 Kilometer lange Pipeline, über die allein das schwarze Gold zum Roten Meer transportiert werden kann, gehört den Nordsudanesen. Die logische Konsequenz wäre gewesen: Man einigt sich auf einen Preis für die Nutzung der Röhren, und beide Seiten würden profitieren. Doch es gelang den Parteien einfach nicht, sich auf einen Preis zu einigen. Der potenzielle Reichtum des Sudan blieb daher in der Erde. Erst im Jahr 2018 gab es neue Hoffnung. Man hatte sich auf Transitgebühren verständigt. Doch ein bald nach der Staatsgründung ausgebrochener Bürgerkrieg zwischen südsudanesischen Milizen verhindert bis heute eine effiziente Ausbeutung des Öls. Hunderttausende Menschen sind in diesem Krieg der Milizen bislang ums Leben gekommen. Außerdem müssen sich die beiden Kontrahenten einige Ölfelder teilen, weil sie unter beiden Staatsgebieten liegen. Streit um die Verteilung des Öls hemmt auch hier die Förderung. Weder dem bettelarmen Süden noch dem Norden, dem seit der Spaltung des Landes die Öleinnahmen weggebrochen waren, hilft also der unterirdische Reichtum, der zumindest die bezahlbaren Probleme beider Länder lösen könnte.

Im Nordsudan waren die Folgen dieser gescheiterten Ölpolitik schnell spürbar. 2012 kletterte die Inflationsrate auf 37 Prozent. Der Staatskasse fehlten 2,4 Milliarden Dollar. 80 Prozent des Gesamthaushalts wurden ohnehin vom Militär und den Sicherheitsdiensten gefressen. Für die Bevölkerung blieb da nicht viel übrig. Der Internationale Währungsfonds war zwar zu Krediten bereit, forderte aber auch die üblicherweise an solche Überweisungen geknüpften Sparmaßnahmen, wie Kürzung und Streichung von Nahrungsmittel- und Benzinsubventionen. Steuern sollten erhöht werden. Sogar Ministerposten sollten gestrichen werden.

Diese Kürzungen trafen besonders die, die ohnehin nicht viel hatten, Tagelöhner, Arbeiter, kleine Angestellte, aber auch schlecht bezahlte Lehrer oder Ärzte in Krankenhäusern.

Im Juli 2012 gingen die Menschen zum ersten Mal auf die Straße, um ihrem Ärger Luft zu machen. »Nieder mit der Militärherrschaft! Baschir, hau endlich ab!«, riefen sie. Das ging mehrere Wochen lang so. Es handelte sich zumeist um kleine Gruppen, das Ganze war noch keine Volksbewegung wie sieben Jahre später. Auch nicht zu vergleichen mit den Massendemonstrationen im Nachbarland Ägypten, wo die Tahrir-Platz-Besetzer ein Jahr zuvor ihren Alleinherrscher nach Hause geschickt hatten. Dafür aber wochenlang Kleindemos, die die Sicherheitskräfte permanent in Atem hielten.

In den Städten trieb die Bereitschaftspolizei die Demonstranten auseinander. Mit Gummiknüppeln und Tränengas. Auf dem Land setzte das Regime sogar Kampfflugzeuge ein. Anders als 2019, als auch Subventionskürzungen die Menschen auf die Straßen trieben, flauten die Proteste von 2012 nach ein paar Wochen ab. Noch war die Armee stärker als die Straße. Doch damals begann die Macht al-Baschirs bereits zu bröckeln.

Ein Jahr später folgte die nächste Protestwelle. Von September bis Ende Oktober 2013 gingen die Sudanesen wieder auf die Straße, um gegen gestiegene Preise von Benzin, Medikamenten, Brot und anderen Lebensmitteln zu protestieren. Die Armee schoss auf die Protestierenden. Hunderte Tote waren die Folge. Die Demonstranten, vor allem die Jungen, die Studenten und Oberschüler, reagierten ihrerseits mit Gewaltexzessen und schlugen alles kurz und klein, was irgendwie nach Staatseigentum aussah.

»Wir steckten damals staatliche Einrichtungen in Brand wie Tankstellen, Parteibüros oder staatliche Banken«, erzählt mir der junge Sudanese Abdallah Faza im Dezember 2019, den ich in einem Kaffeehaus im Khartoumer Stadtteil Garden City kennengelernt habe. »Anders als heute hatten wir damals kein politisches Programm, dafür aber einen unbändigen Hass auf die Regierung, der sich in all den Jahren angestaut hatte.« Hilflos hatte er zusehen müssen, wie sein bester Freund von Polizeikugeln getroffen zusammenbrach und starb. »Es ist auch heute noch ein Schock, wenn ich daran denke.« Wegen dieses Erlebnisses habe er sich 2013 an den Plünderungen und dem Vandalismus beteiligt.

EIN ENDE UND EIN NEUANFANG

Sechs Jahre sollte sich Omar al-Baschir noch an der Macht halten. Doch die Protestwelle, die im Dezember 2018 losbrach, war einfach zu mächtig. Das Regime wurde von ihr förmlich hinweggspült. Es begann in Atbara, einer Stadt ungefähr auf halber Strecke zwischen Khartum und Port Sudan am Roten Meer. Von hier aus sprang der Revolutionsfunke von Stadt zu Stadt. Nach Al-Qadarif zum Beispiel, wo die Polizei zweiundzwanzig Demonstranten erschoss. Nach Rabak, wo Demonstranten die Büros der Regierungspartei niederbrannten. Auch in Al-Obeid kämpften Demonstranten und Sicherheitskräfte gegeneinander. In der von Konflikten und Völkermorden so sehr heimgesuchten Region Darfur hatten Demonstranten auf eine solche Gelegenheit nur gewartet. In Niyala und Al-Faschir stürmten sie die Straßen. Auch hier brannten Parteibüros. Die Polizei schoss vom ersten Tag an scharf. Bis Weihnachten war es zu Dutzenden Toten gekommen.

Auch diesmal waren Preiserhöhungen von Lebensmitteln und Benzin der Auslöser für die Proteste gewesen. Brot kostete plötzlich dreimal so viel wie am Tag zuvor. Die Inflationsrate war nach Regierungsangaben auf 70 Prozent gestiegen. Wirtschaftswissenschaftler sprachen sogar von bis zu 130 Prozent. Gemüse verteuerte sich fast stündlich. An den Genuss von Fleisch oder Fisch war für die einfache Bevölkerung ohnehin schon lange nicht mehr zu denken.

Doch anders als 2012/13 ließen sich die Unruhen diesmal nicht so ohne weiteres niederschlagen, auch wenn Militär und Geheimdienst immer brutaler vorgingen. Scharfschützen wurden postiert, die Polizei war mit Gummigeschossen, Tränengas und scharfer Munition ausgerüstet. Viele Sudanesen hatten Angst, es könnte wieder zu Ausschreitungen kommen wie 2013, als Hunderte Menschen starben. Doch das jahrelange Training in gewaltlosem Widerstand trug Früchte. Demonstranten hielten sich zurück, die meisten jedenfalls – es gab wenige Plünderungen, nur wenige direkte Kämpfe. Und noch etwas war neu. Anders als bei den früheren spontanen Aktionen waren die Demonstrationen diesmal gut organisiert – dank der »Sudanese Professionals Association« (SPA). Dieser Zusammenschluss mehrerer Gewerkschaften war nach den ersten großen Protesten von dem Khartumer Soziologieprofessor Mohamed Jusif Ahmed al-Mustafa ins Leben gerufen worden, als illegale, aber zunehmend einflussreiche Bewegung.

»Wir wussten 2012, dass Einzelgewerkschaften viel zu schwach waren, um etwas zu erreichen. Deswegen schlossen wir uns zunächst mit den Ärzten, Rechtsanwälten und Ingenieuren zusammen. Alles illegal«, erzählt mir Jusif in seinem kleinen Büro auf dem Campus der Universität Khartum. Er redet mit lauter Stimme, als müsse er ohne Mikrofon vor einer großen Versammlung von Studenten reden. Den nächsten Satz brüllt er geradezu: »Die wollten die Gewerkschaften schwachhalten, um sie besser kontrollieren zu können.«

Heute ist er zwar nicht mehr Sprecher der SPA, sein Telefon klingelt aber dennoch ständig. Studenten wollen Tipps, Aktivisten gute Ratschläge. Zwischendurch bringt eine alte Frau in ausgebleichtem Tob frisch aufgebrühten Tee. Auf den Steinfliesen im Flur vor dem Büro hat sie ihre Kochstelle aufgebaut. In einer Holzkiste ein Petroleumbrenner, darauf blubbert ein verrußter Wasserkessel, Zucker und Tee in Plastiktüten, außerdem ein paar Blechtassen. Mehr hat sie nicht, um ihren Lebensunterhalt zu verdienen. Und selbst das haben korrupte Polizisten ihr immer wieder abgenommen und sie gezwungen, ihre Utensilien wieder zurückzukaufen.

Der Professor kennt die Hilflosigkeit der Ärmsten in der sudanesischen Gesellschaft. Er hat sich daher sein Leben lang für starke Gewerkschaften eingesetzt. Jetzt nippt er an seinem dampfenden Becher und murmelt etwas von »zu wenig Zucker«, dann redet er mit Donnerstimme weiter.

»Wir wollten unsere Rechte verteidigen, wir wollten bessere Arbeitsbedingungen für alle Sudanesen, einen Mindestlohn. Nach und nach schlossen sich uns immer mehr an.« 2016 gaben sie sich schließlich den Namen »Sudan Professionals Association« und formulierten ein Grundsatzprogramm. Von der Regierung forderten sie: Anerkennung der SPA als unabhängige Gewerkschaft, die ihre Rechte einklagen kann, außerdem bessere Bildungschancen für alle sowie menschenwürdige Arbeitsbedingungen.

Wäre das Regime nur auf die letzten Forderungen eingegangen, hätten sie im Büro des Professors gleich anfangen können. Putz blättert von den Wänden. Einen neuen Anstrich hat diese von den Briten gegründete Universität wahrscheinlich seit deren Abzug nicht mehr erlebt. Auf altersschwachen Regalen stapeln sich Manuskripte. Warum sie noch nicht zusammengebrochen sind, bleibt ein Rätsel. Der Computer auf dem Schreibtisch stammt aus dem digitalen Steinzeitalter. In Forschung und Lehre hat das Al-Baschir-Regime jedenfalls nicht investiert.

»Auf unsere Forderungen sind sie nicht eingegangen. Ich glaube, 90 Prozent der Mitglieder sind vor Gericht gelandet und verurteilt worden. Aber wir haben weitergemacht.« Professor Jusif führt noch einmal den Teebecher an seinen Mund, stellt ihn aber enttäuscht auf das Beistelltischchen zurück und murmelt: »Kalt.«

Ortswechsel. Vom Professorenkabuff begebe ich mich in den Garten eines Cafés. Hier habe ich mich mit Samahir Elmubarak verabredet, sie ist eine der aktuellen Sprecherinnen der SPA. Neunundzwanzig Jahre alt. Sie war aktiv bei den Demonstrationen dabei. »Immer ganz vorne«, sagt sie lachend, als hätte es sich um einen Sonntagsspaziergang gehandelt. Samahir ist eine strahlende Schönheit in buntem Tob, ein seidenes Tuch locker über das Haar gelegt, eine ideale Besetzung für die Rolle »sudanesische Frau zwischen Tradition und Moderne«.

Gelernt hat sie Apothekerin. Und letztendlich war es der Beruf, der sie politisiert hat. In ihrer Apotheke hatte sie die Not der Menschen unmittelbar miterlebt, ihre Hoffnungslosigkeit und Enttäuschung, weil wichtige Medikamente immer knapper und unerschwinglich teuer wurden. Sie hatte sogar Menschen nach Hause schicken müssen, weil die Regale leer waren, hatte Menschen sterben sehen, nur weil sie die notwendigen Tropfen oder Pillen nicht bekommen konnten. Sie hatte die Verzweiflung der Krebskranken erlebt, die vergeblich auf eine Chemotherapie warteten. »Selbst wenn einer die teuren Medikamente hätte bezahlen können, bekam er sie nicht. Es gab sie einfach nicht auf dem Markt.«

Ende 2018 entschied sie, dass es so nicht weitergehen konnte. Sie suchte Gleichgesinnte, die sie dann in der SPA fand. Dort geriet sie gleich in den Strudel der Revolution: »Wir hatten uns nicht vorbereitet, hatten weder einen Masterplan noch einen Plan B. Wir hatten lediglich mit der Möglichkeit einer großen Demonstration gerechnet. Mehr nicht.«

Als inzwischen größtes Netzwerk im Sudan fiel der SPA die Rolle zu, die Demonstrationen zu koordinieren. Am 1. Januar veröffentlichte die SPA zusammen mit einundzwanzig anderen Oppositionsgruppen – darunter die Studentenorganisation »Girifna« und die Initiative »No to Oppression against Women« – die »Freedom and Change«-Erklärung, die den Rücktritt des Baschir-Regimes forderte, an dessen Stelle eine Übergangsregierung eingesetzt werden sollte. Keine der zweiundzwanzig Oppositionsgruppen erwartete damals eine schnelle Lösung, eine unblutige schon gar nicht. Allen war klar, das Regime wird sich mit allen Mitteln wehren.

»Wir haben von Anfang an darauf geachtet, dass nur gewaltlos demonstriert wird, egal wie viel Gewalt die andere Seite eingesetzt hat«, erzählt Samahir Elmubarak. Aber die SPA war gut vorbereitet, ihr gelang es, die Demonstrationen effektiv zu koordinieren.

»Über die sozialen Medien konnten wir die Orte, an denen demonstriert werden sollte, leicht bekannt machen. Wir waren aber nur die Organisatoren oder Manager, auf keinen Fall die Anführer der Revolution«, betont Samahir. »Wir waren erfolgreich, weil wir solidarisch zusammengearbeitet haben. Es gab bei uns kein Oben und Unten. Über Facebook haben wir wochenweise Demonstrationspläne veröffentlicht, die wir vorher mit den Aktivisten abgestimmt hatten.«

Ob die Sicherheitskräfte nicht dankbar waren, dass die Pläne auf Facebook veröffentlich wurden, will ich von ihr wissen. Schließlich haben sie die Facebook-Seite doch sicherlich gekannt.

»Ja, das haben sie in der Tat. Aber der Wunsch nach einem Wandel war so stark unter den Sudanesen, dass wir gar nicht viel machen mussten, die Menschen kamen von selber. Letztlich hat die Offenheit mitgeholfen, Baschir abzusetzen. Natürlich waren die Sicherheitskräfte schon da. Manchmal die Polizei, manchmal NISS-Agenten in Zivil oder die Rapid Support Force. Dann standen wir uns gegenüber, wir blieben friedlich, wir provozierten nicht. Das wollten wir der Öffentlichkeit zeigen, auch dem Ausland. Die Gewalttätigen waren die anderen.«

Und tatsächlich – während der sechs Monate dauernden Aufstände ging die Gewalt fast ausschließlich von Polizei, Militär und dem Geheimdienst NISS aus. Während der Demonstrationen riefen die Wortführer über Megaphon immer wieder »friedlich, friedlich«, um

Gewalt aus den eigenen Reihen vorzubeugen. Als Tausende Demonstranten mit einem Sit-in das Hauptquartier der Streitkräfte belagerten, um eine Zivilregierung einzufordern, durchsuchten SPA-Ordner jeden Teilnehmer mit Metalldetektoren auf Waffen, ehe er sich den Demonstranten anschließen durfte. Die Geräte hatte die US-Botschaft zur Verfügung gestellt.

Über zwei Monate dauerte die Besetzung. Einen tiefgreifenden gesellschaftlichen Wandel sollte sie auslösen. Die sonst im Sudan so wichtige, oft genug mit Polizeigewalt durchgesetzte Trennung der Geschlechter bei öffentlichen Veranstaltungen zum Beispiel war auf dem Platz vor dem Hauptquartier praktisch abgeschafft. Schließlich waren mehr als die Hälfte der Protestierenden Frauen. Sie standen an der Spitze der Besetzung. Nachts schliefen Frauen und Männer in denselben Zelten. Eine neue Zeit schien angebrochen zu sein. Nachbarschaftskomitees versorgten in Khartum die Demonstranten mit Essen und Trinken, Bürger spendeten Geld, jeder konnte sich nehmen, so viel er brauchte.

Gegen so viel Neubeginn fiel der Polizei nur Altbewährtes ein. Knüppel, Gummigeschosse, Tränengas. In der Nähe des Hauptquartiers, im sechsten Stock eines Rohbaus, hatte sie Scharfschützen postiert, mit freier Sicht auf jene Straße, auf der sich die Belagerer der Kasernen versammelt hatten. Diese gut erkennbaren, mit Sandsäcken ausgebauten Stellungen erinnern auch heute noch an ein Massaker, das zum Schlimmsten dieser sudanesischen Aufstände gehört.

Ende Mai 2019. Präsident al-Baschir ist zwar bereits im April zurückgetreten, aber noch immer gibt es keine Einigung zwischen Aufständischen und dem Militär. Seit Tagen gibt es Gerüchte über einen angeblich geplanten Angriff auf die Belagerer. Genaues weiß niemand. In der Nacht vom 2. auf den 3. Juni war auch Samahir Elmubarak zu den Demonstranten gestoßen.

»Es regnete an dem Morgen«, erinnert sich Samahir. »Wir hatten dieses Gerücht gehört, dass die Armee aufmarschiert sei. Aber wir konnten uns nicht vorstellen, dass sie gegen uns vorgehen würde. Warum sollten sie so etwas machen? Das ergab keinen Sinn. Schließlich liefen die Verhandlungen mit ihnen gut.«

Wegen des Gerüchts waren gegen Abend besonders viele Unterstützer gekommen. »Die Nacht war ruhig gewesen«, erzählt Samahir. »Deswegen rechnete ich nicht mehr mit einem Angriff. Also ging ich am frühen Morgen zu meinem Auto, um nach Hause zu fahren, als plötzlich eine Sirene losging.«

Offensichtlich das verabredete Signal. Es war Punkt fünf Uhr. Soldaten stürmten das Camp, schossen wild um sich. Aus dem Rohbau feuerten die Scharfschützen in die Masse der im Camp geraden Erwachenden. Mindestens 120 Menschen sind damals getötet worden, erschossen von den Scharfschützen hinter ihren Sandsäcken, von Soldaten der Rapid Support Force, erstochen oder verbrannt. Doch Töten war ihnen nicht genug – Soldaten fielen über junge Frauen her, vergewaltigten sie. Noch heute leiden viele unter den psychischen Folgen. Es war kurz vor Ende des heiligen Monats Ramadan, zwei Tage vor einem der höchsten Feiertage des Islam, dem Eid al-fitr.

Samahir rannte in eine nahe Klinik. »Ich habe sofort mit der Arbeit begonnen. Immer mehr Schwerverletzte wurden eingeliefert. Sie hatten Schüsse im Rücken, in der Brust, in den Beinen, in den Köpfen. Es war grauenhaft.«

Dann versuchten Soldaten, die Klinik zu stürmen. »Wir hatten Glück. Wir konnten mit ihnen verhandeln. Uns taten sie nichts, in anderen Kliniken haben sie Ärzte und Krankenschwestern zusammengeschlagen. Die Soldaten zogen sich schließlich zurück, vermutlich weil bei uns so viele Schwerverletzte behandelt werden mussten.«

Für die SPA-Sprecherin Samahir Elmubarak steht nach dieser Erfahrung fest: »Wir dürfen keine Kompromisse mehr machen. Mit niemandem. Das Militär hat sein wahres Gesicht gezeigt. Man kann ihm nicht trauen.«

Die SPA fordert daher, dass die Verantwortlichen strafrechtlich verfolgt werden, bis in die Regierungsspitze hinein, schließlich sitzen dort heute noch dieselben Militärs, nicht zuletzt der damalige Kommandeur der Rapid Support Force.

»Warum sind die meisten Demonstranten trotzdem so friedlich geblieben, warum diese erstaunliche Gewaltlosigkeit, trotz der brutalen Gewalt der Sicherheitskräfte?«, frage ich Samahir.

»Ich glaube, weil die Menschen im Sudan genügend Gewalt und Kriege erlebt haben. Für mich zeigt das deutlich, dass die Kriegsverbrechen und Gräueltaten der Armee und der Milizen im Bewusstsein der Menschen nach wie vor eine beherrschende Rolle spielen. Es gab diese Kriege in Darfur, in den Nuba-Bergen. Die Abspaltung des Südens war auch die Folge eines Krieges. Auch heute noch gibt es Kriege. Die Opfer dieser Kriege waren einfach zu groß.«

Omar al-Baschir spielte bei dem Massaker vom 3. Juni schon keine Rolle mehr. Er stand zunächst unter Hausarrest, wurde dann inhaftiert. Im August 2019 begann der Prozess gegen ihn. In einem Eisenkäfig im Gerichtssaal musste der einst mächtigste Mann des Landes den Prozess gegen ihn verfolgen, angeklagt wegen Korruption, Besitz ausländischer Währung und unerlaubter Annahme von Geschenken. Die Kriegsverbrechen und Verbrechen gegen die Menschlichkeit, die ihm vom Internationalen Strafgerichtshof in Den Haag zur Last gelegt werden und für die es einen Haftbefehl gegen ihn gibt, spielten in diesem Prozess keine Rolle. Schließlich saßen in der Übergangsregierung Militärangehörige, die in Darfur die Befehle erteilt hatten. Als die Übergangsregierung im Februar 2020 beschloss, al-Baschir an die Niederlande auszuliefern, geschah dies gegen den Widerstand des Militärs.

Im August 2019 stand der Vorwurf der Korruption im Mittelpunkt der Anklage. Säckeweise hatte al-Baschir auf seinem Anwesen Geld gehortet. Umgerechnet 102 Millionen Euro fand die Polizei. Das Geld stammte größtenteils aus Saudi-Arabien und war vermutlich die vereinbarte Zahlung für die im Jemen eingesetzten sudanesischen Soldaten. Offensichtlich hatte Baschir gehofft, den Söldnerlohn in die eigene Tasche stecken zu können. Schon 2011 war der Verdacht geäußert worden, al-Baschir habe Öleinnahmen in Millionenhöhe privat abgezweigt.

Urteilen sollen nun Richter über ihn, die in seinem System groß geworden sind. In einem ersten Verfahren bestrafte das Gericht ihn zu zwei Jahren Gefängnis. Weitere Prozesse folgen. Auch andere ehemalige Funktionäre des alten Regimes will Generalstaatsanwalt Tadsch al-Sir al-Hibir vor Gericht stellen, um Kriegsverbrechen in Darfur zu ahnden. So den früheren Verteidigungsminister, den früheren Innenminister sowie den ehemaligen Kommandeur der berittenen Dschandschawid-Miliz. Doch einen Namen erwähnt der Chefankläger nicht: Generalleutnant Mohamed Hamdan Dagalo, genannt Hemeti, Kommandeur der aus den Dschandschawid hervorgegangenen Rapid Support Force und als Mitglied der Übergangsregierung einer der mächtigsten Männer des Landes. Er befehligt nach wie vor diese schlagkräftigste Einsatztruppe des Landes – trotz der Kriegsverbrechen in Darfur, trotz des Massakers vom 3. Juni vor dem Hauptquartier der Streitkräfte. Von einer wirklichen Abrechnung mit dem alten Regime ist man im Sudan noch weit entfernt.

KAPITEL 5

DIE REVOLUTION BEGANN 2009

GIRIFNA & CO.

In Ägypten sagen die Menschen »kifaja«, wenn sie ihren Unmut äußern: »Es reicht uns.« Zum Beispiel über Dauerherrscher Mubarak. Im Sudan drückt man solche Unzufriedenheit drastischer aus: »girifna« – was so viel heißt wie: »Es stinkt uns.«

Am 30. Oktober 2009 hielten drei Studenten aus Khartum und dem am anderen Nilufer gelegenen Omdurman es nicht mehr länger aus: »Es hat uns wirklich gestunken!« In einem kleinen Raum der Universität setzten sie sich zusammen, um zu beraten, was man gegen das Al-Baschir-Regime unternehmen könne, nicht zuletzt wegen der für 2010 angesetzten Parlaments- und Präsidentenwahlen, deren Ergebnisse praktisch schon jetzt feststanden.

»Wir wollten aber nicht nur jammern wie die meisten Studenten. Wir wollten handeln, an die Öffentlichkeit gehen«, erzählt mir Nagi Musa, einer der drei mutigen Studenten. Mit ihm habe ich mich im »Café Ozone« verabredet, einem der angesagtesten Café-Restaurants von Khartum. Hell, modern eingerichtet, ordentlicher Cappuccino, riesige Croissants, in der Vitrine zuckersüßer »Black Forest Cake«, daneben im Angebot, genauso kalorienmächtig, »New York Cheesecake«, die Musik viel zu laut und dennoch eine Oase im staubigen Khartum. Im Garten sitzen bunt durcheinander junge Männer und Frauen, die Frauen mit oder ohne Kopftuch, unter Palmen, zwischen denen ein Rohrleitungssystem gespannt ist, das zur Kühlung feinen

Wasserstaub versprüht. Eine entspannte, fröhliche Stimmung. Den Innenbereich kühlt die Klimaanlage gefühlt bis zum Gefrierpunkt herunter. Dort sitzen wir, Nagi, meine Dolmetscherin und ich. Die Musik hat der Cafébesitzer freundlicherweise etwas gedämpft.

Nagi Musa beginnt zu erzählen. Zwei Tage nach dem Treffen im Oktober 2009, das »gar nicht konspirativ und geheim war«, wie er betont, öffneten im Land die Büros, in denen sich die Sudanesen als Wähler registrieren lassen konnten. Die jungen Leute wollten gegen diese Wahlen protestieren, auch wenn sich dadurch nicht viel ändern würde. Die Aktionen der ägyptischen Kifaja hatten vier Jahre zuvor schließlich auch nicht die Wiederwahl Mubaraks verhindert. Aber die jungen Sudanesen hatten genug von Dauerdiktator al-Baschir, der 2009 seit zwanzig Jahren herrschte. Sie wollten wie die Ägypter ein Zeichen setzen, wollten den zu erwartenden Wahlbetrug nicht so ohne weiteres hinnehmen.

Auf Druck der USA und der EU versuchte damals das Regime, sich einen demokratischen Anstrich zu geben, und ließ zum ersten Mal mehrere Parteien zu. Der Druck verhinderte indes nicht, dass die Polizei Proteste wie gewohnt niederknüppelte. Menschen wurden willkürlich verhaftet, an geheimen Orten, den bereits erwähnten »ghost houses«, gefangen gehalten und gefoltert. Die drei Studenten wussten also, auf was sie sich einließen, als sie beschlossen, Demonstrationen zu organisieren.

»Wir bekamen kaum Unterstützung, alle hatten Angst. Außerhalb des Uni-Campus schlug die Polizei sofort zu, wenn wir demonstrierten. Auf dem Campus übernahm der Sicherheitsdienst der Islamistenpartei NIF diese Rolle. Der hat sich aus Studenten rekrutiert, und die waren oft noch brutaler und grausamer als die Polizei«, erinnert sich Nagi. »Das waren eben echte Fanatiker. Die hatten sogar eigene Folterkammern. Man muss sich das vorstellen – junge Studenten foltern ihre Kommilitonen. Alles mit Erlaubnis der Behörden. Die Staatsmedien haben natürlich so gut wie nie über uns berichtet, und wenn, dann nur negativ.«

Doch die damals gerade mal zwanzigjährigen Studenten ließen sich nicht entmutigen. Sie wollten vor allem die Bevölkerung mit ihrer Botschaft erreichen. Dazu brauchten sie zunächst mal einen Namen, und so machten sie ihr Lebensgefühl zu ihrem Namen – »Girifna«. Ihr Wiedererkennungszeichen war die Farbe Orange und das Emblem einer stilisierten Hand, die das Victory-Zeichen macht. Das war schon alles, damit wollten sie gegen das Regime zu Felde ziehen, gegen Korruption, gegen Wahlbetrug und gegen Polizeiwillkür. Und zwar gewaltfrei. »Das haben wir uns vom ersten Tag an geschworen. Wir wollten nur gewaltfrei demonstrieren. Das haben wir auch durchgehalten.« Darauf ist Nagi besonders stolz.

Und obwohl es im Sudan von 2010 gefährlich war, gingen die Mitglieder von Girifna auf die Straße, um mit den Menschen zu reden, auf Märkten, in Basaren, an Bushaltestellen. Ihre Themen: die anstehenden Wahlen, die Korruption im Land, die Lage der Menschenrechte. Nach und nach stellten sich die ersten Erfolge ein, die Menschen hörten ihnen zu, immer mehr Menschen schlossen sich ihnen an.

»Am ersten Tag waren wir auf einem Marktplatz in Omdurman. Wir erklärten den Menschen, was wir wollten. Erst lachten sie uns aus. Ihr werdet nichts ändern, sagten sie. Doch dann gab uns ein Markthändler Geld für den Druck von Flugblättern. 50 Sudanesische Pfund, ungefähr fünf Dollar, viel Geld damals. Das war der Start.«

Auf orangefarbenem Papier druckten sie ihre Forderungen: Zulassung politischer Parteien, freie und faire Wahlen, Ende der Polizeiwillkür, Ende der Korruption.

»Die Menschen hörten uns zu, und immer mehr fragten, wie sie uns unterstützen könnten. Sie beschützten uns sogar. Ich erinnere mich, wie wir an einer Bushaltestelle mit den Leuten geredet haben, als plötzlich Polizisten auftauchten. Sie wollten uns verhaften. Da haben die Leute einen großen Kreis um uns gebildet, damit wir uns in Sicherheit bringen konnten.«

Sogar Facebook spielte damals schon eine Rolle. Neun Monate nach ihrer Gründung hatte Girifna auf ihrer Facebook-Seite bereits 7000 Follower. Die meisten waren allerdings Sudanesen im Ausland. Nagi Musa und seine Freunde richteten darüber hinaus eine Girifna-Website ein. Sie betrieben einen YouTube-Kanal und einen Online-Radiosender, über die sie regelmäßig über die schlechte Menschenrechtslage berichteten und Gegeninformationen zur Regierungspropaganda verbreiteten. »Die Website hat ein in den USA lebender Exilsudanese für uns eingerichtet. Er schrieb uns, er wolle Teil des Wandels sein.«

Die Aprilwahlen von 2010 gingen aus wie erwartet. Die wichtigsten Oppositionsparteien waren erst gar nicht angetreten, da sie nicht mit einem fairen Wahlverlauf rechneten, ein echter Wahlkampf war nicht möglich. Die Wählerlisten wurden gefälscht, es gab keinen Zugang zu den staatlich kontrollierten Medien, keine Kontrolle durch internationale Beobachter am Wahltag selber. Omar al-Baschir wurde offiziell mit einer Mehrheit von 68,7 Prozent wiedergewählt. Die zehn Gegenkandidaten gingen mit gerade mal 11 Prozent praktisch leer aus. Auch im Parlament fuhr al-Baschirs Partei, die sich inzwischen in »National Congress Party« umbenannt hatte, eine sichere Zweidrittelmehrheit ein. Al-Baschir konnte also im Amt bleiben, trotz der Anklage und des Haftbefehls des Internationalen Strafgerichtshofs in Den Haag wegen seiner mutmaßlichen Kriegsverbrechen in der Provinz Darfur. Die USA und die EU protestierten, aber nur halbherzig. Sie waren mehr an der bevorstehenden Abspaltung des ölreichen Südsudan interessiert als an einem friedlichen Regimewechsel im Norden. Kein Wunder, dass sich die Aktivisten von Girifna vom Westen im Stich gelassen fühlten. Wieder einmal.

»Unterstützung haben wir nur von Organisationen wie Amnesty International bekommen oder von Solidaritätsgruppen in Deutschland zum Beispiel. Exilsudanesen haben uns auch sehr viel geholfen, in den USA und in Deutschland.«

Ihren ehernen Grundsatz der Gewaltfreiheit gaben sie nicht auf. Sie mussten Verhaftungen und Folter ertragen, ließen sich aber nicht brechen, obwohl das Regime die Jagd auf die Oppositionellen nach den Wahlen wieder verschärfte.

»Ich war ständig auf der Flucht vor der Polizei, habe jeden Abend woanders geschlafen. Massenverhaftungen waren an der Tagesordnung«, erzählt Nagi. »Einmal rief mich ein Freund an und forderte mich auf, zu einem bestimmten Platz zu kommen. Ich war misstrauisch und ging nicht hin. Die Polizei habe ihm eine Pistole an die Schläfe gehalten und ihn zu dem Anruf gezwungen, hat er mir später erzählt.«

Währenddessen kam es in Nachbarländern wie Tunesien, Ägypten, Libyen und im Jemen zu Großdemonstrationen. Von einem »arabischen Frühling« war in den Medien schnell die Rede. Er nährte auch bei der täglich wachsenden Zahl der Oppositionellen im Sudan die Hoffnung auf bessere Zeiten – und die Staatssicherheit des Landes reagierte hochgradig nervös. Auch deswegen verfolgte sie die Aktivisten immer rigoroser. Schließlich hatten die Demonstranten in anderen arabischen Ländern bereits wahre Revolutionen angezettelt. Tunesiens Machthaber Ben Ali war aus dem Land geflohen, Ägyptens Mubarak aus dem Amt gejagt, von Libyens Staatschef al-Gaddafi ganz zu schweigen. Sie hatten sich 2011 politische Freiheiten erkämpft, von denen die Sudanesen nur träumen konnten.

Diese Demonstrationen waren ansteckend, sie machten den Aktivisten Mut. Sie machten sie gelegentlich aber auch blind. So hatte Mitte Januar 2011 eine von Studenten neu gegründete Protestbewegung mit dem Namen »Scharara – Jugend für Wandel« im Sudan eine

Facebook-Gruppe gegründet und über ihre Seite für den 30. Januar zu einer Großdemonstration in Khartum aufgerufen. Ganz nach ägyptischem und tunesischem Vorbild.

»Wir waren einfach naiv«, gestand später einer der Scharara-Aktivisten der sudanesischen Bürgerrechtsaktivistin und Bloggerin Dalia Hadsch-Omar. Die Demo-Aufrufe hatten sie mit allem versehen, was die Polizei wissen musste. Sie posteten Tag, Ort und Zeit ohne jede Absprache mit den anderen Oppositionsgruppen, und so kam es, wie es kommen musste.

»Wir waren sehr optimistisch gewesen nach der tunesischen Revolte«, zitiert Hadsch-Omar den Scharara-Aktivisten in ihrem Blog. »Als wir zu zweit oder in kleinen Gruppen an dem Versammlungsort ankamen, waren wir erstaunt, weil wir keinen einzigen Polizisten sahen.« Ein fataler Irrtum, wie sich herausstellen sollte, denn: »Die sudanesischen Polizeiagenten trugen alle Zivilkleidung. Sie begannen sofort, uns zu verhaften, und schleppten uns in Lastwagen. Es war sehr leicht für sie, weil wir überhaupt nicht vorbereitet waren, deswegen konnten wir auch keinen Widerstand leisten.«

So leicht haben es die Oppositionellen der sudanesischen Staatssicherheit nach diesem Desaster nur noch selten gemacht. Dennoch gelang es den Sicherheitskräften immer wieder, Proteste im Keim zu ersticken.

2012 wird Nagi die permanente Bespitzelung zu viel. Wie etliche andere Aktivisten der ersten Stunde zieht er sich aus der von ihm gegründeten Bewegung zurück und setzt sich nach Kairo ab. »Selbst wenn wir aus den Gefängnissen wieder freigelassen wurden, waren wir unter ständiger Beobachtung. Wir konnten keinen Schritt machen, den die Gegenseite nicht bemerkt hätte«, erzählt er mir. Girifna schien am Ende zu sein.

In der ägyptischen Hauptstadt traf sich Nagi mit den damals noch erfolgreichen Rebellen der Bewegung vom »6. April«, mit Ahmed

Maher und anderen. »Wir hatten schon früher Kontakt zum ›6. April‹ gehabt, haben Erfahrungen ausgetauscht, uns gegenseitig beraten und in Ägypten sogar ein Nonviolence-Training gemacht.«

Sich im Sudan politisch einmischen wollte Nagi seitdem jedoch nicht mehr. Er bleibt erst einmal in Kairo und unterstützt von dort Menschenrechtsgruppen in Khartum. Man kann es ihm nicht verdenken. Die Angst vor Inhaftierung und Folter hat ihre Spuren hinterlassen. Er selbst wurde zwar nie schwer misshandelt, dafür aber sein Freund und Girifna-Mitbegründer Akram Ahmed. Noch heute leidet er unter den Folgen der Folter, erzählt er mir bei unserer Begegnung im Dezember 2019. Ein 46 Sekunden langes Video war Akram zum Verhängnis geworden. Er hatte es 2009 zusammen mit Filmemacher Hajooj Kuka produziert und auf YouTube gestellt. Dort ist die »Girifna Soap Ad« – eine vermeintlich harmlose Satire – auch heute noch abrufbar. In dem kleinen Spot sieht man Akram, wie er voller Ekel ein mit einem Baschir-Porträt bedrucktes T-Shirt betrachtet. »Wenn es dir stinkt«, sagt eine Stimme im Off, »verzweifele nicht. Mit der Girifna-Seife kriegst du jeden Schmutz raus.« Akram hält ein Stück Seife mit dem orangefarbenen Victory-Zeichen von Girifna in die Kamera. Dann weicht er das Baschir-Hemd ein. »Das Hemd sauber zu kriegen, ist nicht ganz einfach nach zwanzig Jahren. Du musst schrubben, schrubben, schrubben und dann wringen, wringen, wringen.« Es sieht fast so aus, als wolle er das T-Shirt erwürgen. Und – o Wunder – es hilft! Als er das T-Shirt aus der Schüssel zieht, ist es blütenweiß. Der Baschir-Kopf ist restlos verschwunden. »Die Girifna-Seife für die Zukunft des Sudan«, wirbt das Video.

Tausendfach wurde dieses Spaßvideo auf YouTube angeklickt. Die Sudanesen liebten es. Doch das Regime duldete keinen Spott und nahm grausam Rache an Akram. Zehnmal verhaftete ihn der Geheimdienst NISS. Jedes Mal wurde er gefoltert. Einmal zwei Wochen ohne Unterbrechung. Tag für Tag. Das war 2014. »Sie haben nichts ausgelassen, haben mich sogar mit einem Stock vergewaltigt. Es war grauenhaft. Das alles verfolgt mich heute noch.«

Kein Wunder, dass auch Akram sich aus der politischen Alltagsarbeit immer mehr zurückzieht. 2015 verlässt er den Sudan und zieht nach Ägypten um, in der Hoffnung, dort ärztlichen Beistand zu finden. Erst 2019, nach dem Sturz Baschirs, kehrt er nach Khartum zurück.

»Meine Familie hat mich am Flughafen abgeholt. Mein Vater hatte mir immer abgeraten, mich so zu engagieren, obwohl er selber der Opposition nahestand. Doch jetzt umarmte er mich und sagte zu mir: ›Ich gratuliere dir. Du hast recht gehabt mit deinem Kampf.‹«

Doch der Preis war hoch, den Akram für seinen Kampf bezahlt hat, vielleicht zu hoch. Noch heute, zehn Jahre nach den Verhaftungen, leidet er unter dem Trauma der Folter.

»Ich kann nachts nicht schlafen. Und wenn, wache ich oft schreiend auf. Ich kann nur mit Medikamenten leben. Eine psychologische Behandlung gibt es nicht bei uns.«

Wie ihm geht es Tausenden, die von Baschirs Folterknechten gequält worden waren. Das Oberste Gericht klagt den Exdiktator zwar auch wegen seiner Verletzungen der Menschenrechte an, doch seinen Opfern verschafft das nur wenig Genugtuung. Sie brauchen vor allem psychologische Hilfe, die sicherzustellen ist der neue Sudan aber offenbar nicht in der Lage.

Als sich in den Jahren 2012/13 immer mehr Aktivisten der ersten Stunde – wie Nagi oder Akram –, geschockt durch die zunehmende Gewalt seitens der Polizei und des Geheimdienstes, aus der politischen Arbeit zurückzogen oder auswanderten, glaubten die sudanesischen Sicherheitsbehörden bereits triumphieren zu können. Ihre Politik der Härte war erfolgreich gewesen.

Anstelle friedlicher Proteste kam es jetzt immer häufiger zu Vandalismus, Brandstiftung und Plünderungen während der Demonstrationen. Tankstellen brannten, Banken wurden verwüstet, Polizeistationen wurden attackiert.

»Das waren vom Staat bezahlte Provokateure, Kriminelle, Plünderer«, weiß Herika Esseddin, ein junger Sudanese, an den mich Nagi verwiesen hat. Und Herika legt nach: »Wir haben Videos gesehen, auf denen gut erkennbar Offiziere solchen Schlägern Anweisungen geben. Sie zeigen auf eine Tankstelle, später geht diese Tankstelle dann in Flammen auf. Für diese Zerstörungen ist ganz allein der Staat verantwortlich.«

Gut vorstellbar, dass das Baschir-Regime mit solchen schmutzigen Tricks versuchte, die Opposition zu diskreditieren. Es wäre nicht das erste Mal gewesen.

Das Protestjahr 2013 hätte leicht das Ende von Girifna bedeuten können. Doch dann tauchten jüngere, ebenso mutige Aktivisten auf und sprangen in die Bresche. Sie verschrieben sich wie schon die Gründer strikter Gewaltlosigkeit. Einer von ihnen war Herika Esseddin. 2011 hatte er sich Girifna angeschlossen.

»Wir mussten alles neu aufbauen. Wir haben harmlos aussehende Partys veranstaltet, auf denen wir versuchten, Jugendliche anzusprechen. Wir brachten ihnen bei, wie man heimlich und möglichst effektiv Flugblätter verteilt oder wie man richtig Graffiti sprüht. Graffitisprühen war nicht ungefährlich. Es mussten immer drei unterwegs sein, ein Sprayer und zwei, die aufpassten.«

Sie gingen auch wieder durch die Straßen von Khartum und Omdurman, um mit den Leuten zu reden. Doch jetzt verhielten sie sich diplomatischer. Sie griffen die Regierung nicht mehr frontal an. Sie stellten keine Maximalforderungen wie den Rücktritt des Präsidenten. Sie gingen auf die Alltagsprobleme der Menschen ein, sprachen über die steigenden Preise, die leeren Regale in den Lebensmittelgeschäften, die schlechten Schulen. »Wenn es um die miserable wirtschaftliche Lage ging, dann waren die Passanten sehr gesprächig. Bei dem Thema Wahlen stellten sie die Ohren dagegen auf Durchzug. Von Wahlen oder Rücktrittsforderungen wollten sie nichts wissen.« Herika freute sich bei unserem Gespräch heute noch über diese Reaktionen, schließlich hielt jeder die Wahlen im Land für eine Farce. Und mit einem Rücktritt des Langzeitherrschers rechnete niemand.

Unterstützung erhielt die neue Girifna-Generation um Herika aus einer ganz unerwarteten Richtung – von der evangelischen Kirche Niedersachsens. In Sachen Sudan waren die niedersächsischen Protestanten aktiv, seit die Landesregierung in Hannover in den achtziger Jahren mit der Regierung in Khartum eine – an der Größe der Länder gemessen etwas ungleiche – Partnerschaft eingegangen war. Zu dieser Partnerschaft gehörte, dass sich ab 1987 einmal im Jahr sudanesische Oppositionelle in der Lüneburger Heide im Evangelischen Bildungszentrum Hermannsburg trafen. Dieser geschützte Raum sollte ihnen die Möglichkeit geben, über die Lage in ihrer Heimat zu diskutieren. Organisiert hatte diese Treffen der Verein »Sudan Forum«. Getragen wurde es von der evangelischen Kirche Niedersachsens. Das »Sudan Forum« wollte aber mehr tun, als einmal im Jahr Gäste aus Afrika mit Kaffee und Kuchen zu bewirten. Das Forum wurde daher auch selber im Sudan aktiv. Besonders zwei Frauen haben dort deutliche Spuren hinterlassen.

Wo immer ich sie in Khartum erwähne, leuchten die Augen meiner Gesprächspartner auf. Es handelt sich um Julia Kramer, Trainerin der »Bildungs- und Begegnungsstätte für gewaltfreie Aktionen ›Kurve‹« in Wustrow, und Marina Peter, Initiatorin des »Sudan Forums«, heute bei »Brot für die Welt« für den Sudan zuständig. Über ihre Arbeit erzählen wollen die beiden Trainerinnen nicht, wenigstens nicht solange sich der neue Sudan nicht stabilisiert hat. »Man weiß nicht, was noch kommt. Vielleicht werden wir ja noch mal gebraucht.« Außerdem hatten sie ihren sudanesischen Partnern Vertraulichkeit versprochen.

Ohne das Engagement dieser beiden Frauen hätten die Sicherheitskräfte im Sudan 2013 möglicherweise erfolgreich die Opposition zerschlagen. Denn wer gegen offene Gewalt nur gewaltlos Widerstand leisten will, muss mehr Mut aufbringen als ein Steinewerfer. Er muss einstecken können, muss Schmerzen aushalten, ohne zurückzuschlagen, also über eine hohe Leidensfähigkeit verfügen. Er muss aber auch wissen, wie man im Alltag gewaltfreie Strategien gegen Prügelpolizisten entwickelt, wie man trotz brutaler Verhörmethoden nicht zerbricht und schließlich, wie man Menschen überzeugt, dass trotz aller Repression der gewaltlose Weg erfolgversprechend ist. Genau das konnten die Sudanesen bei den beiden Deutschen lernen. Beide boten Trainingscamps für gewaltfreien Widerstand an – in Kenia, in Uganda, aber auch in Deutschland. Selbst im Sudan sollen solche Kurse stattgefunden haben.

»Wir haben bei diesen Trainings gelernt, Situationen zu analysieren, uns auf unser Gegenüber einzustellen«, erzählt Herika, der Anfang 2012 einen längeren Kurs bei Julia Kramer in Kenia absolviert hatte. »Wir haben in Rollenspielen gelernt, mit Angst- und Aggressionssituationen umzugehen, Mut zu entwickeln. Wir haben gelernt, unsere Wut und unseren Zorn zu zügeln. Oder mit unseren Schuldgefühlen umzugehen, wenn Freunde verletzt wurden oder ums Leben kamen. Thema war aber auch, wie wir unsere Arbeit effektiver gestalten konnten, wie man zum Beispiel Sympathisanten-Netzwerke aufbaut.«

Wie überlebenswichtig für manche Oppositionelle diese Entwicklungshilfe in Sachen Gewaltlosigkeit war, kann man im Jahresbericht 2011 der Begegnungsstätte »Kurve Wustrow« nachlesen. Darin schildert der Sudanese Daari N., wie er das im Kurs Gelernte hatte anwenden können, als er von der Polizei nach einer Demonstration verhaftet und gefoltert worden war, und wie er sich nach der Haft von seinen Traumata befreien konnte:

»Ich habe meinen Kopf nicht gesenkt, sondern hochgeschaut. Ich wollte zeigen, dass ich ein Mensch bin und zu dem stehe, was ich tue. Ich habe versucht, meine Meinung friedlich und ohne Verletzung meines Gegenübers zu äußern. Die Sicherheitsbeamten, die mich bewacht, verhört und gefoltert haben, sah ich immer als Menschen. Ich sagte mir immer wieder, ich habe nichts Falsches getan und ich habe niemanden verletzt und werde niemandem etwas antun. Ich habe mich nicht brechen lassen.«

2011 hatte Daari N. sich Girifna angeschlossen. Bei den Aufständen 2019/20 kämpfte er wieder an vorderster Front gegen Polizei und Militär.

Auch Oppositionsgruppen anderer Länder haben ausländische Hilfe angenommen. Dazu gehören Initiativen wie die Bewegung »6. April« in Ägypten, »Otpor« in Serbien, die 2000 Milošević gestürzt hatte, oder »Pora!«, eine der Initiatoren der »Orangen Revolution« in der Ukraine.

Mit Gewaltlosigkeit gewalttätige Regime entwaffnen – die berühmte Anleitung zum Tyrannensturz des Politikwissenschaftlers und Pazifisten Gene Sharp aus den Achtzigern hatte am 11. Februar 2011 in Kairo tatsächlich Früchte getragen. Zuvor hatten einige junge Ägypter der Bewegung »6. April« bei Otpor-Aktivisten in Serbien Unterricht genommen, um pazifistische Taktiken zu erlernen. Finanziert wurden diese Lehrgänge von der »American National Endowment for Democracy« (NED) und von USAID, also mit Geld aus dem US-amerikanischen Außenministerium – zweifellos nicht aus lauter Selbstlosigkeit, sondern auch um eigene Interessen durchzusetzen. Doch daraus zu folgern, solch ein Umsturz sei das Werk ausländischer Mächte gewesen, ist falsch. Wer so redet, entmündigt die Demonstranten, degradiert sie zu bloßen Werkzeugen fremder Mächte.

Die Girifna-Aktivisten, mit denen ich spreche, legen denn auch größten Wert auf die Feststellung, dass sie nie die Hilfe fremder Regierungen angenommen haben. Girifna-Gründer Nagi Musa appelliert auch heute noch an die in seinem Land aktiven Graswurzel-Aktivisten, bei Hilfsangeboten aus dem Ausland sehr genau hinzuschauen: »Internationale Unterstützung ist gut, aber nicht mit Geld. Geld korrumpiert und macht aus Straßenaktivisten Schreibtischtäter. In den meisten Fällen kennen die Empfänger nicht die wahren Absichten der Geldgeber.« Girifna jedenfalls habe Geld aus dem Ausland immer zurückgewiesen, so Nagi.

Eine Ausnahme gibt es vielleicht – die der SPD nahestehende Friedrich-Ebert-Stiftung in Khartum. Sie spielte in den Jahren vor der Revolution 2019 eine wichtige Rolle für die oppositionellen Kräfte im Land. Zu verdanken ist dies vor allem einem Mann – Dr. Abdel Rahim Belal. Mit ihm habe ich mich im Journalistenhotel Acropole in Khartum-Mitte zum Mittagessen verabredet. Gemüsesuppe als Vorspeise, zum Hauptgang Erbsen mit Huhn und Pommes, danach Obst mit Eis. Zum Abschluss türkischer Kaffee. Genügend Zeit also, um über Belals Geschichte als Regimekritiker der ersten Stunde zu sprechen.

Studiert hat Abdel Rahim Belal an der Freien Universität in Berlin Sozialwissenschaften. Nach dem Studium kehrte er Ende der neunziger Jahre nach Khartum zurück, wo er den Posten des Leiters der dortigen Friedrich-Ebert-Stiftung übernahm. Von Anfang an hatte er die Idee, Seminare zum Thema Demokratie anzubieten. 2012 legte er mit entsprechenden Kursen los. Bis zu dreimal im Jahr lud er junge Sudanesinnen und Sudanesen für mehrere Tage ein, um über Demokratie, Verfassung und Rechtsstaat zu diskutieren. Was die Kursteilnehmer zu hören bekamen, muss in ihren Ohren wie Märchen geklungen haben, schließlich kannten sie bis dahin nur ein System, in dem Korruption und Polizeiwillkür herrschten und in dem jede Veränderung kategorisch als unislamisch abgelehnt wurde. Auch an den Universitäten wurden politische Themen nur in sehr begrenztem

Umfang angeboten. Die Sehnsucht nach Veränderung der Menschen dagegen war schon damals groß. »Wir hatten den ersten Kurs für dreißig Teilnehmer geplant, tatsächlich kamen sechzig. Wir haben auch ein Handbuch zum Thema Zivilgesellschaft veröffentlicht, das war im Nu vergriffen.«

Praxisanleitungen, wie die Organisation von Veranstaltungen oder zivilgesellschaftlicher Bewegungen, standen ebenfalls auf Belals Stundenplan. Auch Girifna-Mitglieder nahmen an den Kursen teil.

Um die Teilnehmer zu schützen, fanden manche Treffen nicht in den Räumen der Stiftung statt, die Staatssicherheit hatte ihre Spitzel schließlich überall.

»Wir haben uns oft heimlich getroffen«, erzählt mir Belal. »Einmal haben mich Studenten mit dem Auto abgeholt, und wir sind so lange durch Khartum gefahren, bis wir den Eindruck hatten, es folgt uns keiner. Dann haben wir den Kurs in einem abgelegenen Haus abgehalten, das die Studenten kannten. Diese Art des subversiven Verhaltens hatten sie von anderen NGOs gelernt, nicht von uns.«

Letztendlich aber hat das Regime die Stiftung gewähren lassen, auch nach den Aufständen von 2012/13. Warum, will ich von Abdel Rahim Belal wissen.

Er lacht und erzählt, dass ein Geheimdienstoffizier ihm einmal gestanden habe, es habe schlicht zu viele solcher Veranstaltungen in Khartum gegeben, die hätten sie gar nicht alle beschatten können.

Später kaufte der »Nationale Sicherheits- und Geheimdienst« NISS in Italien für vier Millionen Dollar Abhörtechnologie, um wenigstens Mobiltelefone überwachen zu können. Doch das Regime war nach den Aufständen von 2012/13 schon zu sehr geschwächt, um auf Dauer überleben zu können, so Belals Einschätzung.

Fest steht jedenfalls, dass Widerstands- und Demokratiekurse wie die der Ebert-Stiftung und die der Bildungsstätte in Wustrow wesentlich zum Umsturz von 2019 mit beigetragen haben.

Auch die niederländische Friedensbewegung »Pax for Peace« finanzierte regimekritische Kurse. Geleitet wurden sie von Imad Adam. Auch ihn konnte ich interviewen. Mit seinem Projekt hatte Imad ab 2015 in Khartum und anderen Städten im Land mitgeholfen, die für den Umsturz 2019 so wichtigen Nachbarschaftskomitees aufzubauen und zu stärken. Seine Kurse hatte er als Unterricht im Gesundheitswesen getarnt. »Wir haben schon früh angefangen, junge Leute zu schulen«, erzählte mir Imad, »zunächst mit kleinen Aufgaben, um den Zusammenhalt der Nachbarschaften zu stärken. Wir nannten das Programm ›Effektive Staatsbürgerschaft‹. Straßen zu reinigen gehört zu den Aufgaben der Teilnehmer oder arme Familien zu unterstützen, eine Bibliothek für die Nachbarschaft aufzubauen. Ganz konkrete Aufgaben. Später sind wir dazu übergegangen, gewaltfreien Widerstand zu üben. Ich glaube, es gab sehr viele Gruppen wie unsere, die über das ganze Land verteilt solche Trainings anboten. So haben wir angefangen.« Gewaltlosigkeit war für diese Gruppen ein Muss, auch wenn sich Kursteilnehmer nicht immer leicht überzeugen ließen: »Besonders Achtzehn- bis Zwanzigjährige hatten viel Wut im Bauch und wollten sich abreagieren. Die meisten konnten wir aber überzeugen mit dem Hinweis auf die Erfolglosigkeit vergangener militanter Aufstände.«

Heute werden die Lehrmeister des gewaltfreien Ungehorsams von Jungrevolutionären als die Väter und Mütter des sudanesischen Umsturzes gefeiert.

Als ich dies Belal gegenüber erwähne, winkt er bescheiden ab: »Die Sudanesen sind sehr höfliche Menschen.« Ihm ist das Lob offensichtlich peinlich. Er zuckt die Schultern. Was kann ich dafür, soll das wohl heißen. Aber dann lächelt er doch noch ein wenig. Er ist einfach stolz auf das Erreichte. Dann nippt er an seinem süßen türkischen Kaffee.

DER NEUE SUDAN

Wie tiefgreifend sind die Veränderungen im Land? War es wirklich eine Revolution, die 2019 im Sudan stattgefunden hat, ein Systemwechsel?

Massenentlassungen von NCP-Funktionären aus öffentlichen Ämtern hat es bislang jedenfalls nicht gegeben. Zum Ärger der Jungrebellen sitzen auch ein Jahr nach dem Sturz noch zu viele Ex-Baschir-Leute an wichtigen Schalthebeln. In der Verwaltung der Teilstaaten, in der Polizei und im Militär ohnehin. Auch das Erbe von dreißig Jahren Misswirtschaft lastet auf dem Land und seiner Politik. Wie groß sind die Chancen, dass sich die oppositionellen Kräfte – die sich in dem Bündnis »Forces for Freedom and Change« zusammengeschlossen haben – am Ende durchsetzen gegen die Widersacher eines demokratischen Wandels?

Im neuen Übergangsrat sitzen nach wie vor mächtige Militärs, die von Saudi-Arabien und den Vereinigten Arabischen Emiraten unterstützt werden, und diese beiden Golfstaaten sind an einer Demokratisierung des Landes alles andere als interessiert, genauso wenig wie der Nachbar im Norden, Ägypten, das Land, in dem der Arabische Frühling gerade mal zwei Jahre überlebt hat. Doch das weiß auch das Bündnis »Forces for Freedom and Change«, zu dem unter anderem Girifna, »No to Oppression against Women« und die »Sudanese Professionals Association« SPA gehören. Bei den Massenprotesten hatten die Demonstranten immer wieder den Slogan gerufen: »Entweder Sieg oder Ägypten!« Beim nördlichen Nachbarn hatte das Militär den frei gewählten Präsidenten weggeputscht und alle Hoffnungen auf Demokratie begraben. Die ägyptischen Demonstranten waren dem Militär auf den Leim gegangen. Im Sudan würde man so blauäugig nicht sein, so die Demonstranten.

Am 5. Juli 2019 hatte Oppositionssprecher Siddig Jusif das – vorläufige – Ende der Militärherrschaft verkündet: »Das ist der allererste Schritt zum Aufbau eines demokratischen Sudan.« Frühmorgens schon strömten in Khartum und anderen Städten die Menschen auf die Straßen und feierten diese Nachricht. Sie umarmten sich, tanzten, schwenkten sudanesische Fahnen und riefen: »Zivil, Zivil!« Das war das Wichtigste: Die Vereinbarungen wiesen den Weg zu einer Zivilregierung. Tagelang hatte das Oppositionsbündnis mit Vertretern der Militärregierung verhandelt, ehe sie sich auf eine Teilung der Macht einigen konnten. Man beschloss, einen »Souveränen Rat« ins Leben zu rufen, besetzt mit sechs Zivilisten und fünf Militärs. Im selben Monat wurde Abdallah Hamdock als Ministerpräsident einer Übergangsregierung vereidigt.

Drei Jahre soll diese Übergangszeit dauern, ehe in freien Wahlen eine neue Regierung gewählt wird. Man hofft, damit genug Zeit zu haben, um einem dreißig Jahre lang autokratisch geführten Staatsgebäude ein neues Fundament zu geben – mit unabhängigen Gerichten, mit gut ausgebildeten Polizisten, mit einem verkleinerten Militär und mit einer neuen Verfassung und Gesetzen, die staatliche Willkür verhindern, verfolgen und bestrafen. Dazu müssen die Sudanesen zunächst politische Parteien gründen und diese bei den Wählern bekannt machen. Sich dafür drei Jahre Zeit zu nehmen, ist sicherlich der richtige Ansatz.

Den ägyptischen Tahrir-Platz-Revolutionären war eine solche Schonfrist nicht vergönnt gewesen. Unter anderem auch deswegen waren sie gescheitert – die Wahlen kamen viel zu früh. Der Sudan ist offenbar gewillt, diesen Fehler zu vermeiden. Man will erst für stabile Verhältnisse sorgen, ehe man sich auf das Abenteuer Wahlen einlässt.

Doch bis dahin ist es noch ein weiter Weg. Die Probleme sind in die Vereinbarung kaum vermeidbar eingebaut. Es fängt damit an, dass dem Souveränen Rat auch mutmaßliche Kriegsverbrecher wie Mohamed Hamdan Dagalo angehören, der Kommandeur der Rapid Support Force, dem der Völkermord in Darfur und das Massaker vom 3. Juni 2019 in Khartum angelastet wird. Viele Sudanesen bezweifeln daher, ob es das Militär wirklich ernst meint mit einem demokratischen Sudan, wie seine Offiziere behaupten. In den Monaten nach der Einigung zwischen Militär und Oppositionsbündnis hatten diese Verlierer der Revolution immer wieder versucht, die Reformpolitik zu boykottieren. Soldaten meuterten gegen den Umbau der Streitkräfte und des Sicherheitsapparats, Friedenskonferenzen in der sudanesischen Provinz platzten, weil die noch von al-Baschir eingesetzten Militärgouverneure versuchten, sie unter ihre Kontrolle zu bringen. In Darfur hat die Gewalt zwischen Hirten und Ackerbauern unterdessen wieder zugenommen. Ein Jahr nach Beginn der Friedensgespräche konnten sich die Übergangsregierung auf der einen und die Rebellengruppen aus Darfur auf der anderen Seite endlich auf ein Abkommen einigen. Wie haltbar dieser Frieden ist, muss sich erst zeigen; denn Misstrauen der Rebellenführer der »Sudan People's Liberation Movement« (SPLM) im Süden und der »Sudan Liberation Movement« (SLM) in der Westprovinz sitzt zu tief. Ihre Führer mögen den Zivilisten der Übergangsregierung gute Absichten unterstellen, kein Vertrauen haben sie jedoch in die im gleichen Gremium sitzenden Militärs, gegen die sie seit Jahrzehnten Krieg geführt haben. Ihre Kämpfer sollen in die reguläre Armee aufgenommen werden. Allerdings ist die heute schon kaum bezahlbar, weil zu groß.

Geld fehlt auch für Investitionen in die durch die Kriege zerstörten Provinzen.

»Der Sudan braucht sehr viel internationale Unterstützung«, sagt mir ein Politologe in Khartum, »sonst besteht die Gefahr, dass sich das Land den Frieden nicht leisten kann.«

Nicht viel besser sieht es in den Städten aus. Vor Tankstellen stauen sich die Autos in langen Schlangen. Es fehlt an Benzin. Brot ist ebenfalls immer wieder knapp. Lebensmittelpreise steigen sprunghaft. In mehreren Städten kommt es wieder zu auch gewalttätigen Brotunruhen und Massendemonstrationen. Die Bilder erinnern an Ägypten 2012. Es fehlt an Medizin. Die Gesundheitsdienste im Land drohen zusammenzubrechen, ab 2020 zusätzlich belastet von der Corona-Pandemie. Die Inflationsrate gerät immer mehr außer Kontrolle.

Das Finanzministerium schlägt Alarm, weil im Staatshaushalt ein Loch von mehreren Milliarden Dollar klafft. Es erwägt, die staatlichen Subventionen von Lebensmitteln und anderen Gütern des täglichen Bedarfs zu ändern, weiß aber auch, dass solche Kürzungen die Demonstrationen im Dezember 2018 ausgelöst hatten. Den größten Posten im Staatshaushalt zu kürzen, das Militärbudget, das bis zu 40 Prozent des Etats frisst, dies wagt der Finanzminister bislang nicht.

Die vom alten Regime angehäufte Auslandsverschuldung des Nordsudan belastet das Land 2020 mit einer Summe von 54,5 Milliarden Dollar. Daran wird sich auch vorläufig nichts ändern, solange das Land von den USA als ein Terrorismus unterstützender Staat gelistet wird und daher immer noch vom internationalen Zahlungsverkehr abgeschnitten ist. Wer nach Khartum reist, muss sein gesamtes Geld bar mitbringen. Kreditkarten akzeptieren Banken oder Hotels nicht. Daher sind Weltbank und Internationaler Währungsfonds erst zu Krediten und Entschuldungsvereinbarungen bereit, wenn Washington den Bann aufgehoben hat. Diese Wirtschaftsmisere hängt wie ein Damoklesschwert über dem Land. Am ersten Jahrestag des Sturzes von Omar al-Baschir, am 11. April 2020, zogen begeisterte Sudanesen Fahnen schwenkend durch die Hauptstadt. Dabei war ihnen klar, dass ihre Kinder von Freiheitsversprechen allein nicht satt werden würden. Die Gemeinschaft der Geberländer – bestehend aus den USA, der EU und einigen Golfstaaten –, die sich selbst »Friends of Sudan« nennt, hat ihren Freundschaftsdienst nach dem Sturz monatelang auf unverbindliche Versprechen beschränkt. Erst ein Jahr nach Bildung der Übergangsregierung haben sie 1,9 Milliarden Dollar als Hilfe für in Not geratene Familien bereitgestellt. Das sind 2020 etwa 80 Prozent aller Familien des Landes, Tendenz steigend. Die Summe klingt gut, in ihr enthalten sind allerdings auch Entwicklungsgelder der EU und Deutschlands, deren Auszahlung seit langem geplant war. Die Wirtschaft selbst haben diese »Freunde« bislang nicht unterstützt. Dem Sudan droht ein Kollaps. Vielleicht wartet das Militär nur auf einen solchen Zusammenbruch, um die Macht wieder an sich zu reißen.

Am 9. März 2020 überlebte Premierminister Abdalla Hamdock nur knapp einen Sprengstoffanschlag, der auf seinen Autokonvoi mitten in Khartum verübt wurde. Wer dahintersteckt – unklar. Nur zögerlich hat die Übergangsregierung begonnen, die noch von Baschir eingesetzten Militärgouverneure durch zivile zu ersetzen. Auch Khartum wurde noch lange von einem Baschir-Sympathisanten regiert. Entlassen wurde er im April 2020, weil er sich geweigert hatte, während der Corona-Krise die Freitagsgebete in Moscheen zu verbieten. In den übrigen siebzehn Provinzen des Landes mussten die Militärgouverneure Ende Juli gehen. Gerade zwei der neuen Zivilgouverneure sind Frauen. Auch viele Dörfer und Kommunen auf dem Land werden noch von Baschir-Anhängern kontrolliert. Was das bedeutet, davon konnte ich mir bei einem Besuch in dem Städtchen Alafun ein Bild machen.

STADTREBELLEN UND LANDREBELLEN

Alafun liegt eine gute Stunde Autofahrt südwestlich von Khartum. Trostlos wirkt diese unübersichtliche Anordnung von Lehmbauten am Rande der Wüste. Rund 65 000 Menschen leben hier verteilt auf mehrere Wohnbezirke. Ein Zentrum gibt es nicht. Am Stadtrand eine riesige Moschee, ihre Minarette weithin sichtbar.

An einer Straßenkreuzung bin ich verabredet mit Ahmad Hamda Mohamed und einigen seiner Freunde. Ich hatte erwartet, enthusiastische junge Männer zu treffen, die darauf brennen, mir ihre Geschichten zu erzählen, so wie ich es von den jungen und nicht mehr ganz so jungen Aktivisten in Khartum gehört habe. Doch anders als die stolzen Jungrevolutionäre in der Hauptstadt wirken sie niedergeschlagen, einige sogar verzweifelt.

»Es hat sich bei uns nach dem Sturz nicht viel geändert«, erzählt Ahmad, nachdem wir uns begrüßt haben. »Dabei haben wir genauso Widerstand geleistet wie die in der Stadt. Die alte Staatspartei NCP ist hier immer noch mächtig«, klagt er mir sein Leid und fordert mich auf, zu ihm und seinen Freunden in den Polo zu steigen. Eine Tour durch die Stadt schlägt er vor: »Nur so kannst du verstehen, wovon ich rede.«

Über Schotterpisten voller Schlaglöcher geht es in eine kleine Siedlung, die aus vielleicht fünfzig Lehmbauten besteht. »Hier leben Flüchtlinge aus Darfur und aus den Nuba-Bergen. Sie haben weder einen Wasseranschluss noch Strom.« Als ich auf eine Leitung deute, lacht er. Die Bewohner haben die gut versorgte Nachbarsiedlung angezapft. Ein paar Kinder stehen auf der Straße und blicken neugierig dem überraschenden Besuch nach. Arbeit für die Männer gibt es hier draußen so gut wie keine, sagt Ahmad. Einige arbeiten für miserable Löhne auf den nahen Maisfeldern, die einem Reichen aus der Nachbarsiedlung gehören. Hier auf dem Land ist die Unterernährung nicht nur unter Flüchtlingskindern besonders hoch. Dazu kommt eine hohe Kinder- und Müttersterblichkeit bei Geburten. Mehr als die Hälfte der Frauen kann weder lesen noch schreiben. Da diese Flüchtlinge im eigenen Land ihre Lehmhäuser vor etlichen Jahren ohne Genehmigung gebaut haben, können die Sicherheitsbehörden sie jederzeit abreißen. Letztlich sind die Menschen hier von dem Wohlwollen der alteingesessenen Nachbarn abhängig.

»Für mich ist das Rassismus«, sagt Ahmads Freund Afra, als wir in die Nachbarsiedlung einbiegen.

Hier ändert sich die kleine Welt am Rande von Alafun schlagartig. Gut ausgebaute Straßen, hier und da sogar so etwas wie Bürgersteige, wichtig bei den oft sintflutartigen Regenfällen. Zu jedem der zweistöckigen Häuser führt eine Stromleitung.

»Jedes Haus hat einen Wasseranschluss und Kanalisation«, erklärt Ahmad.

»Wahrscheinlich kommt auch im Sommer eiskaltes Wasser aus den Leitungen«, wirft Afra verächtlich ein. »Hier wohnen ausschließlich ehemalige Mitglieder der NCP und andere Baschir-Anhänger.«

Lange können wir hier nicht bleiben. Ahmad drückt aufs Gas. »Wenn die mitkriegen, dass wir hier sind, gibt es Ärger.«

Wenig später erreichen wir ihr »Hauptquartier«, wie sie ein verfallenes Jugendhaus nennen. Hier treffe ich weitere seiner Freunde. Ahmad ist in Gedanken noch immer bei der Mustersiedlung. »Sie haben alles bekommen, Geld, Strom, Wasserleitungen, ordentliche Straßen, einfach weil sie treue Anhänger des Regimes waren.«

Im Dezember 2018 hatten Ahmad und seine Freunde – sieben Jungen und ein Mädchen – ein Nachbarschaftskomitee gegründet und nach dem Vorbild von Khartum Demonstrationen organisiert. Sie hatten auf Hauswände Graffiti gesprüht und heimlich Flugblätter verteilt. Anfangs hatten sie wenig Unterstützung, da alle Angst hatten vor der Polizei, vor Spitzeln und der Partei. »Am Ende waren wir sehr viele. Wir haben sogar das Haus des NCP-Bürgermeisters belagert.«

Dreißig Jahre lang hatten die Islamisten die Stadt und die Region als ihr Eigentum betrachtet, hatten wie in den meisten anderen Städten und Dörfern alle Schlüsselpositionen mit eigenen Leuten besetzt, um sich so ihre Privilegien zu sichern. Sie besaßen das meiste Land, die meisten Häuser, wurden vom Staat mit Geld gefüttert. Deswegen waren auch alle Clanchefs Mitglied in der Islamistenpartei. Wer sich einem solchen Clanchef unterordnet, profitiert von dessen Privilegien, ist versorgt und bekommt Schutz. Das ist auch heute noch so.

Einige der Jungrevolutionäre von Alafun haben mit ihren Familien gebrochen, weil ihre Väter ihnen die Proteste gegen das Regime verbieten wollten.

»Die Clanchefs sind heute das eigentliche Problem«, sagt Ahmad. »Ohne sie läuft nichts hier. Jeder hört auf sie. Die Entscheidungen in Khartum spielen keine wichtige Rolle hier auf dem Land. Sie haben nach wie vor das meiste Geld. Sie besitzen immer noch Land und Häuser, die sie in den letzten dreißig Jahren zusammengerafft haben. Nur wenn die Macht der Clanchefs gebrochen wird, kann sich hier etwas ändern.« Dann deutet Ahmad auf die große Moschee in Sichtweite ihres Hauptquartiers: »Da drin hetzen sie auch gegen die neue Zeit, als sei nichts geschehen. Das ist auch heute noch die Zentrale der Islamisten hier in der Region. Aber keiner tut etwas gegen sie!«

Die Organisatoren der Aufstände in Khartum, die SPA, scheint sich für die Probleme auf dem Land bislang nicht übermäßig zu interessieren. »Dabei brauchen wir gar nicht viel«, sagt Afra, und seine

Freunde nicken. »Vielleicht etwas Farbe, Papier, Plakate und so, für unsere Aktionen. Aber die Menschen hier geben uns nichts, sie lehnen uns ab.«

Die Ablehnung nimmt immer wieder bedrohliche Formen an. NCP-Anhänger beschimpfen die Aktivisten auf Facebook als Ungläubige, als Kommunisten. Auch aus den Lautsprechern der Moschee nebenan dröhnen solche Anschuldigungen. Ein ungleicher Kampf. Baschir-Anhänger bekamen damals, Ende 2019, immer noch Geld von Khartums Gouverneur, die Gegner dagegen nichts von den Großstadtrevolutionären.

Kein Wunder, dass sich das Nachbarschaftskomitee von Alafun von der Hauptstadt im Stich gelassen fühlt. Ahmad und seine Freunde sind sich sicher – nicht ein bevorstehender Militärputsch bedrohe die Revolution, sondern die Ignoranz der Aktivisten in der Hauptstadt: »Die kennen nur ihre Stadtprobleme. Die wissen überhaupt nicht, wie es bei uns auf dem Land aussieht.«

Alafun – sicherlich nicht die einzige Landgemeinde, in der die Funktionäre der ehemaligen Staatspartei und Islamisten noch aktiv sind, in der sich die rebellierende Jugend »von denen in der Stadt« im Stich gelassen fühlt. Noch immer kommt es zu Willkürakten und Übergriffen durch Polizei und Miliz. Opfer sind hauptsächlich junge Oppositionelle. Berichten nach soll die Rapid Support Force des berüchtigten Generals Hemeti verantwortlich sein.

Der Konflikt zwischen Alt und Neu schwelt auf dem Land unvermindert und gefährlich vor sich hin – und dies, wie es scheint, unbeachtet von Khartum. Dabei hatte die Revolution gar nicht in der Hauptstadt begonnen, sondern in Kleinstädten wie Alafun.

KAPITEL 6

TUNESIEN –
DIE UNVOLLENDETE REVOLUTION

EIN TUNESISCHES MÄDCHEN

Der Trauerzug ist gewaltig. Zehn Frauen tragen auf ihren Schultern den mit einer tunesischen Flagge bedeckten Sarg. Hunderte meist junge Tunesierinnen und Tunesier folgen ihm dicht gedrängt. Die wenigsten kennen sie persönlich, für sie alle ist sie aber eine Legende – Lina Ben Mhenni, gestorben nach langer Krankheit in Tunis, Montag, den 27. Januar 2020. Gerade mal sechsunddreißig Jahre alt ist sie geworden.

Von ihr wollen sie Abschied nehmen, von der einflussreichsten Bloggerin des Landes, von einer unerschrockenen Stimme, die schon vor der Revolution im Dezember und Januar 2010/11 mit ihrem Blog gegen das alte Regime gekämpft hatte.

Der Kampf für die Menschenrechte hatte in Linas Familie Tradition. Ihr Vater hatte als Bürgerrechtler und Gründer des tunesischen Zweigs von Amnesty International im Gefängnis gesessen. In ihrem Blog »A Tunisian Girl« hatte Lina Ben Mhenni geschrieben: »Ich bin ein freies Elektron und möchte es bleiben.« Ungebunden unterwegs in der Welt – das war ihr Lebensideal. »Ein freies Elektron kennt keine Grenzen.« Weiter schrieb sie über sich und ihre Bloggerfreunde: »Wir, die Blogger, haben es immer abgelehnt, uns zu einer wie auch immer gearteten Organisation zusammenzuschließen, obwohl andere uns dazu bewegen wollten.« Bewundert wurde sie für ihren Mut und ihre Hartnäckigkeit. Dabei war sie jahrelang durch eine schwere Erkrankung ihrer Nieren geschwächt gewesen. Erst drei Jahre vor der Revolution hatte ihre Mutter ihr eine Niere gespendet. Vermutlich ahnte Lina damals, dass die Tränengasschwaden, die Polizeiknüppel und die Jagd der Geheimdienstler auf sie und ihre Freunde ihrer Gesundheit nicht gerade zuträglich waren, auch wenn sie seinerzeit bloggte: »Ich habe oft das Gefühl gehabt, dass die furchtbaren Schmerzen, die ich wegen meines Nierenleidens ertragen musste, mich für meinen Einsatz während der tunesischen Revolution gestählt haben.« Gegen die Diktatur hat sie erfolgreich gekämpft, ihre Krankheit war am Ende aber stärker als sie.

Die Beerdigungsprozession ist einmal quer durch die Stadt gezogen. Es geht zum Friedhof Al-Dschellaz. Die Leute singen die Nationalhymne, rufen: »Ruhe in Frieden, Lina«, und: »Wir führen den Kampf weiter!« Andere marschieren in sich gekehrt mit. Frauen tragen Banner mit der Aufschrift: *Liberté, Démocratie, Laïcité en Tunisie!* Frauen hatten eine entscheidende Rolle gespielt in der kurzen, aber sehr blutigen Winterrevolution, die am 14. Januar 2011 zur Flucht des Despoten Zayn al-Abidin Ben Ali geführt hatte. Genau dafür hatte Lina ihr Leben und ihre Gesundheit aufs Spiel gesetzt, für diese Vertreibung und für »Freiheit, Demokratie und Laizismus«. Jeder wusste, dass dieser Verlust für die am Beerdigungstag gerade mal neun Jahre alte, noch äußerst fragile »neue Zeit« des Landes nur schwer zu ersetzen sein wird. Schließlich war Lina eine ihrer wichtigsten Stimmen gewesen.

Als der Trauerzug mit dem Sarg schließlich auf dem Friedhof ankommt, beginnen die Leute plötzlich rhythmisch zu klatschen. Sie stimmen einen Protestsong an. Immer mehr singen mit, andere applaudieren. Die Trauer scheint für einen Moment verflogen. Lina Ben Mhenni hätte es wohl gefallen.

All dies kann man im Internet auf YouTube ansehen. Also in dem Medium, mit dem die junge Aktivistin Ben Ali bekämpft hatte. Schon

Jahre vor dessen Sturz hatte sie das soziale Netz als Waffe gegen Polizeiwillkür, Zensur und Unterdrückung für sich entdeckt. »Das Netz ist so mächtig«, schrieb sie 2011 in ihrem Blog »A Tunisian Girl«, »weil es unmittelbar reagieren und unbegrenzt viele Menschen miteinander verbinden kann.« Trotz Zensur, Verhaftungen und Folter: »Das Problem ist aber, dass die Repression sich nicht auf Zensur beschränkt. Sie geht so weit, dass die Internauten festgenommen und eingesperrt werden.«

Aber zum Schweigen bringen konnte das Kommunikationsministerium diese »Internauten« nicht, selbst nicht, als es eine eigene Cyberpolizei geschaffen hatte, die Websites sperrte, Internetcafés durchsuchte und Blogger verhaftete.

An dem Blogger Zuhair Yahyawi statuierte die Justiz bereits 2002 ein grausames Exempel. Auf seiner Website »Tunezine« hatte Zuhair wiederholt mit satirischen Beiträgen das Regime verhöhnt. Er forderte seine Leser zum Beispiel auf, über die Frage abzustimmen: »Ist Tunesien eine Republik, ein Königreich, ein Zoo oder doch nur ein Gefängnis?« Das Regime verstand keinen Spaß und bewies, dass es weder Republik noch Königreich, noch Zoo war. Ein Gericht verurteilte den Blogger zu zwei Jahren Gefängnis wegen »Verbreitung falscher Nachrichten, Diebstahls und unrechtmäßiger Benutzung von Kommunikationsmitteln«.

Die überfüllten Zellen, der chronische Wassermangel, die Hitze im Sommer, die Kälte im Winter, all das ruinierte Yahyawis Gesundheit. Er wurde gefoltert und gedemütigt. Dreimal trat er in Hungerstreik. Auf internationalen Druck wurde er im November 2003 nach achtzehn Monaten auf Bewährung entlassen. Draußen nahm Yahyawi seine kritische Berichterstattung wieder auf. Doch keine anderthalb Jahre später starb er, siebenunddreißigjährig, an den Folgen eines Herzanfalls.

Die Polizei hatte aber nicht nur die Blogger im Visier. Die Besitzer von Internetcafés wurden ebenfalls unter Druck gesetzt. Sie mussten sich verpflichten, alles Verdächtige zu melden, also Spitzeldienste zu leisten. Weigerten sie sich, verloren sie ihre Lizenz. Doch die Regimekritiker wussten sich zu helfen. Sie wichen auf andere internationale Plattformen für Blogger aus oder entwickelten »Spiegelseiten«, auf den Cloud-Servern globaler Anbieter abgelegte Duplikate, denen das Ministerium nur schwer beikommen konnte.

In ihrem Blog »A Tunisian Girl« beschreibt Lina Ben Mhenni die Zeit kurz vor der Revolution: »Versuchen Sie mal, YouTube oder Dailymotion aufzurufen, wenn Sie in Tunesien sind. Sie werden umgehend mit der Fehlermeldung 404 konfrontiert! Bei dem Aufruf von Nachrichten auf Al-Jazeera oder Al-Arabiya meldet die staatliche tunesische Internetbehörde, dass sie Ihnen diesen Dienst leider nicht zur Verfügung stellen kann. Wenn Sie sich mit Berichten aus erster Hand über den Alltag und die Sorgen der Tunesier informieren wollen, auf einer Website wie Tunisia News, aafaq.org oder nawaat.org, werden Sie wieder zu lesen bekommen: Leider können wir Ihnen keinen Zugang gewähren … Tunesische Internetnutzer sind inzwischen so vertraut mit der Fehlermeldung ›404 not found‹, dass sie eine virtuelle Gestalt namens ›Ammar 404‹ erfunden haben …«

Irgendwann verlor die Cyberpolizei den Überblick. Im Jahr 2008 machte das Kommunikationsministerium daher eine Vollbremsung. Es sperrte, bis auf wenige Ausnahmen, das gesamte Internet. Doch nach sechs Wochen hatten die Blogger die Blockade durchbrochen. Die amtlichen Kommunikationswächter mussten den Internetzugang wieder ermöglichen. Letztlich waren die Internetaktivisten den Internetschnüfflern immer mindestens einen Click voraus.

Was den jungen Oppositionellen besonders half bei ihrem Kampf gegen die Diktatur, war die rasante Verbreitung von Facebook in Tunesien. »Im Oktober 2009 waren 860 000 Tunesier bei Facebook angemeldet«, schrieb Lina in ihrem Blog. »Im Februar 2010 wuchs die An-

zahl auf 1 125 000. Im Januar 2011 zählte Tunesien 2 400 000 User.«
Bei einer Bevölkerungszahl von 11 Millionen Menschen war also fast
jeder vierte Tunesier über diese Plattform erreichbar, jeder dritte war
in irgendeiner anderen Form im Internet aktiv. Wer nicht im World
Wide Web unterwegs war, hatte zumindest ein Mobiltelefon. 2009,
so sagt die Statistik, konnte praktisch jeder Tunesier per SMS mobi-
lisiert werden. Beste Voraussetzungen für eine moderne Revolution.

Lina Ben Mhenni und andere tunesische Blogger und Internetaktivisten haben eindrucksvoll gezeigt, wie diktatorische Machthaber
durch dieses von ihnen so virtuos benutzte Medium bekämpft werden
können. Linas wichtigste Waffen gegen Ben Alis Sicherheitsapparat
waren ihr Laptop und ihre Kamera. Beides hatte sie immer dabei,
wenn sie zu den Brennpunkten der tunesischen Aufstände im Winter
2010/11 fuhr. Sie fotografierte und kommentierte die Polizeigewalt
und stellte Bilder wie Kommentare ins Internet. Die Welt sollte wissen, was im tunesischen Hinterland passierte. In ihrem Blog schilderte sie eines ihrer schrecklichsten Erlebnisse. Ein junger Demons-
trant war von einem Polizisten erschossen worden. Die trauernden
Eltern waren bei ihm. Lina hätte nie gewagt, ihn zu fotografieren,
aber die Eltern drängten sie dazu. Sie sollte ihn fotografieren und das
Bild ins Internet stellen. »Nie werde ich diese Situation vergessen.
Der junge Mann mit den Schusswunden und die tiefe Trauer seiner
Familie.«

Lina wusste, solche Verbrechen zu dokumentieren und öffentlich
zu machen, brachte das Regime mit jedem Post seinem Ende ein
Stück näher. Sie wusste aber auch, dass sie selber mit jedem Post
Verhaftung und Folter riskierte.

In ihrem Blog berichtet sie davon: »Kaum waren wir wieder am
Bahnhof von Tunis angekommen, fiel ich fast in Ohnmacht, weil ein
ranghoher Scherge, der in Studentenkreisen als Folterkönig berüchtigt war, seinen Untergebenen lautstark den Befehl erteilte, alle Jun-

gen ziehen zu lassen und nur mich zurückzuhalten! Es hieß, dieser Mann habe während seiner Laufbahn mehrere Studentinnen vergewaltigt.« Doch die kleine Gruppe von Aktivisten blieb zusammen, um Lina zu schützen. »Wir hielten dem Polizeiansturm stand und schrien so laut, dass sich Passanten um uns scharten.« Lina entging der Verhaftung.

Ohne die Blogs der Blogger und Plattformen wie Facebook und Dailymotion wäre die tunesische Revolution möglicherweise nicht so erfolgreich gewesen. Dennoch will Lina nicht von einer Internetrevolution sprechen. In einem Interview mit der Deutschen Welle sagte die Aktivistin 2011 anlässlich ihrer Auszeichnung mit dem Blog-Award *The Bob*: »Es ist überzogen, von einer Internetrevolution zu sprechen. Wenn es nur das Netz gegeben hätte, wären wir nie ans Ziel gelangt. Es gab Menschen, die ihr Leben verloren haben, Menschen, die verletzt wurden. Sie haben ungleich größere Opfer gebracht als wir Internetaktivisten.«

EUROPAS LIEBLINGSDESPOT

Als Zayn al-Abidin Ben Ali am 14. Januar 2011 mit Frau und engsten Familienmitgliedern nach Saudi-Arabien floh, fand eine der grausamsten Diktaturen im Nahen Osten ihr Ende. Fast fünfundzwanzig Jahre lang war es dem Diktator gelungen, den Westen über die wahren Zustände im Land im Unklaren zu lassen. Was ihm umso leichter gelang, als der Westen ohnehin nicht so genau hinsehen wollte.

1987 hatte Ben Ali seinen Amtsvorgänger und politischen Ziehvater, Präsident Habib Burgiba, entmachtet und sich an die Staatsspitze geputscht. Er ernannte sich zum Staatspräsidenten und damit zum Staatsoberhaupt sowie zum Oberbefehlshaber der Streitkräfte, der Polizei und der übrigen Sicherheitskräfte. 2002 ließ er die Verfassung so ändern, dass er praktisch Regent auf Lebenszeit war. Widerstand aus dem Parlament, das von der Staatspartei, der »Konstitutionellen Demokratischen Sammlung« (RCD), dominiert wurde, musste er nicht fürchten. Neben der Regierungspartei existierte nur eine staatlich zugelassene Opposition. Jede ernsthafte regimekritische Partei oder Gruppierung wurde ohne Erbarmen von den Sicherheitsbehörden verfolgt. Tunesien unter Ben Ali war ein Polizeistaat, dessen Geheimdienst im Alltag der Tunesier allgegenwärtig war und zu den gefürchtetsten in der arabischen Welt gehörte. Verhaftungen und Folter waren an der Tagesordnung. »Es war ein System, das auf institutionalisierter und systematischer Gewalt beruhte, das keinen

Unterschied machte zwischen Erwachsenen und Kindern, zwischen Männern und Frauen, und das ganze Familien und ganze Regionen zerstörte«, konstatiert die Präsidentin der tunesischen »Kommission für Wahrheit und Würde«, Sihem Ben Sedrine, in ihrem im Mai 2019 veröffentlichten Abschlussbericht.

Bereits 2005 schrieb die Menschenrechtlerin in ihrem Buch *Despoten vor Europas Haustür*: »Propaganda, Fälschung und Instrumentalisierung des Rechts sind ... also die Pfeiler des Unternehmens ›Demokratische Legitimierung‹ der tunesischen Machthaber, womit sich ihre europäischen Partner so gerne zufriedengeben und sie die Augen vor den anderen Zügen des Regimes verschließen lässt.«

Tatsächlich arbeitete die Europäische Union gerne und eng mit Tunesien zusammen, lobte das Land als Entwicklungsmodell. Europäische Unternehmer investierten in dem Billiglohnland. Roman Prodi, bis 2004 Präsident der Europäischen Kommission, pries Tunesien als »Lokomotive und Modell für die euromediterrane Zusammenarbeit«. Auch die Weltbank und der Internationale Währungsfonds stützten Ben Ali, wann immer es notwendig war. Dafür setzte er willig deren Austeritätsprogramme um, etwa durch Kürzungen bei den für viele Tunesier überlebenswichtigen Lebensmittelsubventionen, durch Einsparungen im Gesundheitswesen oder durch Privatisierung staatlicher Unternehmen, die sich bei dieser Gelegenheit dann der Ben-Ali-Clan unter den Nagel riss oder unter seinen Gefolgsleuten aufteilte. In dem Abschlussbericht der Wahrheitskommission von 2019 heißt es: »Es war ein System, das wie ein Krake funktionierte, dessen mit Saugnäpfen bewehrten Arme alle Bereiche des wirtschaftlichen, politischen, sozialen und kulturellen Lebens umklammerte.«

All das war auch damals in den Hauptstädten nördlich des Mittelmeers bekannt, man sah aber darin keinen Grund, die Politik zu ändern. Allein 2003 überwiesen die EU-Staaten im Rahmen der »euro-mediterranen Partnerschaft« an das kleine Tunesien 445 Millionen Euro. In den im selben Jahr verabschiedeten Richtlinien der EU hieß es allerdings: »Bessere Regierungsführung, Förderung der Demokratie und Achtung der Menschenrechte sind die grundlegenden Ziele der Außenpolitik der EU.« Von einer solchen guten Regierungsführung war Tunesien jedenfalls meilenweit entfernt. 58 Millionen Euro in dem Programm waren ausdrücklich für »Regierung und Zivilgesellschaft« vorgesehen. Die tunesische Zivilgesellschaft bekam damals keinen Cent davon zu sehen.

Sihem Ben Sedrine schrieb in ihrem Buch: »Im Jahr 2004 stellten wir fest, dass die Hoffnung auf eine gemeinsame Zukunft mit Europa enttäuscht wurde und dass die Kooperation mit Europa hauptsächlich dazu diente, eine ›weiche Diktatur‹ zu rechtfertigen, die das Land wirtschaftlich ausplünderte.« Deshalb, so klagt sie, sei »die Doppelzüngigkeit der europäischen Politiker gegenüber der arabischen Welt für uns so schwer erträglich«.

Die Hauptgründe für die vertrauliche Zusammenarbeit der EU mit dem autoritär regierten Land waren dabei dieselben wie im Falle Ägyptens: Es ging um den Kampf gegen den Terrorismus und die Abwehr von Flüchtlingen. Schon damals war Tunesien für viele Migranten die letzte Station auf dem afrikanischen Kontinent, ehe sie sich auf die gefährliche Überfahrt nach Europa machten. Tunesiens Präsident Ben Ali kannte natürlich dieses selten offen ausgesprochene Motiv der EU-Mittelmeerpolitik und nutzte es weidlich aus. Mit gutem Grund konnte er davon ausgehen, dass er ernsthafte Kritik von der EU wegen seiner Menschenrechtsverletzungen nicht zu fürchten hatte. Wurde er doch einmal mit Vorwürfen konfrontiert, musste er nur mit den Flüchtlingen drohen. Das zeigte auch bei sozialdemokratischen Politikern Wirkung. 2004 schlug Innenminister Otto Schily sogar vor, in Tunesien und Libyen EU-Auffanglager für Flüchtlinge einzurichten, eine Idee, die auch heute noch durch die Flüchtlingspolitik geistert. Noch sechs Jahre später verteidigte Schily diese Idee in einem Interview mit der *Süddeutschen Zeitung*.

Was den Terrorismus betrifft, so hat das Land – trotz aller Zahlungen – das Problem bis heute nicht in den Griff bekommen. Das Regime Ben Ali hatte zwar versucht, sich als Hort der Freiheit und Sicherheit in einer vom Terrorismus bedrohten Welt zu verkaufen, um so Touristen anzulocken. Aber spätestens seit dem Anschlag auf der Ferieninsel Djerba am 11. April 2002 war auch dem Letzten klar, dass das kleine Land am Mittelmeer beim Thema Sicherheit ein großes Problem hat. Ein vierundzwanzigjähriger Tunesier hatte einen mit Flüssiggas beladenen Lastwagen gegen die Al-Ghriba-Synagoge gefahren und war beim Aufprall explodiert. Neunzehn Besucher des historischen Gotteshauses starben, darunter vierzehn Deutsche. Zunächst versuchten die tunesischen Behörden den Anschlag als Unfall zu verkaufen, um das Geschäft mit dem Tourismus nicht zu verderben. Erst als es gar nicht mehr zu verheimlichen war, lenkte auch das Regime ein. Ein Jahr später bekannte sich »Al-Qaida im Maghreb« zu dem Anschlag.

Der Anschlag von Djerba sollte nicht der letzte Terrorakt in Tunesien gewesen sein. Im Dezember 2006 und Januar 2007 war es in der Gegend um die Kleinstadt Soliman, südlich von Tunis, immer wieder zu Kämpfen zwischen Sicherheitskräften und tunesischen Dschihadisten gekommen, wie schon früher im schwer zugänglichen Gebirge entlang der Grenze zu Algerien. Ben Ali nutzte diese Anschläge, um fast die gesamte Opposition des Terrorismus zu verdächtigen und seine politischen Gegner aburteilen zu lassen.

Besonders die verbotenen tunesischen Muslimbrüder und ihre Partei »Ennahda« hatten unter dieser Verfolgung zu leiden. Für den Westen galt dies als Beleg dafür, dass Fundamentalismus und religiöse Intoleranz in Tunesien nicht geduldet wurden. Dass in dem Land willkürlich verhaftet und gefoltert wurde, dass statt »guter Regierungsführung« Kleptomanie und Nepotismus herrschten, spielte für die Demokratie predigenden Politiker aus Europa keine entscheidende Rolle. Spätestens nach den Terroranschlägen vom 11. September in New York hatte der Kampf gegen den Terrorismus höchste Priorität. Um rechtsstaatliche Bedenken meinten die Politiker in Brüssel sich nicht auch noch kümmern zu können. »Aus Sicherheitserwägungen pflegt Europa enge Beziehungen zu korrupten Despoten«, schreibt Sihem Ben Sedrine in ihrem Buch, »weil sie vermeintlich den Terrorismus bekämpfen und dafür sorgen, dass die Grenzen dicht bleiben. Tatsächlich schaffen sie den Nährboden für Terrorismus.«

DIE TUNESISCHE SUCHE NACH DER WAHRHEIT

Das ganze Ausmaß dieser Verstöße gegen Rechtsstaatlichkeit und Menschenrechte wurde erst nach der Revolution vollständig erkennbar. Selbst für tunesische Menschenrechtler, die viel Willkür des alten Regimes erlebt hatten, war es eine böse Überraschung. Bei der Aufklärung dieser Vergangenheit spielte wieder jene Frau eine entscheidende Rolle, die Präsident Ben Ali wegen ihrer scharfen Kritik mehrfach hatte ins Gefängnis werfen lassen – Sihem Ben Sedrine.

2014, drei Jahre nach dem Sturz des Regimes in Tunesien, wurde sie vom Interimspräsidenten des Landes, Munsif al-Marzuki, zur Leiterin der »Kommission für Wahrheit und Würde« ernannt. Deren Aufgabe war es, die Menschenrechtsverletzungen und die Fälle von Korruption während der Regierungszeit von Präsident Zayn al-Abidin Ben Ali, aber auch der seines Amtsvorgängers, Habib Burgiba, zu untersuchen. Die tunesische Wahrheitskommission war die Erste in der arabischen Welt überhaupt, die mit weitreichenden Vollmachten ausgestattet die Vergangenheit des Landes aufarbeiten sollte. Doch wer gedacht hatte, dass sich Gesellschaft und Politik geschlossen hinter die Arbeit der Kommission stellen würden, sah sich getäuscht. Dabei hatte Interimspräsident Marzuki bei der Gründung der Kommission verkündet: »Es kann keine nachhaltige Demokratie geben, ohne die Fehler der Vergangenheit anzuerkennen und zu korrigieren.« Die Regierung hatte er aufgefordert, der Kommission alle nötigen

Mittel zur Verfügung zu stellen, damit sie ihren Auftrag bestmöglich erfüllen könne. Und er betonte: »Die Präsidentschaft der Republik ist ihrerseits verpflichtet, der Kommission verfügbare Unterlagen über das frühere Regime zur Verfügung zu stellen.« Doch mit dieser amtlichen Unterstützung sah es schon bald schlecht aus.

Im Frühjahr 2020 bin ich mit der heute siebzigjährigen Sihem Ben Sedrine zum Interview verabredet – coronabedingt per Skype. Ich möchte von ihr wissen, wie sie die Arbeit in der Kommission erlebt hat.

Was Sedrine berichtet, klingt ernüchternd. Nicht nur die Täter selber – ehemalige Agenten des Sicherheitsapparates etwa oder regimetreue Richter oder bekanntermaßen korrupte Unternehmer – widersetzten sich den Anhörungen der Kommission. Fast die gesamte Elite des Landes stellte sich gegen sie, berichtet die Journalistin.

»Die Regierung des neuen Präsidenten Beji Caid Essebsi hätte es am liebsten gesehen, wenn wir die Arbeit schon viel früher eingestellt hätten«, sagt Ben Sedrine. »Präsident Essebsi hat jede Gelegenheit genutzt, um uns Steine in den Weg zu legen. Am liebsten hätte er alles unter den Teppich gekehrt.«

Der damals bereits achtundachtzigjährige Beji Caid Essebsi war eine äußerst schillernde Figur in der tunesischen Politik. Schon unter Burgiba hatte er wichtige Ministerämter bekleidet. Unter Ben Ali war Essebsi zunächst Präsident der Abgeordnetenkammer, zog sich 1994 aber aus der Politik zurück, weil er nach eigenen Aussagen keine Einflussmöglichkeit auf die Politik des Landes sah. Nach dem Sturz Ben Alis kehrte er zurück. Er wurde der erste Premierminister der neuen Regierung. 2014 stellte er sich mit seiner säkularen Sammlungspartei »Nida Tunis« (Ruf Tunesiens) zur Wahl für das Präsidentenamt und konnte sich gegen den amtierenden Interimspräsidenten und Förderer der »Kommission für Wahrheit und Würde« al-Marzuki in der Stichwahl mit 55 Prozent der Stimmen durchsetzen.

Für politische Beobachter galt er als ein wenig belasteter Diener zweier Despoten, obwohl er in beide Systeme verstrickt war. Auch das sollte die Kommission untersuchen. In den sechziger Jahren war Essebsi zunächst als Chef der Sicherheitsdienste und später dann als Innenminister für die Verhörmethoden der Polizei zuständig gewesen. Sollte er von den zahllosen Menschenrechtsverletzungen nichts gewusst haben? Die Kommission schließt das aus. In ihrem Abschlussbericht stellt sie fest, Essebsi habe Folter »befohlen, vorbereitet und verschwiegen«, er sei also an »systematischen und geplanten Verbrechen« beteiligt gewesen.

Essebsi dürfte mit einem solchen Ergebnis gerechnet haben. Kein Wunder also, dass er nach seinem Amtsantritt im November 2014 der Kommission Steine in den Weg legte, wo er nur konnte. So etwa am 25. Dezember 2014, als Mitarbeiter der Kommission das Präsidentenarchiv sicherstellen wollten. Schließlich hatte Essebsis Vorgänger den Zugang ausdrücklich zugesagt. Doch »als das Team der Kommission den Präsidentenpalast betreten wollte, versperrten Männer in Zivil, die sich als Mitglieder der Präsidentengarde vorstellten, den Kommissionsmitarbeitern den Weg«, heißt es im Abschlussbericht der Kommission. Das Archiv blieb ihnen verschlossen. Ben Sedrine und ihre Mitarbeiter klagten vor Gericht. Vier Jahre lang verschleppten die Justizbehörden in Tunis das Urteil, dann entschieden sie, es habe sich lediglich um eine Ordnungswidrigkeit gehandelt, und verwiesen den Fall an eine untergeordnete Instanz. Das Archiv des Präsidialamtes blieb der Kommission verschlossen, genauso wie die vielleicht noch wichtigeren Archive der Polizei, des Militärs und anderer Sicherheitsdienste.

»Das ist eine große Lücke in unserer Arbeit«, bekennt Ben Sedrine in unserem Gespräch. »Besonders schmerzlich ist, dass wir die Polizeiarchive nicht einsehen konnten. Das tunesische Spitzelsystem funktionierte ähnlich wie das Stasisystem in der DDR. Stellen Sie sich vor, die Deutschen hätten nach der Wiedervereinigung die Stasi-akten nicht studieren dürfen. Dann wüssten Sie bis heute nicht, wer Spitzel war, wer das Regime unterstützt hat. Bei uns ist das so. Wir wissen es nicht. Wir können bis heute nicht sagen, wer alles für das Regime gearbeitet hat, wer wen bespitzelt und angeschwärzt hat.«

Dabei waren gerade Denunziationen ein wichtiges Herrschafts-instrument sowohl unter Ben Ali wie auch unter Burgiba. Polizeiwill-kür, korrupte Gerichte, ein Netzwerk von Spitzeln und unmenschliche Haftbedingungen in den Gefängnissen – die Tunesierinnen und Tunesier hatten allen Grund, nicht negativ auffallen zu wollen. Über Politik redete man daher nicht, häufig nicht einmal in der eigenen Familie. Ein Klima der Angst beherrschte das Land, und das praktisch seit seiner Unabhängigkeit im Jahr 1956.

VERSÖHNEN ODER VERHÖHNEN?

Nur vor diesem Hintergrund ist verständlich, was im Dezember 2010 in Tunesien geschah, als sich der Gemüsehändler Mohamed Bouazizi in der Kleinstadt Sidi Bouzid im Zentrum des Landes mit Benzin übergoss und anzündete. Der erst sechsundzwanzigjährige Bouazizi hatte seit Jahren seine Familie mit seinem Gemüsekarren mehr schlecht als recht durchgebracht, doch wegen einer fehlenden Genehmigung beschlagnahmten Polizisten immer wieder seine Waren und Gerätschaften. So auch an jenem 17. Dezember 2010. Als er auf einer Polizeiwache, wo er Beschwerde einlegen wollte, auch noch gedemütigt und geschlagen wurde, geriet er außer sich, übergoss sich mit Benzin und zündete sich selber an. Das Bild des komplett bandagierten jungen Mannes in dem Krankenhaus, in dem er im Januar starb, ging durch die Medien. Es wurde zum Sinnbild für die Menschen im Land, für ihre eigene Hilflosigkeit und Wut. In der Folge kam es landesweit zu Demonstrationen und zu Gewaltausbrüchen, die erst mit der Flucht von Ben Ali ihr Ende fanden.

Plötzlich schien eine neue Zeit angebrochen. Seit Wochen hatten die Menschen für freie Meinungsäußerung demonstriert, freie Wahlen, für unabhängige Gerichte und eine Polizei, die für die Bürgerinnen und Bürger da war, statt sie zu schikanieren und zu demütigen. Jetzt sollten diese Forderungen in die Politik einfließen. Bürgerinitiativen wie die Antikorruptionsorganisation »I-Watch« entstanden mit dem Ziel, die neue Politik kritisch zu begleiten, das Parlament zu überwachen und Korruption zu bekämpfen. Online-Zeitungen etablierten sich als Gegengewicht zur auch heute noch regierungsnahen Presse. Kurz – alles schien besser zu werden.

Doch dann kam Beji Caid Essebsi an die Macht. Seine Wahl, so Ben Sedrine, habe ihnen klargemacht, dass die neuen Verhältnisse für die meisten Bürger nur schwer durchschaubar waren: »Bei den Parlamentswahlen wussten die Wähler bei den meisten Kandidaten nicht, wer zum alten Regime gehört hatte und wer nicht. Bei den Ministern war das bekannt. Wenn aber zum Beispiel Unidozenten kandidierten oder Journalisten, dann konnte man unmöglich wissen, ob sie Dreck am Stecken hatten.«

Einigermaßen geschickte Wendehälse konnten also im neuen Tunesien gut überleben, selbst jene, denen nach der Revolution Korruption und Bereicherung auf Kosten des Staates nachgewiesen werden konnte. Dafür hatte der neue Präsident gesorgt. Schon kurz nach seinem Amtsantritt versuchte er, ein Gesetz durch das Parlament zu peitschen, das er euphemistisch »Gesetz zur Versöhnung des Landes« nannte. Tatsächlich sollte es korrupte Beamte und Geschäftsleute des alten Systems amnestieren, um so, wie der Präsident offen zugab, einen Schlussstrich unter die Zeit der beiden Diktaturen zu ziehen. Die Wahrheitskommission und Menschenrechtsorganisationen protestierten und demonstrierten.

Kritiker sprachen von einem Verrat an der Revolution, so etwa der Chef der Antikorruptionsorganisation »I-Watch«, Aschraf al-Awadi: »Es gibt einen Bericht des Internationalen Währungsfonds, wonach vor 2011 rund 25 Prozent der gesamten Wirtschaft in der Hand von Ben Ali und seiner Familie war. Dann mussten noch die Partei und deren Freunde berücksichtigt werden. Und natürlich hat die Verwaltung bei diesem Betrug geholfen.« All diese Täter sollten, so der Plan des tunesischen Präsidenten, ohne Strafe davonkommen.

Die ursprüngliche Fassung des Gesetzes immerhin konnte verhindert werden. Dies war nicht zuletzt ein Erfolg der vor allem von Jugendlichen gegründeten Widerstandsbewegung »Manich Msamah« (Ich werde nicht vergeben). Über Facebook rief sie zu Straßenprotesten im ganzen Land auf. Eine ihrer Sprecherinnen verkündete: »Wir können das Unrecht der Vergangenheit nicht wiedergutmachen, solange die, die das Land bestohlen haben, nicht vor Gericht gestellt werden und den Opfern des alten Systems nicht Gerechtigkeit widerfahren ist. Deswegen dient das Gesetz nicht der Versöhnung. Wir nennen es ein Gesetz zur Amnestierung der Korrupten.«

Der Gesetzentwurf in seiner ursprünglichen Form wurde aufgrund der Proteste zurückgezogen. Im September 2017 verabschiedete das Parlament eine weichgespülte Fassung des Weißmachergesetzes. Doch auch in dieser Fassung war es Ben Alis alten Gefolgsleuten noch möglich, sich selbst in Fällen von schwerer Korruption gegen eine mit dem Staat ausgehandelte Summe freizukaufen. Mit dieser Zahlung entgingen sie jeder weiteren Strafverfolgung und mussten sich auch nicht der Wahrheitskommission stellen. Dass die Partei »Nida Tunis« ein besonderes Interesse an dem Gesetz hatte, war allen klar. Viele der früheren Parteigänger Ben Alis hatten in ihr eine neue politische Heimat gefunden – nicht zuletzt Essebsi selbst.

Im Abschlussbericht der Wahrheitskommission heißt es dazu unmissverständlich: »Das Gesetz widerspricht der Verpflichtung des tunesischen Staates, Korruption zu bekämpfen.« Und für Kommissionschefin Ben Sedrine steht fest: »Dieses Reinwaschen der Täter wird eher die alten Kräfte stärken als diejenigen, die Reformen wollen. Nach diesem Gesetz müssen sich die Täter noch nicht einmal bei ihren Opfern entschuldigen.«

Kritiker bezeichnen daher das sogenannte »Versöhnungsgesetz« schlicht als ein »Verhöhnungsgesetz«.

KEIN SCHLUSSSTRICH

Trotz aller Behinderungen konnte die Kommission nach viereinhalb Jahren Anhörungen und Recherchen im März 2019 ihren Bericht vorlegen. In sechs Bänden dokumentiert sie 62 720 Fälle von Folter, Justizmorden, Justizwillkür, Vergewaltigung, Korruption, Veruntreuung öffentlicher Gelder.

Die Aufarbeitung der Folterpraktiken nimmt einen großen Raum ein. Dass in Tunesien systematisch gefoltert wurde, war seit langem bekannt. Laut Human Rights Watch war Schlafentzug die am häufigsten verwendete Foltermethode. Üblich waren aber auch »Drohungen, den Häftling oder weibliche Familienmitglieder zu vergewaltigen; Schläge, insbesondere auf die Fußsohlen, Schläge mit Fäusten, manchmal mit Knüppeln, Elektroschocks, Tritte, Aufhängen von Häftlingen an der Decke oder in der Position ›Brathähnchen‹, entweder vollständig oder fast nackt, an einer Stange zwischen zwei Tischen.«

Tausende von Zeugen befragten Sihem Ben Sedrine und ihre Mitarbeiter. Eine große Herausforderung, auch seelisch, wie die Kommissionschefin bekennt: »Ich dachte, die schlimmen Dinge, die in Tunesien passiert sind, seien mir bereits mehr oder weniger bekannt. Aber die Geschichten, die ich zu hören bekam, haben mich immer wieder aufs Neue geschockt. Zum Beispiel die Geschichte von der Ehefrau, deren Mann verhaftet wurde. Die Polizei ist unmittelbar nach der Verhaftung zu ihr zurückgekommen, um sich an der neunjährigen Tochter zu vergehen, vor den Augen der hilflosen Mutter.«

Andere Frauen suchten über die Kommission nach ihren vor Jahren im landesweiten Gefängnisdschungel verschwundenen Männern, mussten aber während der Anhörung oft erfahren, dass diese schon lange tot waren.

Besonders tragisch der Fall des Gewerkschafters Kamal Matmati, den die Polizei am 7. Oktober 1991 an seinem Arbeitsplatz verhaftet hatte, weil er angeblich den Muslimbrüdern nahestand. Regelmäßig gingen Familienmitglieder zum Gefängnis, in dem Matmati angeblich einsaß. Man ließ sie nie vor. Ein Jahr lang gaben sie Kleidung und Essen für ihn am Gefängnistor ab. Was sie erst nach der Revolution erfuhren: Polizisten hatten Kamal Matmati bereits am Tag seiner Festnahme zu Tode gefoltert. Um den Schein zu wahren, verurteilte ein Gericht ihn ein Jahr später zu siebzehn Jahren Haft. In Abwesenheit. Der Familie teilte die Polizei mit, Kamal sei aus dem Gefängnis ausgebrochen.

Vor der Kommission schildert die Ehefrau des Ermordeten, dass sie sich täglich bei der Polizei hatte melden müssen. Die Polizisten hatten sie oft gefragt, ob sich der Geflohene bei ihr gemeldet habe. In der Schule wurden ihre Kinder schikaniert und verspottet. Erst nach der Anhörung vor der Wahrheitskommission bekam die Familie einen amtlichen Totenschein ausgestellt, der die Ermordung Kamal Matmatis bestätigte.

Der Fall Matmatis ist einer von ungefähr zweihundert, die die Kommission an eigens für solche Fälle eingerichtete Sondergerichte überweisen konnte, um die für Verhaftung und Ermordung Verantwortlichen anzuklagen. Am 9. Juli 2018 beginnt in Gabes, der Heimatstadt Matmatis im Süden Tunesiens, der Prozess. Angeklagt sind zwölf ehemalige Polizisten, außerdem zwei ehemalige Minister. Die Organisation »Avocats Sans Frontières« hat die ersten Prozesstage genau protokolliert: »Keiner der Angeklagten war vor Gericht erschienen, obgleich alle vorgeladen worden waren. Einige ließen sich durch ihre Rechtsanwälte vertreten, einer hatte sich nach Frankreich abgesetzt.« Vom zweiten Prozesstag hieß es: »Ein Zeuge (einer der beteiligten Polizisten) sagt aus, wegen dieser Verhaftung seien Polizisten extra aus Tunis angereist. Einer habe nach einem Knüppel verlangt, sie gaben ihm einen, mit dem habe er auf den Verhafteten eingeprügelt, bis er tot war. Am Ende habe dieser Beamte sehr zufrieden ausgesehen.«

Matmatis Leiche nahmen sie mit nach Tunis und verscharrten sie irgendwo. Bis heute ist sie nicht gefunden worden. Immerhin hat sich der damalige Innenminister Ben Alis, Abdallah Kallel, inzwischen bei der Familie Matmati entschuldigt. Er trage eine moralische Mitverantwortung für den Mord, ließ er ihr mitteilen.

Um ihre Arbeit abzuschließen, hätte die Kommission mehr Zeit gebraucht, klagt Sihem Ben Sedrine. Im ursprünglichen Gesetz der Übergangsregierung war zwar die Möglichkeit einer Mandatsverlängerung um ein Jahr ausdrücklich vorgesehen gewesen, doch die beiden regierenden Parteien, Nida Tunis und Ennahda, lehnten eine Verlängerung ab. Mit der Folge, dass zwar über 13 000 Opfer ihre Unterlagen bei der Kommission einreichen konnten, aber keine Möglichkeit mehr hatten, ihre Aussage zu machen. Dennoch war die Arbeit nicht vergeblich. Immerhin hörte die Kommission rund 50 000 Opfer an und leitete Strafverfahren gegen fast zweihundert der Täter ein. Die Justiz geht die Prozesse allerdings nur zögerlich an, wenn überhaupt. Opfern wurden Entschädigung zugesprochen, eine öffentliche Entschuldigung für das erlittene Unrecht bekamen die meisten nicht zu hören. Vielen wäre mit einer solchen Geste wohl mehr geholfen gewesen als mit Geld.

DEMOKRATISIERUNG DER KORRUPTION

Unerreichbar für die Wahrheitskommission blieb der Hauptverantwortliche selber, Zayn al-Abidin Ben Ali. Seit seiner Flucht lebte er in Saudi-Arabien, wo er am 19. September 2019 starb – als reicher Mann. Den größten Teil seines geraubten Vermögens hatte er schon früh außer Landes schaffen lassen. Zum Beispiel in die Schweiz, wo 60 Millionen Franken aufgespürt wurden, von denen allerdings bislang die Schweizer Justiz nur einen Bruchteil zur Rückerstattung an den tunesischen Staat freigegeben hat. Oder in den Libanon, wo Ben Alis Ehefrau, Leila Trabelsi, 28 Millionen Dollar gehortet hatte. Ein Taschengeld, verglichen mit den Milliarden Dollar, die die Ben-Ali-Familie während der dreiundzwanzig Jahre dauernden Herrschaft insgesamt zusammengerafft hatte.

Bis zu seinem Sturz war es Ben Alis Großfamilie und seinen engsten Gefolgsleuten gelungen, mehr als 23 Prozent aller privat erwirtschafteten Gewinne des Landes in die eigenen Kassen umzulenken. Das hatte 2014 die Weltbank ausgerechnet. Die internationale Nichtregierungsorganisation »Transparency International« spricht sogar von einem Drittel der tunesischen Wirtschaftsleistung, die sich die Familie durch Betrug und Erpressung unter den Nagel gerissen habe. Außerdem hatten die Rechercheure der Weltbank 662 tunesische Unternehmen der Ben-Ali-Familie zuordnen können, darunter so lukrative wie die tunesische Telecom und Tunisair, außerdem Vertriebshändler von Mercedes-Benz und Mitsubishi sowie mehrere Banken. In einem internen, von WikiLeaks veröffentlichten Bericht nannte die US-Botschaft in Tunis 2008 die Familie einen »quasimafiösen Clan«.

Als im Januar 2011 der Lieblingsneffe von Leila Trabelsi verhaftet wurde, kam es zu Ausschreitungen. Auf dem Weg zum Haftrichter mussten Polizisten in Kampfuniform Imed Trabelsi vor dem wütenden Mob schützen. Die Menschen beschimpften und bespuckten ihn, versuchten ihn zu schlagen. Nur mit großer Mühe schafften es die Bereitschaftspolizisten, ihn vor der Volkswut zu schützen.

Imed war eine schillernde Figur. So stand er im Verdacht, den Diebstahl von Luxusautos in Deutschland in Auftrag gegeben zu haben. Besonders scharf war er auf eine bei München hergestellte Marke. Nachweisen konnte man ihm den Diebstahl von drei Luxusjachten im Hafen von Bonifacio auf Korsika. Auf verschlungenem Kurs brachten seine Helfershelfer die Jachten nach Tunesien. Doch er hatte Pech. Der Besitzer der einen Jacht war ein Freund des französischen Innenministers. Nach dessen Intervention in Tunis musste Trabelsi das Boot zurückgeben. Vor ein französisches Gericht kam er deswegen nicht. Tunesien verweigerte seine Auslieferung. In seinen Geschäftspraktiken war Imed Trabelsi skrupellos. Er schreckte nicht zurück vor Gewalt, Erpressung und Diebstahl. Wenn die Geschäfte mit einem Partner gut liefen, zwang er diesen, seine Anteile an ihn abzutreten, andernfalls drohte er mit Verhaftung, Enteignung oder physischer Gewalt.

Nach der Revolution hagelte es dann allerdings Gefängnisstrafen. Wiederholter Scheckbetrug in Millionenhöhe, Bereicherung, Aneignung von Immobilien, Betrug in fast jeder Variante. Insgesamt verurteilten die Gerichte ihn zu 108 Jahren Gefängnis.

Auch vor der Wahrheitskommission musste er aussagen. Er war sogar bereit dazu, im Gegensatz zu anderen Mitgliedern seiner kriminellen Sippschaft. Vielleicht erhoffte er sich Hafterleichterung, wenn er den reuigen Sünder gab. Am 19. Mai 2017 saß er vor der Kommission und berichtete mit schwer erträglicher Leidensmiene, aber erstaunlich freimütig von den kleptokratischen Machenschaften des Ben-Ali-Clans. Er schilderte zum Beispiel, wie er sich den Handel mit Alkohol im Land unter den Nagel gerissen hatte. Wegen der Touristen ein besonders lukratives Geschäft. Das sei keine große Sache gewesen, sagte Imed Trabelsi in die Kamera, ohne die Miene zu verziehen: »Es hat nur zwei Jahre gedauert, bis ich ungefähr dreißig Prozent des tunesischen Marktes unter meiner Kontrolle hatte. Das gilt für den legalen Handel wie für den Schwarzmarkt.« Dank Erpressung und Bestechung. Und er fügt süffisant hinzu: »Seit der Revolution hat sich an dem System nicht viel geändert.« Ist das nun die späte Rache eines überführten Oberkorrupten? Ein Revanchefoul?

Von ihm vielleicht so gedacht, doch Untersuchungen wie der »Tunisia Country Report 2018« der Bertelsmann-Stiftung bestätigen die immer noch grassierende Korruption im Land:

»Bestechung ist im täglichen Leben weit verbreitet. Der Sicherheitsapparat wird als der korrupteste Teil der staatlichen Verwaltung angesehen, aber auch andere Bereiche wie Gesundheits- und Sozialleistungen sind betroffen.«

Allerdings funktioniert das Bestechen heute anders als vor 2011. Während früher so gut wie in jedem Korruptionsfall ein Mitglied der Präsidentenfamilie begünstigt war, hat sich Korruption heute »demokratisiert«, wie es der Rechtsanwalt und Leiter der nationalen Antikorruptionsbehörde (INLUCC), Chawki Tabib, ironisch formuliert hat. Vor der Revolution profitierten nur wenige, heute ist Bestechung und Bestechlichkeit zu einer allgemeinen Volkskrankheit geworden. Man zahlt Bakschisch im Krankenhaus, um behandelt zu werden, an den Verkehrspolizisten, um nicht aufgeschrieben zu werden, an Lehrer, um die Versetzung des Sohnes zu sichern, vor Gericht, um ein günstiges Urteil zu bekommen, oder an Politiker, um Staatsaufträge zu erhalten. Fast jeder Tunesier hat in seinem Leben schon einmal jemanden schmieren müssen.

Umfragen bestätigen die rasante Verbreitung der Seuche Korruption, die zu einem dramatischen Vertrauensverlust in die Politik führt. Deutlich mehr als die Hälfte aller Tunesier ist der Meinung, dass die Regierung die Korruption »ziemlich schlecht« oder »sehr schlecht« bekämpft. Und sieben von zehn Befragten sind sogar der Überzeugung, dass die Korruption von Jahr zu Jahr zunimmt – so eine 2018 durchgeführte Studie des überparteilichen panafrikanischen Meinungsforschungsinstituts »Afrobarometer«. Laut Afrobarometer fürchtet darüber hinaus eine große Mehrheit der Tunesier Sanktionen, wenn sie Fälle von Korruption bei Polizei oder Gericht anzeigt.

Mit großer Besorgnis sieht INLUCC-Chef Chawki Tabib, dass auch heute noch mehr als die Hälfte der tunesischen Wirtschaftsleistung auf Schwarzmärkten entsteht. Damit diese Schattenwirtschaft im Alltag funktioniert, müssen staatliche Institutionen, Beamte und einzelne Bürger gekauft werden. Wer Schmuggelware im Ausland organisiert, chinesische Elektronik etwa, und sie zum Beispiel über den wichtigen Hafen La Goulette bei Tunis importieren will, muss zunächst den Zoll im Hafen bestechen. Genauso bekommen Polizisten, die die Ausgänge der Hafenanlagen kontrollieren, ihr Geld, damit die Ware ohne die erforderlichen Zollpapiere passieren kann. Und noch etliche andere Aufpasser wollen bedacht werden, ehe die Ware auf einem der Schwarzmärkte zum Kauf angeboten werden kann. Dass die dann immer noch billiger ist als einheimische oder redlich versteuerte, mag den Kunden freuen, schadet aber den einheimischen Produzenten und dem Staat. Fast 9 Milliarden Dollar entgehen so dem Fiskus jährlich an Steuern. Auch über die 460 Kilometer lange libysch-tunesische Grenze gibt es einen regen Schmuggelverkehr, auch wenn er in den letzten Jahren abgenommen hat. Die EU und die deutsche Bundespolizei bilden tunesische Grenzschützer aus.

Noch immer bekommt Korruptionsbekämpfer Tabib bei seiner Arbeit viel Gegenwind zu spüren, da viele einflussreiche Familien weiterhin am Schmuggel verdienen. Das seiner Behörde zur Verfügung gestellte Budget reiche vorne und hinten nicht aus, klagt er. Außerdem unterstütze die Regierung seinen Kampf gegen den Filz nur halbherzig, obwohl dem Staat Millionen an Einnahmen verloren gehen. So konnten Antikorruptionsermittler 2020 hochrangige Zollbeamte der Bestechlichkeit überführen. Doch statt sie vor Gericht zu stellen, schickte die Regierung sie in den vorgezogenen Ruhestand. Dazu Ahmed Kadri von »I-Watch«: »Wenn ich mit einer Haschischzigarette erwischt werde, komme ich für mehrere Jahre ins Gefängnis. Korrupte Beamte dagegen werden in Pension geschickt. So kann man Korruption nicht bekämpfen.«

Sihem Ben Sedrine weist noch auf ein weiteres schweres Versäumnis hin: Wenn die Regierung nur gewollt hätte, hätte sie sich von der Ben-Ali-Familie Millionenbeträge zurückholen können. Von 250 Millionen Dollar spricht sie. Dazu hätte die Regierung aber nicht zuletzt ihre, Ben Sedrines, Ermittlungen besser unterstützen müssen. So wollte die Wahrheitskommission gezielt Familienmitglieder befragen. »Doch der zuständige Leiter im Justizministerium schob uns einen Riegel vor«, so Ben Sedrine. »Er verhinderte die Befragung von Ben Alis Schwiegersohn Slim Chiboub über Rückzahlung unterschlagener Gelder. In den viereinhalb Jahren unseres Mandats haben wir Tausende Vertagungen solcher Befragungen erlebt. Er hatte eindeutig die Absicht, solche Schiedsverfahren zu boykottieren.«

Auf wessen Anweisung hin der Beamte des Justizministeriums so handelte, lässt sich nur vermuten. Sihem Ben Sedrines Bemühungen um die Rückzahlung der von der Ben-Ali-Familie gestohlenen Gelder fielen auf jeden Fall damals zusammen mit der Rückkehr etlicher Vertrauter der Familie in die aktive Politik des neuen Tunesien.

DIE RÜCKKEHR DER RÄUBER

Nachdem der amtierende Premierminister im Januar 2016 das Vertrauen im Parlament verloren hatte, ernannte Präsident Essebsi einen seiner Vertrauten, den erst einundvierzigjährigen Jussef al-Chahed, zum neuen Regierungschef. In seiner Regierungserklärung versprach Chahed, »der Korruption den Krieg zu erklären«. Nach einem Jahr im Amt baute Chahed seine Regierung um und berief neue Minister und Staatssekretäre. Über diese Kabinettsumbildung schrieb am 8. September 2017 die französische Tageszeitung *Le Monde*: »Von 43 Ministern und Staatssekretären der neuen Regierung hatte mindestens jeder fünfte einen Ministerposten unter Ben Ali innegehabt oder eine Führungsposition in der ehemaligen Staatspartei RCD.« Mindestens acht Mitglieder der neuen Führungsmannschaft des Landes hatten also die Raubzüge der Ben-Ali-Sippe selbst miterlebt, wenn nicht gar von ihnen profitiert. Im neuen Tunesien stiegen sie zu alten Würden auf dank der Regierungspartei Nida Tunis und ihres Koalitionspartners, der einst erbarmungslos verfolgten Islamistenpartei Ennahda.

Auch weniger exponierte Ben-Ali-Vertraute konnten in der neuen Zeit auf Nachsicht hoffen und auf die Unterstützung von Essebsi. Ausgerechnet am Tag der Menschenrechte 2018 begnadigte er kraft seines Präsidentenamtes einen hohen Funktionär, Burhan Besais, der von einem Gericht zu zwei Jahren Gefängnis verurteilt worden war.

Angeklagt war er wegen Korruption während der Ben-Ali-Zeit. Auf dessen Anweisung hin hatte er sechs Jahre lang ein Gehalt von der staatlich kontrollierten Telecom bezogen, ohne einen Finger für das Unternehmen krumm gemacht zu haben. Immerhin handelte es sich um ein Jahresgehalt von rund 65 000 Dollar zuzüglich Vergünstigungen als Lohn für treue Dienste im Hause des Despoten, dem er als Berater zur Seite gestanden hatte. Der spätere Präsident Essebsi hatte Besais 2012 einfach in seine neu gegründete Partei Nida Tunis übernommen.

Unabhängige Antikorruptionsorganisationen wie »I-Watch« oder »Al-Bawsala« (Der Kompass) kommentierten wütend diesen Straferlass. Besais sei der willige Diener zweier höchst umstrittener Herren gewesen. Dank seiner Dienstbarkeiten habe er im alten System Karriere gemacht und im neuen nun einen sicheren Hafen gefunden. »Die Akte Besais zeigt deutlich, dass er in korrupte Praktiken des alten Regimes verwickelt war«, so Salim Al-Kharrat, Chef von Al-Bawsala. »Die Begnadigung widerspricht dem Versprechen der Regierung Chahed, die angetreten war, die Korruption zu bekämpfen.« Der Chefredakteur des tunesischen Nachrichtenportals *Nawaat*, Thameur Mekki, warf dem Staatspräsidenten sogar Amtsmissbrauch vor.

Damit nicht genug. Einem Schwiegersohn von Ben Ali, Marwan Mabrouk, verhalf Ministerpräsident Jussef al-Chahed zu seinem in Europa gesperrten Vermögen. Das war 2019. 2011 war sein gesamtes in Frankreich, Belgien und der Schweiz deponiertes Auslandsvermögen von der EU und der Schweiz eingefroren worden, genauso die Guthaben 47 anderer Mitglieder des Ben-Alis-Clans. Alle landeten auf einer schwarzen Liste der EU wegen Missbrauchs und Unterschlagung öffentlicher Gelder. Ihre Privatflugzeuge ließ die EU an die Kette legen, sobald sie auf einem europäischen Flugplatz gelandet waren. Mabrouks zum Beispiel am 1. Februar 2011 auf dem Pariser Flughafen Le Bourget. Ihre Immobilien ließ die EU ebenfalls beschlagnahmen. Allein in Paris fünf Häuser in bester Lage. Ebenso die in Frankfurt und Genf ermittelten Häuser und Wohnungen. Rund 80 Millionen Dollar konnte die EU so allein in ihren Mitgliedsländern sicherstellen, außerdem zwei Luxusjachten. Insgesamt 17 Milliarden Dollar soll der Clan laut der von der EU finanziell geförderten Organisation »Civil Forum for Asset Recovery« (CiFAR) weltweit in Banken gebunkert haben, obwohl die Banker gewusst haben mussten, mit wem sie sich eingelassen hatten. Bei solchen Millionenbeträgen schaut man aber schon mal nicht so genau auf die Personalausweise, die bei Kontoeröffnungen vorgelegt werden müssen. Der Kleptomanen-Clan wurde so in der Annahme bestärkt, dass die europäischen Länder das beste Versteck für ihre Beute seien. Europa als moderne Schatzinsel.

Doch im Revolutionsjahr 2011 wandte sich die EU von ihrem einstigen Lieblingsdespoten ab, um nicht der Komplizenschaft mit einem gerade in die saudische Wüste geflohenen maghrebinischen Diktator verdächtigt zu werden. Schon vor der Revolution konnte kein europäischer Politiker ernsthaft Zweifel gehabt haben an der dubiosen Herkunft dieser Gelder. Das gilt auch für Ben Alis Schwiegersohn Marwan Mabrouk und dessen immenses Vermögen. Um es zu retten, versuchte er, sich eiligst von der Familie zu distanzieren, ließ sich sogar von seiner Ehefrau, einer Ben-Ali-Tochter, scheiden. Doch es half nichts. Seine Konten blieben gesperrt.

Marwan Mabrouk stammte aus eher bescheidenen Verhältnissen, aus einer kleinen Unternehmerfamilie, die ihr Geld mit Schokolade und Keksen verdiente. Als er sich Ben Ali anschloss, ging es mit seiner Karriere bergauf. 1996 heiratete er Ben Alis Tochter Cyrine Ben Ali. Damit war sein finanzielles Glück gemacht. Ben Ali legte Wert auf eine ausgeglichene Vermögensverteilung – innerhalb der Familie. Tunesiens Langzeitpräsident, seine Frau, ihre Kinder und Neffen,

Schwiegersöhne, Schwiegertöchter und weitere Familienmitglieder waren am Ende an allem beteiligt, was irgendwie profitabel war in ihrem Land. Fluglinien, Hotels und Ferienanlagen waren vollständig in ihrer Hand, sie waren beteiligt an den profitabelsten Banken, Fernseh- und Radiosendern, Internetfirmen ... Keiner in der Familie sollte zu kurz kommen.

Schwiegersohn Marwan Mabrouk hatte es verstanden, sich ein weitverzweigtes Firmenimperium aufzubauen – bis im Revolutionsjahr die neu eingesetzte Übergangsregierung per Dekret das gesamte Vermögen der nimmersatten Großfamilie beschlagnahmte und die EU ihre Konten in Europa einfror. Das war am 4. Februar 2011 – ein schwarzer Tag für Ben Ali und die Seinen.

Heute, zehn Jahre nach der Revolution, geht es Mabrouk wieder glänzend in Tunesien. Zweifellos gehört er zu den Gewinnern dieses Umsturzes, der – so sollte man meinen – vor allem gegen skrupellose Geschäftemacher wie ihn gerichtet war. Gewiss – sein Vermögen in Europa ist eingefroren worden. Alle Anträge, ihn von der schwarzen Liste zu streichen, lehnte der Europäische Rat zunächst ab. Doch im Herbst 2018 deckte die Antikorruptions-NGO »I-Watch« auf, dass Tunesiens Außenminister sich auf Anweisung des Ministerpräsidenten persönlich bei der EU dafür einsetzte, Mabrouks Konten wieder freizugeben. »Der Außenminister hatte damals in einem Brief an die EU argumentiert, Mabrouk habe alle mit dem Staat offenen Rechnungen beglichen und sei sauber. Man könne ihn also von der Sanktionsliste streichen«, erzählt mir am Telefon Ahmed Kadri von »I-Watch«, der als Ermittler an den Recherchen damals beteiligt war. Ob er tatsächlich etwas zurückgezahlt hat, wissen die freiwilligen Korruptionsbekämpfer nicht, halten es aber für wenig wahrscheinlich.

Die überraschende Intervention aus Tunis hatte Erfolg. Am 28. Januar 2019 beschloss die EU per Verfügung, Mabrouk von der schwar-

zen Liste zu streichen und ihm sein Vermögen zurückzugeben, obwohl in Tunesien noch nicht alle Ermittlungen gegen ihn eingestellt
waren. Mabrouk war endgültig wieder ein gemachter Mann.

Warum diese Kehrtwende der EU? Das in Berlin ansässige »Civil
Forum for Asset Recovery« (CiFAR) schreibt mir auf Anfrage: »Die
Praxis zeigt, dass EU-Sanktionen leicht rechtlich angefochten werden können. Das kann dazu führen, dass aus Mangel an Beweisen
oder wegen der Verletzung von Verteidigerrechten ein Name von
einer Sanktionsliste gestrichen werden muss.« Aber es bleiben Fragen offen, so CiFAR. Zum Beispiel, warum Mabrouk der Einzige ist,
der von der Liste der 48 gestrichen wurde. Warum nicht noch andere?
Gibt es womöglich einen Zusammenhang zwischen dem Antrag und
der Entscheidung des Ministerpräsidenten, bei den anstehenden Wahlen im Herbst 2019 mit einer eigenen Partei anzutreten? Zwei Tage
vor der EU-Entscheidung hatte er die Partei »Tahya Tunis« (Lang
lebe Tunesien) gegründet. Darauf weist »I-Watch«-Sprecher Jussef
Belgacem hin. In einem Protestschreiben der Antikorruptions-NGO
»Transparency International«, zu der auch seine Organisation gehört,
schreibt er: »Da Herr Chahed ein Jahr vor den Wahlen in Tunesien
die Gründung einer neuen politischen Partei anstrebt, deutet diese
Aufforderung, nur Mabrouks Vermögen freizugeben anstelle aller
sanktionierten 48, stark darauf hin, dass es eine Übereinkunft mit
ihm gibt.«

Eine denkbare Übereinkunft wäre: Mabrouk finanziert den Wahlkampf und die Partei, wenn Jussef al-Chahed es schafft, Mabrouks
Vermögen freizubekommen. Dies ist nur Spekulation, aber »I-Watch«-
Rechercheur Ahmed Kadri hält diese Möglichkeit nicht für unwahrscheinlich. »Der Wahlkampf Chaheds war sehr teuer. Er fuhr
teure Autos, mietete Theater und Stadien und verteilte Geschenke.
Aber Mabrouk ist zu gerissen, als dass er Spuren hinterlässt.« Beweise habe daher auch »I-Watch« nicht gefunden. Zudem fehle jede

Transparenz bei der Wahlkampffinanzierung der Parteien, heißt es in einem Artikel des Nachrichtenportals *Nawaat* im Februar 2019. Möglicherweise habe al-Chahed dem Unternehmer noch weitere Vorteile verschafft, so der *Nawaat*-Autor. Ursprünglich sollte 2019 die Körperschaftssteuer von 25 auf 35 Prozent erhöht werden. Von der Steigerung ausgenommen werden sollten, so *Nawaat*, Unternehmen wie Banken, Versicherungen und Investmentgesellschaften, alles Branchen, mit denen Wirtschaftstycoon Marwan Mabrouk sein Geld macht. Sollte das zutreffen, dann kann man zu Marwan wirklich nur sagen: »Mabrouk«, »Glückwunsch« – denn das bedeutet sein Name.

Bei der Lossprechung Mabrouks durch den EU-Rat, so erklärte mir Ahmed Kadri von »I-Watch«, hat vermutlich auch die enge Verflechtung seiner Telekommunikationsfirma mit dem französischen Mutterkonzern Orange eine wichtige Rolle gespielt. Die französische Firma durfte bei ihrer tunesischen Tochter erst wieder aktiv werden, nachdem deren Lizenzinhaber und Vorstandsvorsitzender Marwan Mabrouk von der schwarzen Liste der EU gestrichen war. So will es die französische Gesetzgebung. Seit dem 28. Januar 2019 hatten beide, die französische Firma und ihr tunesischer Partner, also wieder freie Bahn.

In anderen Korruptionsfällen war der bis zum Herbst 2019 amtierende Ministerpräsident weniger nachsichtig. Im Mai 2017 ließ Jussef al-Chahed einen Vertrauten von Staatspräsident Essebsi verhaften – Chafik Jarraya, einen landesweit unter dem Spitznamen »Chafik Banana« bekannten Geschäftsmann. Zusammen mit Ben Alis illustrem Neffen Imed Trabelsi hatte er den Bananenhandel im Land kontrolliert. Nach der Revolution machte er schnell wieder Karriere. So war er einer der Finanziers der Partei Nida Tunis und machte sich auch sonst bei ihrem Chef, Staatspräsident Essebsi, unentbehrlich. Seine Verhaftung, die zum Bruch zwischen Ziehvater Essebsi und Ziehsohn Chahed führte, hat zweifellos viele der alten Garde aufgeschreckt. Einige flohen ins Ausland, andere versuchten sich zu arrangieren. Verhaftungen wie die von Jarraya blieben auch bei der in Paris ansässigen internationalen Antikorruptionsbehörde »Financial Action Task Force« (FATF) nicht unbemerkt: Sie honorierte Chaheds widersprüchliche Antikorruptionspolitik, indem sie Tunesien von ihrer schwarzen Liste strich.

DIE WUT DER ERBEN

Die Rückkehr so vieler alter Ben-Ali-Anhänger erleben zu müssen, hat das Vertrauen der Menschen in die politischen Parteien, in Parlament und Präsidentschaft, schwer erschüttert. Schließlich waren die Tunesierinnen und Tunesier 2010 wegen dieser Blutsauger und Halsabschneider auf die Straße gegangen. Seit Essebsi als Präsident des Landes seine Politik der Versöhnung verkündet hatte, befand sich das Vertrauen in die Regierung fast auf dem Nullpunkt. Gerade mal 10 Prozent der tunesischen Jugendlichen gaben 2017 an, »großes Vertrauen« in Regierung und Parlament zu haben, bei politischen Parteien waren es sogar nur knappe 3 Prozent. »Parlamentarier machen Versprechungen, die sie nicht halten. Sie sind unglaubwürdig.« Für andere tunesische Jugendliche »sind Politiker schlicht Lügner«. (Beide Zitate wie auch die Zahlen stammen aus der bereits erwähnten Studie der Friedrich-Ebert-Stiftung *Zwischen Ungewissheit und Zuversicht*.)

Viel Groll und Enttäuschung haben sich bei diesen Erben der tunesischen Revolution in den ersten zehn Jahren der Demokratie angesammelt. »Wir haben sicherlich mehr Freiheit heute«, sagt mir »I-Watch«-Mitarbeiter Ahmed Kadri im Gespräch. Er weiß, ohne diese neue Freiheit könnte er seine Arbeit heute nicht machen. Er ergänzt aber sofort: »Weder in der Wirtschaft noch in der Politik oder im Justizwesen haben wir viel erreicht. Richter sind nicht unabhängig, Politiker lassen sich kaufen, die Arbeitslosigkeit ist hoch.«

Dennoch hält die tunesische Jugend an ihrem Kurs in Richtung offene Gesellschaft fest. Eine große Mehrheit wünscht sich nach wie vor ein demokratisches System und nicht einen starken Mann an der Spitze, auch nicht einen religiösen Staat auf der Grundlage der Scharia wie (laut der Studie der Friedrich-Ebert-Stiftung) die Mehrheit der Jugend Marokkos oder Jordaniens.

Vor diesem Hintergrund muss man auch die Präsidenten- und Parlamentswahlen 2019 sehen, mit denen möglicherweise ein neues politisches Kapitel in Tunesien aufgeschlagen wurde. Zwar war die Wahlbeteiligung deutlich geringer, verglichen mit den Wahlen 2014, die Jungwähler erteilten jedoch jenen Parteien und Politikern eine gehörige Lektion, die in den letzten Jahren beim Mauscheln mit Ben-Ali-Freunden ertappt worden waren. So schaffte es im Herbst 2019 keiner der Spitzenkandidaten der etablierten Parteien in den zweiten Wahlgang der Präsidentschaftswahlen. In die Stichwahl kamen zwei Außenseiter: der asketisch auftretende Juraprofessor Kais Saied und der millionenschwere Medienunternehmer Nabil Karoui, der zur gleichen Zeit wegen des Verdachts der Steuerhinterziehung und Geldwäsche in Untersuchungshaft saß. Saied gab den unbestechlichen Saubermann, der seinen Wahlkampf ohne Unterstützung durch eine Partei und mit kleinstem Budget führte. Er versprach, die Macht des Staates abzubauen zugunsten von mehr direkter Demokratie durch Volksentscheide und Dezentralisierung. Wenngleich Karoui zu der Zeit in U-Haft saß, fiel es ihm, als Inhaber eines beliebten privaten Fernsehsenders, nicht schwer, sich über seinen Kanal den Wählern als Retter der Armen zu präsentieren. Auch er gab vor, dass er alles anders machen werde als die bisherigen Parteien. Zwei Populisten also, die gegen »die da oben« antraten – und das mit Erfolg.

Am Ende entschied sich eine überwältigende Mehrheit für den über sechzig Jahre alten Moralisten und Verfassungsexperten Kais Saied. Ausschlaggeben für seine Wahl waren die Stimmen der tunesischen Jugendlichen, die offensichtlich glaubten, in ihm die wahre Alternative zum letzten Präsidenten Essebsi gefunden zu haben. Dass Saied gegen die Straflosigkeit von Homosexualität polemisierte und die rechtliche Gleichstellung der Frauen ablehnte, schien bei den Jungwählern keine große Rolle gespielt zu haben. Sie wollten in erster Linie die etablierten Parteien loswerden.

Chahed kam mit seiner neu gegründete Partei im Übrigen nur auf 14 Parlamentssitze. Er selber hatte es bei den Präsidentenwahlen gerade mal auf Platz 5 geschafft. Die Regierungspartei Nida Tunis, die noch zwei Jahre zuvor für die Amnestierung belasteter Ben-Ali-Beamter gesorgt hatte, hatte sich in der Zwischenzeit selbst zerlegt. Bis auf drei verlor sie alle Parlamentssitze. Nicht besser erging es der ihr nahestehenden liberalen Partei »Afak Tunis« (Horizonte Tunesiens). Das linke Wahlbündnis »Front Populaire« schrumpfte von 15 auf einen Sitz. Die tunesischen Muslimbrüder, die pragmatisch-islamistische Ennahda, blieb trotz Verlusten mit 52 Sitzen stärkste Partei im Parlament. Sie war die einzige der seit 2011 im Parlament vertretenen Parteien, der es nach neun Jahren tunesischer Demokratie gelungen war, Stammwähler an sich zu binden.

Erfolgreichste Partei war aber zweifellos der Newcomer »Qalb Tunis« (Herz Tunesiens) – im Wahljahr 2019 gegründet von dem Medienunternehmer und gescheiterten Präsidentschaftskandidaten Nabil Karoui. Diese populistische Antisystempartei schaffte es von null auf 17,5 Prozent und damit auf 35 Sitze im Parlament – deutlich mehr, als die Partei des ehemaligen Ministerpräsidenten Jussef Chahed erreichen konnte. Tunesiens Wahljugend hatte an den Wahltagen im Herbst 2019 den alten Parteien einen gehörigen Denkzettel verpasst.

Sicherlich war die Debatte um Korruption und Amnestiegesetz nicht der einzige Grund für die Parteienverdrossenheit der Revolutionserben. Ein wichtiger Grund war gewiss auch die schlechte wirtschaftliche Lage und die hohe Jugendarbeitslosigkeit. Im Schnitt sind heute rund ein Drittel aller jungen Tunesier ohne Arbeit. Von den Universitätsabgängern findet sogar die Hälfte keinen Job. Ob das beunruhigend starke Abschneiden demokratiefeindlicher Extremisten bei den Wahlen im Herbst 2019 damit unmittelbar zusammenhängt, ist nicht unwahrscheinlich. So eroberte die den Dschihadisten nahestehende Islamistenpartei »Al-Karama« aus dem Stand 21 Sitze und wurde damit viertstärkste Kraft im Parlament. Zum ersten Mal erfolgreich war auch die bislang bei Wahlen immer durchgefallene »Parti Destourien Libre«, ein Sammelbecken ehemaliger Gefolgsleute des alten Regimes. Ihre Parteichefin, Abir Musi, einst stellvertretende Generalsekretärin der 2011 aufgelösten Staatspartei, verlangte die Rückkehr zum autoritären Präsidialsystem à la Ben Ali. Parlamentarismus zerstöre den Staat und die tunesische Identität, hatte sie auf Wahlveranstaltungen verkündet. Bei nicht wenigen Wählern kamen solche antidemokratischen Sprüche an. Mit 17 Sitzen wurde ihre Partei immerhin fünftstärkste Fraktion in der tunesischen Volksvertretung.

Politpopulisten, alte Kämpfer und Islamextremisten sind die eigentlichen Sieger dieser Parlamentswahlen.

Das Wahlergebnis kommentiert der aus Tunesien stammende Philosophieprofessor und Autor Mohamed Turki folgendermaßen: »Die an der Regierung beteiligten Parteien haben keine Krisenlösung geboten. Außerdem führten innerparteiliche Zwiste zur Abwendung der Wähler von diesen Parteien. Die bisherigen Träger der Macht in Tunesien sind unglaubwürdig geworden. Die Enthaltung der Jugend bei den Kommunalwahlen war die erste Quittung, die Wahl der Extremisten und Populisten bei den Parlamentswahlen die zweite.«

DIE UNVOLLENDETE

Die Bilanz der ersten zehn Jahre nach der Revolution fällt gemischt aus. Tunesien hatte zwar 2013 seine Demokratisierung in einem bewundernswerten Kraftakt selber gerettet. Nach zwei politischen Morden, Terroranschlägen und gewaltsamen Massendemonstrationen standen sich damals Islamisten und säkulare Kräfte schier unversöhnlich gegenüber. Ein Bürgerkrieg war nicht mehr ausgeschlossen, bis der Gewerkschafter Houcine Abassi zusammen mit der Präsidentin des Arbeitgeberverbandes, dem Chef der Tunesischen Liga für Menschenrechte (LTDH) und dem des Anwaltsvereins zu einem nationalen Dialog aufrief. Diesem Dialogquartett gelang es, die verfeindeten Parteien an einen Tisch zu bringen. In zähen Verhandlungen erreichten sie eine Aussöhnung, sodass Säkulare und Islamisten im Oktober 2013 schließlich bereit waren, die Demokratie im Land gemeinsam weiterzuentwickeln. 2015 wurde das Dialogquartett für diesen Kraftakt mit dem Friedensnobelpreis ausgezeichnet. Die letzten Zweifel an der Demokratiefähigkeit des Landes schienen ausgeräumt zu sein.

Die Ergebnisse der Herbstwahlen von 2019 lassen aber ahnen, dass in Tunesien immer noch keine stabilen demokratischen Verhältnisse herrschen – was nach zweiundfünfzig Jahren autoritärer Herrschaft allerdings auch nicht allzu verwunderlich ist. Ein nicht kleiner Teil der Gesellschaft scheint sich zu radikalisieren, enttäuscht von den säkularen Wendeparteien, die – unter dem Schlagwort »Politik der Versöhnung« – den Parteigängern und Mitläufern des alten Regimes Tür und Tor geöffnet haben und damit einen radikalen Bruch mit der Vergangenheit verhinderten. Außerdem haben sie kein Rezept gegen die vom alten Regime übernommenen Krankheiten wie Korruption und Arbeitslosigkeit gefunden.

Ernüchtert sind die Menschen aber auch von der gemäßigt islamistischen Partei Ennahda, ohne die es keine Regierung im Land geben kann. Sie konnte sich zwar nach dem 14. Januar 2011 mit fast makellos weißer Weste den Wählern präsentieren – schließlich war sie eine der wenigen konsequenten Widerstandsparteien gegen das gerade gestürzte Regime gewesen. Dem sogenannten Versöhnungskurs ihres Koalitionspartners Nida Tunis hatte sie dennoch zugestimmt und dadurch viele, vor allem junge Wähler enttäuscht. Außerdem stützten die moderaten Muslimbrüder die weitestgehend vom IWF mitbestimmte Wirtschaftspolitik aller sieben Ministerpräsidenten seit 2011. Keiner war in der Lage, so etwas wie eine Revolutionsdividende an die Menschen auszuzahlen. Im Gegenteil: Die Arbeitslosigkeit hat zu- statt abgenommen, die Kluft zwischen Arm und Reich in der Gesellschaft ist nur noch größer geworden, die Inflation frisst Gehalt und Vermögen auf. Der immer noch verbreitete Filz besorgt den Rest.

Immerhin – die neue, nach langem Ringen im Februar 2020 gebildete Regierung aus sechs Parteien und siebzehn unabhängigen Abgeordneten hat die kurz nach Regierungsantritt ausgebrochene Corona-Pandemie erfolgreich eindämmen können und damit eine erste Bewährungsprobe bestanden. Die größere Herausforderung – die marode Wirtschaft zu sanieren – ist durch Corona aber nur noch größer geworden. Ministerpräsident Elyes Fakhfakh und seine in vielen Politfarben schillernde Koalition benötigt Geld, viel Geld, in möglichst kurzer Zeit, andernfalls werden die Gewerkschaften zu neuen Protesten und Demonstrationen aufrufen, wie schon 2017 und 2018. Bis

April 2020 hatte der Internationale Währungsfonds 2,4 Milliarden Dollar überwiesen. Als Gegenleistung verlangt der IWF wie üblich einschneidende Reformen bei Subventionen und Steuern, außerdem die Privatisierung von Staatsunternehmen und nicht zuletzt: Stellenkürzungen im öffentlichen Dienst. Dabei hatte die Regierung seit 2001 extra 200 000 Stellen im öffentlichen Dienst geschaffen – gegen die hohe Jugendarbeitslosigkeit, aber auch, um Opfer der Diktaturen als Ausgleich für erlittenes Unrecht in Brot und Arbeit zu bringen. Die meisten dieser Kürzungen gehen zu Lasten der ohnehin geringverdienenden Tunesier. Vielen geht es heute schon schlechter als vor der Revolution. Das Land steckt in seiner tiefsten Krise seit 2011, die auch noch durch den wegen der Corona-Pandemie ausbleibenden Tourismus verstärkt wird. Im Juli 2020 kam zur Wirtschaftskrise auch noch eine politische hinzu. Die größte Fraktion, die Ennahda-Partei, entzog dem Ministerpräsidenten das Vertrauen. Damit war Elyes Fakhfakh schon nach fünf Monaten gescheitert. Er war der siebte Regierungschef seit der Revolution 2011. Wem auch immer es gelingen mag, eine neue, hoffentlich auch stabilere Regierung zu bilden, wird in erster Linie eine drohende Staatspleite abwenden müssen.

Und was hat die Europäische Union zum Gelingen des politisch-wirtschaftlichen Umbaus im Land getan? »Sie hat viel versprochen, was die Unterstützung der Wirtschaft und die Ankurbelung von Investitionen betrifft, wirklich geleistet hat sie wenig. Das hängt mit der Instabilität und Unsicherheit im Land zusammen«, äußert mir gegenüber Professor Turki. Die tunesische Regierung ihrerseits hat den Vorschlag der EU abgelehnt, Migrationszentren auf tunesischem Boden einzurichten. Daher zögere die EU, die tunesische Wirtschaft zu unterstützen, so Turki. »Aber das Land braucht den finanziellen Beistand der EU, damit es in Zukunft auf eigenen Beinen stehen kann.«

Bei den Tunesiern stehen die »europäischen Freunde« im Verdacht, sich nur lukrative Zugänge zum tunesischen Arbeits- und Absatzmarkt sichern zu wollen. Die tunesische Wirtschaft sei nicht stark genug, um mit der europäischen konkurrieren zu können, so eines der Argumente gegen den Entwurf eines Freihandelsabkommens, über den die EU derzeit mit Tunesien verhandelt. Für tunesische NGOs und Gewerkschaften hört sich dieser Entwurf sehr nach einem möglichen Ausverkauf an. Alles zum Vorteil der EU und zum Nachteil des eigenen Landes. So denken auch tunesische Unternehmerverbände. Die EU-Unterhändler weisen solche Vorwürfe strikt von sich.

Zweifellos ist die EU als Handelspartner für Tunesien wichtiger als Tunesien für die EU. Das aber darf kein Grund sein, das Mutterland des Arabischen Frühlings zehn Jahre nach den Aufständen für Freiheit, Würde und Arbeit im Stich zu lassen.

KAPITEL 7

EIN ARABISCHES TRAUMA

DEMOKRATIE UND DOPPELMORAL

»Wir kämpfen für mehr Gerechtigkeit, für Freiheit, für ein anstän-
diges Leben. Das sind doch eure Werte.« Das sagte mir im Sommer
2012 ein junger Ägypter auf dem Tahrir-Platz. Er war wütend. Seine
Stimme wurde immer lauter. »Und was macht ihr? Ihr unterstützt die,
die diese Werte mit Füßen treten.« Die letzten Worte hatte er fast ge-
schrien. Erschrocken hielt er inne und entschuldigte sich. »Du kannst
ja nichts dafür.« Die enge Bindung des Westens an die Mubaraks
und Ben Alis der arabischen Welt war nur allzu gut bekannt. »Selbst
Saddam Hussein haben diese Demokratiegroßmäuler aus dem Westen bei seinem Krieg gegen den Iran unterstützt«, legte der junge
Ägypter nach.

In so gut wie jedem Land des Nahen Ostens wird man als politischer Beobachter aus dem Westen mit dem Vorwurf der Doppelmoral konfrontiert. Den Glauben an die großen Freiheitsversprechen
des Westens haben die meisten arabischen Menschen verloren. Für
viele steht fest: Die Länder jenseits des Mittelmeers geben zwar gern
den Hüter von Freiheit, Selbstbestimmung und Menschenrechten,
tatsächlich aber wollen sie Demokratie im Nahen Ostens nur, wenn
sie ihnen nützt. Willfährige Diktatoren sind ihnen daher lieber als
unwägbare Demokratieexperimente. Demokratie und Doppelmoral
verstehen Araber wie der junge Ägypter auf dem Tahrir-Platz als die
beiden Seiten derselben im Westen geprägten Münze.

Dieser Vorwurf der Heuchelei ist so etwas wie das Hintergrundrauschen, das die westliche Nahostpolitik seit ihren Anfängen begleitet. Man denke an das Jahr 1953, als britische und amerikanische Geheimdienste den iranischen Ministerpräsidenten Mohamed Mossadegh stürzten, obwohl der demokratisch gewählt war. Er hatte es gewagt, britische Ölgesellschaften zu enteignen. Oder an das Jahr 1956: Damals eroberten britische, französische und israelische Truppen handstreichartig die Sinai-Halbinsel, um so eine Verstaatlichung des Suezkanals durch die ägyptische Regierung zu verhindern. Oder Algerien 1991: Die Islamische Heilsfront (FIS) hatte die erste Wahlrunde zum algerischen Parlament gewonnen und hätte vermutlich auch die Stichwahl für sich entschieden. Der alte Kolonialherr Frankreich wurde nervös. Ein Islamistenregime vor der eigenen Haustür? Das galt es zu verhindern, trotz der Wahlen nach demokratischen Spielregeln. Das algerische Militär verbot – auf Drängen Frankreichs – den entscheidenden zweiten Urnengang. Europa und Washington akzeptierten stillschweigend diesen gewaltsamen Abbruch eines demokratischen Prozesses. In Algerien brach ein blutiger Bürgerkrieg aus.

Oder man denke an die amerikanische Irak-Invasion, Israels Besatzung im Westjordanland, Frankreichs Unterstützung Ben Alis gegen die Aufständischen in Tunesien im Dezember 2010 – an Beispielen für die westliche Doppelmoral fehlt es wahrlich nicht.

Dabei hatte sich besonders deutlich nach dem US-Einmarsch im Irak 2003 gezeigt, dass sich Freiheitsversprechen und offene Gesellschaften nicht mit Hilfe von Panzern und Bajonetten durchsetzen lassen. Die US-Truppen hatten statt Demokratie nur Desaster gebracht und den Dschihad im Irak ausgelöst. Diese Soldaten brachten nicht die Menschenrechte, sie traten sie mit Füßen – und das nicht nur im metaphorischen Sinne, wie die erschreckenden Bilder aus dem irakischen Gefängnis Abu Ghraib zeigten.

Oder jene aus Guantanamo. In der auf Kuba gelegenen, aber zu den USA gehörenden Gefängnisenklave Guantanamo hatte die Regierung von George W. Bush sogar den eigenen, in den USA auch für Ausländer geltenden Rechtsstaat außer Kraft gesetzt, um arabische Gefangene ohne Rechtsbeistand unbefristet einsperren und foltern zu können. Etliche dieser Gefangenen mögen zwar in terroristische Aktivitäten verstrickt gewesen sein, Guantanamo machte der islamischen Öffentlichkeit aber drastisch deutlich, dass der Rechtsstaat der USA nur eigene Bürger schützt. Muslime dagegen stehen auch heute noch unter dem Generalverdacht, potenzielle Terroristen zu sein.

Um den durch den Irakkrieg 2003 angerichteten Imageschaden im Nahen und Mittleren Osten zu korrigieren, versuchte die Bush-Regierung 2004, die nahöstlichen Autokraten auf mehr Demokratie zu verpflichten. »Die große Demokratisierungsoffensive« nannte sie diesen Versuch, die eigene Vorstellung von Liberalismus als moralisches Ideal in den patriarchalisch geprägten Nahen Osten zu exportieren. Am Ende aber mit nur sehr dünnem Erfolg. Zunächst durften sogar in Saudi-Arabien so etwas wie Wahlen stattfinden, allerdings nur auf Gemeinderatsebene. Frauen waren – natürlich – nicht wahlberechtigt. Immerhin waren es die ersten Wahlen im Wahabiten-Reich überhaupt. Ägyptens Präsident Mubarak musste auf Druck des Westens bei den Präsidentschaftswahlen 2005 zähneknirschend Gegenkandidaten zulassen. Doch statt Glaubwürdigkeit zurückzugewinnen, verlor die Bush-Administration durch diese Initiative nur noch mehr an Vertrauen in der arabischen Welt. Denn sie stieß nicht nur bei den Alleinherrschern auf wenig Begeisterung, sondern auch die Reformkräfte reagierten skeptisch.

Zum Beispiel der jordanische Politiker Hasan Abu Nimah. In der *Jordan Time*s vom 10. März 2004 beschreibt er in einem Leitartikel die meisten arabischen Regierungen als korrupt und despotisch, als auf »skandalöse Weise inkompetente Autokraten«, die man lieber heute als morgen stürzen sollte. Also müsste doch gerade bei ihm, der die arabischen Despoten so schnell wie möglich loswerden wollte, die amerikanische »Demokratisierungsoffensive« Begeisterung auslösen. Tatsächlich hatte er sie mit scharfen Worten abgelehnt. Denn: »Die Amerikaner wollen die arabische Welt nicht demokratisieren, sie wollen sie domestizieren.«

Äußerungen wie die von Nimah zeigen, wie weit sich der Westen und der Nahe Osten schon damals auseinandergelebt hatten. Der Westen verstand Bushs Kampagne als eine Art Nachhilfeunterricht in Sachen Demokratie, als den Versuch, den Autokraten zumindest Samtfesseln anzulegen. So hatte Außenministerin Condoleezza Rice im Juni 2005 in der American University in Cairo (AUC) sogar den wichtigsten arabischen Verbündeten im Nahen Osten, die ägyptische Regierung und den Präsidenten, in aller Öffentlichkeit kritisiert: »Oppositionsgruppen müssen frei sein«, forderte sie in ihrer Rede, »frei, sich zu versammeln, sich einzumischen und mit den Medien zu sprechen. Abstimmungen sollten ohne Gewalt oder Einschüchterung erfolgen. Und internationale Wahlbeobachter müssen bei Wahlen uneingeschränkten Zugang haben.« Alles Forderungen, die die Opposition, nicht nur in Ägypten, sofort unterschreiben konnte. Mubarak habe ihr versprochen, dies umzusetzen, verkündete Rice noch während ihres Besuches, er müsse diese Zusagen nun auch einlösen. Als aber bei den anstehenden Wahlen nichts dergleichen geschah, war aus Washington noch nicht einmal eine freundliche Mahnung zu hören. Wieder einmal fühlten sich die Oppositionskräfte allein gelassen.

Letztendlich bestätigte das Schweigen Washingtons das Misstrauen arabischer Intellektueller gegenüber allen Demokratieversprechen aus dem Westen. Für Reformkräfte wie Hasan Abu Nimah sind Reden wie die von Condoleezza Rice schlecht getarnte Versuche des Westens, sich in die inneren Angelegenheiten der arabischen Länder einzumischen, mit dem Ziel, seinen Einfluss im Nahen und Mittleren

Osten zu sichern und auszubauen. »Kulturimperialismus« als eine moderne Variante des Kolonialismus. Heute, vierzehn Jahre und etliche Kriege in der arabischen Welt später, stellt Hasan Abu Nimah in der *Jordan Times* resigniert fest:

»Es gab eine Zeit der Kolonialisierung, in der starke Mächte schwache Mächte beherrschten. Als die meisten Nationen ihre Unabhängigkeit erlangten, gab es eine Periode der Dekolonisierung. Inzwischen stehen wir vor einer neuen Ära, in der die wenigen Großmächte wieder die schwächeren Regierungen zu unterwerfen versuchen.«

Der letzte Satz zielte auf die Amerikaner ab, inzwischen könnten aber auch die Russen gemeint sein, die in Syrien aufseiten des Alleinherrschers Baschar al-Assad interveniert haben.

Hasan Abu Nimah ist kein antiamerikanischer Islamist, kein Dauerdemonstrant vor amerikanischen Botschaften, auch keiner, der israelische oder amerikanische Fahnen verbrennt, er war vielmehr ein enger Vertrauter des damaligen jordanischen Königs Hussein, der ihn als Botschafter zur UN und in verschiedene europäische Länder entsandt hatte. Abu Nimah kennt die europäische Politik also aus nächster Nähe. Vermutlich war es auch der König, der grünes Licht für den Abdruck dieser Polemik gegeben hatte, höchstwahrscheinlich gab sie sogar dessen Meinung zur US-Initiative 2004 wieder. Ohne einen solchen Rückhalt hätte es auch die *Jordan Times* nicht gewagt, derartig gegen die Regeln des politischen Wohlverhaltens zu verstoßen.

Doch zurück zum Stichwort »Demokratisierungsoffensive«. Am 4. Juni 2009 versuchte der frisch gewählte US-Präsident Barak Obama den Scherbenhaufen im Nahen Osten zusammenzukitten, den sein Vorgänger Bush ihm und der Welt hinterlassen hatte. Mit einer groß angekündigten Rede in Kairo wollte er Vertrauen und Glaubwürdigkeit in der islamischen Welt zurückgewinnen, Misstrauen abbauen und zu einer neuen Partnerschaft aufrufen. Eindringlicher als je ein US-Präsident zuvor forderte er unter anderem das Ende der israelischen Siedlungs- und Besatzungspolitik, um so den Weg zu einer Zweistaatenlösung freizumachen. Er drohte dem ungeliebten Nachbarn Ägyptens sogar Sanktionen an. Auch das hatte bis dahin kein amerikanischer Präsident gewagt. Die meisten Reaktionen in der arabischen Welt waren positiv. Manche sogar begeistert: Endlich ein US-Präsident, dem man trauen kann, der keine Invasion oder Besatzungspolitik zu verantworten hat, kurz, einer der kein doppeltes Spiel mit uns treibt!

Die Begeisterung hielt nicht lange an. Schon ein Jahr nach dieser bemerkenswerten Rede hatten laut einer Umfrage in sechs arabischen Ländern die Menschen die Hoffnung auf eine neue amerikanische Außenpolitik wieder verloren, unter anderem, weil es immer noch keine Bewegung im Konflikt zwischen Israel und den Palästinensern gegeben hatte.

Und heute, gut zwei Jahrzehnte später? Mit dem angeblichen »Jahrhundertdeal« von US-Präsident Donald Trump ist die Zweistaatenlösung wohl endgültig unmöglich gemacht. Die Palästinenser werden ihn kaum akzeptieren, denn Israel bekam fast alles, was es forderte, kann die Siedlungen im Westjordanland zum Staatsgebiet erklären, ebenso das fruchtbare und strategisch wichtige Jordantal. Die Palästinenser haben das Nachsehen. Sie sollen sich mit einem Flickenteppich als Staat zufriedengeben und sich als Kompensation mit einem Stück Wüste entlang der ägyptischen Grenze abspeisen lassen. Die Bedenken der EU verhallen ungehört und werden auch von den Arabern nicht sonderlich ernst genommen. Aber auch von den arabischen Brüdern bekommen die Palästinenser so gut wie keine ernsthafte Unterstützung mehr. Kairo, Riad und andere Hauptstädte des Nahen Ostens schweigen, andere nehmen sogar diplomatische Beziehungen auf wie die Vereinigten Emirate und das kleine Königreich Bahrain. Israel und die USA sind als Bündnispartner zu wichtig, als dass man sie durch harsche Kritik verprellen möchte.

Daher wird Washingtons ausschließlich mit israelischen Politikern ausgehandelter »Jahrhundertdeal« die ohnehin schon tiefsitzenden Ressentiments vieler arabischer Menschen gegenüber dem Westen noch weiter vertiefen. Er ist außerdem Wasser auf die Mühlen von islamistischen Verschwörungsphantasten, die die westliche Nahostpolitik gern mit den christlichen Kreuzzügen vergleichen und verbreiten, der Westen wolle den Islam zerstören. Aus solchen ebenso simplen wie eingängigen Narrativen beziehen diese Politiker und Prediger ihren Rückhalt in der arabischen Öffentlichkeit.

Der deutsche Schriftsteller Navid Kermani hat in dem Artikel »Die Wut der Muslime auf den Westen« in der *Zeit* 2003 das Misstrauen gegenüber dem Westen so beschrieben: »Die Menschen in der islamischen Welt werfen dem Westen nicht seine Standards vor, sondern dass er sie nicht anwendet, wenn er Diktaturen, korrupte Regime oder den Terror einer Staatsgewalt deckt.« Die islamische Kultur fühle sich der abendländischen auch nicht überlegen, wie vielfach im Westen behauptet wird: »Der Unmut gründet nicht in einem Gefühl der Überlegenheit, sondern in der Verbitterung über diese Zurückweisung durch den Westen, die immer häufiger in Ressentiments umschlägt.«

DIKTATUR UND DOPPELMORAL

Es wäre falsch, das tiefsitzende Misstrauen in der arabischen Welt ausschließlich dem Westen anzulasten. Arabische Alleinherrscher verstehen es meisterlich, mit den antiwestlichen Ressentiments ihrer Untertanen zu spielen und zu ihrem Vorteil zu nutzen. Sie können so von eigenen Fehlern ablenken, von Korruption und Nepotismus, von ihrer Unfähigkeit, die einfachsten Grundbedürfnisse ihrer Bürger zu befriedigen, ablenken auch von Zensur und Willkür, kurz vom eigenen Politikversagen. Der Vorwurf der »Doppelmoral« ist dabei ein wichtiges Instrument und selbst Ausdruck einer solchen Doppelmoral.

In hohem Maße scheinheilig ist etwa der Umgang der arabischen Nationen mit Palästina: Die Arabische Liga und ihre Mitglieder setzten sich lange lautstark für die Rechte der Palästinenser ein, verlangten das Rückkehrrecht der Flüchtlinge ins israelische Kernland. Andersherum gibt es kaum eine arabische Regierung, die palästinensische Flüchtlinge in ihrem Land wie gleichwertige Bürger behandelt. In Ländern wie dem Libanon sind sie sogar völlig entrechtet. Außerhalb ihrer Lager dürfen sie nicht arbeiten, sie dürfen sie im Grunde nicht einmal verlassen. Soldaten bewachen die Eingänge. Staatsbürgerschaft haben selbst die im Libanon geborenen Nachkommen der 1948 aus Palästina Geflohenen nicht, wählen dürfen sie auch nicht. Aus rund 450 000 Menschen hat der Libanon auf diese Weise Bürger zweiter oder eher dritter Klasse gemacht.

Längst sind die Golfstaaten bereit, sich von der bislang vorbehaltlos verkündeten Doktrin der Zweistaatenlösung loszusagen, um den heimlichen Schulterschluss mit dem hochgerüsteten Israel nicht zu gefährden. Schließlich brauchen die Wahhabiten-Staaten am Persischen Golf den militärisch starken jüdischen Staat gegen das Schiitenregime im Iran. Entsprechend kraftlos verhallte die Reaktion der arabischen Brüder auf Donald Trumps »Jahrhundertdeal«. Von einem Rückkehrrecht ist schon lange keine Rede mehr.

Diese weitverbreitete regierungsamtliche Doppelmoral arabischer Regime bekommt Flankenschutz in den Moscheen. Dort schüren bei weitem nicht nur radikale Prediger die Ängste ihrer Gläubigen, wenn sie gegen westliche Demokratie und westlichen Individualismus wettern. Die eigene arabisch-islamische Welt werde erst wieder gesund und stark, so solche Prediger, wenn sie sich von westlicher Kontamination gereinigt habe. Von Alkohol und sexueller Freizügigkeit zum Beispiel, von der allgemeinen Gottlosigkeit. Die hausgemachten Schadstellen dieser Gesellschaften spielen in diesen ausschließlich gegen den Westen gerichteten Strafpredigten keine Rolle. Solche Prediger wissen, für die meisten Araber – vor allem für die älteren – ist der Islam nach wie vor der wichtigste Bezugsrahmen ihres Denkens und die Basis ihres Wertesystems. Beides wird offiziell nicht hinterfragt. Kritik an religiösen Dogmen oder gar am Islam selber stößt bei den meisten Muslimen auf Unverständnis und Ablehnung. Gottgewolltes kann von Menschen schließlich nicht kritisiert werden.

Die Demonstrationen gegen die dänischen Mohammed-Karikaturen 2005/06 mussten daher auch gar nicht von Hasspredigern organisiert werden. Die Empörung vieler Muslime war durchaus aufrichtig. Man macht sich über Gott und seinen Propheten nicht lustig, und schon gar nicht dürfen das Menschen, die nicht zur großen Gemeinschaft der Muslime gehören. Als ich einmal während einer solchen hassgeladenen Demonstration einem jungen Ägypter zu erklären versuchte, dass bei uns in Deutschland Jesus-Karikaturen nicht verboten werden dürfen, schaute er mich entgeistert an und sagte entsetzt: »Dann müssen wir euren Jesus auch verteidigen. Der ist schließlich einer unserer Propheten.«

Doch es verschiebt sich etwas. 2010 hatten in Ägypten noch zwei Drittel aller Bürger erwartet, dass die Gesetzgebung des Landes sich an den Geboten des Islam orientiert, Religion also eine entscheidende Rolle in Politik und Alltag spielen sollte. So das Ergebnis einer Umfrage des Washingtoner »Pew Research Center«. Das klingt dramatisch, doch man sollte nicht vergessen: Auch bundesdeutsche Politiker berufen sich gern auf christliche Werte, wenn sie politische Entscheidungen moralisch abfedern wollen, und der Diensteid für Bundesbeamte schließt für gewöhnlich mit den Worten »so wahr mir Gott helfe«.

Wie auch immer. Heute erhobene Zahlen lassen ahnen, dass die Bedeutung von Religion auch in den arabischen Ländern zurückgeht, besonders bei jüngeren Muslimen und Musliminnen. In einer Umfrage des in Dubai ansässigen Meinungsforschungsinstituts »Arab Youth Survey« haben 2019 66 Prozent der befragten jungen Muslime angegeben, Religion habe einen zu großen Einfluss auf die Politik. Immerhin die Hälfte der Befragten glaubt, dass Religion die Entwicklung der arabischen Welt behindere. Auch die bereits zitierte Studie *Zwischen Ungewissheit und Zuversicht* hatte dies festgestellt, Religion werde immer mehr zu einer privaten, nicht mehr öffentlichen Angelegenheit wie in der Vergangenheit: »Bei den befragten Jugendlichen sind ein Rückgang der politischen Religiosität und eine Zunahme der sozialen Religiosität zu verzeichnen«, schreiben die Autoren der Studie. »Vielleicht erleben wir gerade den Beginn eines laizistischen Zeitalters in der arabischen Welt.«

Dafür sprechen auch andere Zahlen. Muslime unter fünfunddreißig Jahren gehen inzwischen deutlich weniger häufig zum Freitagsgebet als ältere. Anstelle des Gebets treffen sie sich in Shopping-Malls oder Kaffeehäusern à la Starbucks oder Costa Coffee – wenn sie es sich finanziell leisten können. Wenn diese Entwicklung Bestand hat, dann verlieren die politisch-religiösen Prediger in den Moscheen und islamistische Parteien wie die Muslimbrüder zwangsläufig an Einfluss. Die Idee der Demokratie nach westlichem Vorbild findet jedenfalls laut der Studie der Friedrich-Ebert-Stiftung bei jenen Jugendlichen einen positiven Nachhall, die sich als wenig religiös einstufen. Sie gehören mehrheitlich der Mittelschicht an.

Was sich bremsend auf den Demokratisierungsprozess auswirkt, ist zweifellos die nach wie vor hohe Geburtenrate der Länder. So ist mehr als die Hälfte der Bevölkerung Ägyptens wie auch die anderer arabischer Länder jünger als fünfundzwanzig Jahre. Jedes Jahr drängen Millionen junger Menschen auf die Arbeitsmärkte, die meisten ohne Aussicht auf einen adäquaten Job. Fast 37 Prozent der Hochschulabgänger sind arbeitslos. Die schwierige Jobsuche wird zu einer Existenzfrage. Ohne eine feste Anstellung können die meisten jungen Menschen nicht an eine Familiengründung denken. Sie bleiben orientierungslos in einer Gesellschaft, in der die Familie bislang der zentrale Bezugspunkt war und dem Einzelnen den nötigen Schutzraum geboten hat. Es müssten neue Struktur her, die scheinen aber bislang nicht in Sicht.

Nicht zuletzt der verheerende Zustand der Bildungssysteme in den meisten arabischen Ländern verhindert die Entwicklung zu offenen Gesellschaften mit mündigen Bürgern. Noch immer steht selbstständiges, kritisches Denken nicht auf den Stundenplänen. Die Jugendlichen, wenn sie denn zur Schule gehen, sollen nach wie vor zu gehorsamen Untertanen erzogen werden. Der 2004 erschienene *Arab Human Development Report* zum Thema »Bildungssystem in der arabischen Welt« kam zu dem Ergebnis: »Von den Schülern wird Unterwürfigkeit verlangt. Ein solches Lernmilieu lässt keinen freien

Dialog und kein aktives Forschen zu und eröffnet daher kaum die Möglichkeit von freiem Denken und Kritikfähigkeit.«

Daran hat sich bis heute nichts geändert. Auch heute drängen sich oft mehr als fünfzig Schüler in einer Klasse. Wer in solch einer Umgebung lernen muss, hat kaum eine Chance, einen guten Schulabschluss zu machen. Hinzu kommt: Mehrere Millionen Kinder gehen überhaupt nicht zur Schule, weil sie zu Hause in den Werkstätten oder auf den Feldern gebraucht werden. Das hat zur Folge, dass immer noch über 40 Prozent der 280 Millionen Araber in 22 Ländern weder lesen noch schreiben können.

Diese Defekte der meisten arabischen Gesellschaften erkannte der sogenannte »Islamische Staat« (IS) und nutzte sie erfolgreich aus. Mit seinen Heilsversprechen übertölpelte er arabische Jugendliche, gab vor, Antworten auf ihre Fragen zu haben, und erklärte den Westen einschließlich der arabischen Regenten zu ungläubigen Teufeln, die es zu bekämpfen gelte. Den Jung-Dschihadisten versprach er Ruhm und Ehre auf den Schlachtfeldern des Nahen Ostens, und als Belohnung für die Mühen des Kampfes gab es ein gemütliches Heim mit Ehefrau – gerne auch zwei – inklusive Sklavinnen. Junge Männer – aber auch junge Frauen – kamen in Strömen.

Allein aus Tunesien folgten etliche Tausend, darunter viele Hochschulabsolventen, dem Lockruf des selbsternannten »Kalifen Ibrahim«, zu dem sich der Anführer der Terrororganisation, Abu Bakr al-Baghdadi, ernannt hatte. Länder wie Saudi-Arabien oder der Jemen gehörten ebenfalls zu den Hauptexporteuren »heiliger Jungkrieger«. Aus Ägypten, wo sich Terroristen auf der Sinai-Halbinsel eine dauerhafte Bleibe erkämpft haben, kamen nach offiziellen Zahlen rund 600 Dschihadisten. Vermutlich waren es wesentlich mehr.

Ein Fall erregte besonderes Aufsehen, nicht nur in Ägypten: Islam Yaken, ein Jurastudent aus Kairo, der sich 2014 dem IS anschloss. Dreiundzwanzig Jahre alt war er damals, und wer ihn vor seiner Ausreise nach Syrien kannte, musste ihn für einen typischen, westlich orientierten Jugendlichen der Kairoer Partyszene halten. Niemand hätte in ihm einen potenziellen Henker des IS gesehen. Eine exklusive französische Privatschule hatte er besucht. Er betrieb Bodybuilding, präsentierte im Internet seine Muskeln inklusive Waschbrettbauch, träumte von Reisen nach Europa, um dort seine Jungmännersehnsüchte zu verwirklichen. Yaken war alles andere als ein Habenichts aus einem Armenviertel ohne Perspektiven, der sich aus Verzweiflung dem sogenannten »Kalifat« in Syrien anschloss. Dank Bildung und guter Beziehungen hätte er zweifellos Karriere in der ägyptischen Gesellschaft machen können.

Dennoch reiste er 2014 über die Türkei nach Syrien, um sich den Kampfverbänden des IS und seinen Eroberungsfeldzügen anzuschließen. Seine Freunde erklärten in einem Artikel der *New York Times* diesen Schritt unter anderem mit seinem verloren gegangenen Glauben an eine gerechte Zukunft in Ägypten nach dem Al-Sisi-Putsch 2013. Die Bilder, die Yaken von seiner Zeit beim IS im Internet veröffentlichte, lassen aber auch andere Schlüsse zu. Seinen vom Bodybuilding gestählten Oberkörper präsentierte er auf Facebook nicht mehr, dafür präsentierte er sich als leidenschaftlicher IS-Kämpfer in schwarzem T-Shirt und schwarzer Hose. In der Faust hält er entweder eine Kalaschnikow oder ein langes, schwertähnliches Messer. Das Äußere hat sich verändert, die narzisstische Pose ist die Gleiche geblieben. Beim IS hatte er offensichtlich alles gefunden, wovon er schon als Bodybuilder geträumt hatte. Es ging ihm um Männlichkeit und Macht, um Anerkennung und Applaus, vermutlich auch um Frauen. Das lang gepflegte westliche Lebensmodell hatte für ihn 2014 endgültig jede Anziehungskraft verloren. Die Leitbilder, die der sogenannte IS bot, waren durchschlagender. Schließlich versprach der allen Gläubigen, man werde den Islam in das »goldene Zeitalter« zurückführen, in jene für Muslime angeblich so glückliche Zeit, als kurz nach dem Tod des Propheten die neue Religion zu einem beispiellosen Siegeszug in der Welt antrat. Der IS schien 2014 in der Tat unbesiegbar zu sein. Stadt um Stadt, Provinz um Provinz in Syrien und im Irak eroberten die schwarz uniformierten Terrormilizen. Reguläre Armeen wie die irakische flohen panikartig vor diesem Mongolensturm im Namen Allahs. Wer damals zum IS gehörte, kämpfte auf der Seite der Sieger.

Diese Verlockung mag für Yaken wie auch für viele andere junge Araber einer der Gründe gewesen sein, sich dieser Miliz anzuschließen. Er wollte weg aus einem Land, das sich zum Komplizen des Westens und seiner Doppelmoral gemacht hatte. Einen angesehenen Platz in ihrer Gesellschaft boten diese Länder jungen Menschen ohnehin nur selten. Das ägyptische Regime war in den Augen junger Männer wie Yaken feige, kuschte vor dem verlogenen Westen. Ganz anders der IS. Mit seinen klaren Gesetzen und mit einer gegen den heuchlerischen Westen gerichteten Lehre schien er eine neue Heimat versprechen zu können. Diese »Befreier der islamischen Welt« waren bereit, den westlichen »Kreuzrittern« die Stirn zu bieten. Religiosität spielte dabei eine nur untergeordnete Rolle, wenn überhaupt. Ob Yaken je gläubig war, darf man bezweifeln.

Die Orientalistin Salma Hamed schreibt über seinen Fall in der vom Deutschen Orient-Institut herausgegebenen Studie *Jugend im Nahen und Mittleren Osten*:

»Wie der Fall von Islam Yaken und vielen anderen zeigt, dient die Religion hauptsächlich als Rechtfertigung von Gewalttaten, nicht als treibende Kraft. Obwohl weitere Studien erforderlich sind, um festzustellen, was einige junge Männer dazu treibt, ihr Leben aufzugeben und zu den Waffen zu greifen, stehen gesellschaftliche Ursachen im Mittelpunkt und nicht Religion.«

Im November 2014 traf Yaken eine folgenschwere Entscheidung. Er bot sich dem IS als Selbstmordattentäter an. Nahe der türkischen

Grenze tobte die Schlacht um die kurdische Stadt Kobane. Möglichst tief in die Reihen der Verteidiger solle er eindringen, um so viele Kurden wie möglich zu töten, das hatten ihm seine Kommandeure befohlen. Am 1. Dezember bekam er Order, sich auf diesen Weg ohne Rückkehr zu machen. An diesem Tag startete der IS einen neuen Angriff auf die belagerte Stadt. Erst zündeten sie ein mit Sprengstoff beladenes Auto, dann war Yaken an der Reihe. Wo genau er den Sprengstoffgürtel auslöste, ist nicht bekannt, auch nicht, wie viele Menschen er mit in den Tod riss. Das Einzige, was er zurückließ, war ein Abschiedsbrief. Eine erschütternde Hassbotschaft, die Einblick gibt in sein vergiftetes Denken und Fühlen:

»O Brüder der Vereinigung auf der ganzen Welt, kämpft gegen die Feinde Allahs, die Ungläubigen, die Anbeter des Kreuzes, die Juden und die tyrannischen Abtrünnigen und ihre Armeen. Schneidet ihre Köpfe mit euren Schwertern ab, tötet sie mit euren Kugeln, vergesst nicht, Sprengsätze zu verwenden. Dies sind die besten Taten, um die Barmherzigkeit Allahs zu erlangen.«

Der bei seinem Tod erst dreiundzwanzigjährige Islam Yaken ist ein Beispiel für zahllose arabische Jugendliche, die zwischen West und Ost hin- und hergerissen sind. Zwischen westlichem Hedonismus, dessen Trauben aber für die meisten zu hoch hängen, und der harten Hand der staatlichen und geistlichen Obrigkeit, vor der sie sich wegzuducken versuchen. Beides ist permanent präsent im arabischen Alltag. McDonald's und Moscheen, Cola und Koran.

Analphabetentum, Arbeitslosigkeit, der krasse Gegensatz zwischen Arm und Reich, Korruption, die Überbevölkerung in den Städten und die Verödung des Bildungsangebots – all dies führe dazu, dass sich die arabischen Gesellschaften in einer schier »ausweglosen Sackgasse befinden« – so lautet das Fazit des libanesischen Journalisten und Historikers Samir Kassir in seinem 2004 erschienenen Essay-Band *Being Arab*. Kassir konstatiert, dass es wohl kein Patentrezept gegen diese selbst verschuldete Ohnmacht gebe, aber er warnt vor der Hinwendung zum religiösen Radikalismus. Der führe nur noch weiter hinein in die Sackgasse.

Geschrieben hat er den Text zu Beginn der zweitausender Jahre. Interessant wäre es zu wissen, was der liberale Intellektuelle Kassir 2011 über den Arabischen Frühling geschrieben hätte, als die Jugend eine Kehrtwende um hundertachtzig Grad machte, um sich aus der Sackgasse zu befreien, um endlich die Geschichte in die eigene Hand zu nehmen, um sich nicht länger von außen steuern zu lassen, um selbstbewusst der westlichen und der arabischen Doppelmoral die Stirn zu bieten. Ängste zu überwinden – das war für Kassir der einzige Ausweg aus dem arabischen Irrweg. Und er wusste schon damals, dass diese Aufgabe nur einer neuen und jungen Generation gelingen kann.

Doch den Arabischen Frühling erlebte Kassir nicht mehr. Am Morgen des 2. Juni 2005 ging er von seiner Wohnung im Beiruter Stadtteil Aschrafiyya zu seinem roten Alfa Romeo, um zu seinem Arbeitsplatz bei der Tageszeitung *An-Nahar* zu fahren. Als er den Motor startete, explodierte eine Bombe, die unter dem Fahrersitz montiert war – vermutlich vom syrischen Geheimdienst.

JUNG GEGEN ALT

Man hat den Arabischen Frühling zu Recht als einen Generationen-konflikt beschrieben. Ihn aber auf die einfache Formel »Jung gegen Alt« verkürzen zu wollen, würde zu kurz greifen. Es ging nicht all-gemein gegen »die Alten«, das Aufbegehren der Jungen war in erster Linie eine Meuterei gegen das Patriarchat, gegen die Bevormundung durch die Überväter, die in den meisten arabischen Gesellschaften nach wie vor eine dominierende Rolle spielen. So heißt es etwa in dem *Arab Human Development Report* von 2004: »Die Familie, die unterste Einheit der arabischen Gesellschaft, basiert auf dem Sippen-wesen, das Unterordnung in die Köpfe der Menschen einpflanzt. Es ist der Feind persönlicher Freiheit, intellektuellen Wagemuts und der Blüte einer einzigartigen und authentischen menschlichen Ganzheit.«

In den Großstädten mag die patriarchale Dominanz in den Gesell-schaften allmählich schwächeln, auf dem Land erfreut sie sich noch immer bester Gesundheit.

Was macht einen Patriarchen aus? Woran erkennt man ihn? Ist er jener weißhaarige alte Mann mit langem Bart, der, gestützt auf einen Knotenstock, das Treiben seiner Großfamilie überwacht, den Jüngs-ten freundlich über den Kopf streicht, die Söhne ständig mahnt und maßregelt und die Töchter in die Küche schickt? Solche Gestalten mag es durchaus noch geben auf dem Land. Als Chef einer Groß-familie oder eines Stammes ist er verantwortlich für alle Mitglieder dieser Gemeinschaft. Patriarch zu sein, heißt also nicht nur, Befehlsgewalt ausüben zu können. Er hat auch Pflichten zu erfüllen. Er muss in der Lage sein, seine Familie zu ernähren, er muss ihr Sicherheit und Schutz bieten. Die traditionellen Werte sollen ihm dabei helfen, den Status quo zu bewahren, Modernes und Fremdes versucht er abzuwehren, da sie seine Herrschaft gefährden könnten. Konflikte wie Diebstahl oder Beleidigungen versuchen solche Großfamilien innerhalb ihrer Gemeinschaft zu regeln, ohne die Behörden einzuschalten. Er hat das Recht anzuordnen und kann Unterordnung erwarten, muss dafür aber auch seinen Familienmitgliedern eine sichere Zukunft bieten, andernfalls läuft er Gefahr, dass sie ihm Respekt und Anerkennung verweigern. Kann der Patriarch seiner Fürsorgepflicht auf Dauer nicht nachkommen, etwa wegen einer anhaltenden Wirtschaftskrise, erschüttert dies seine Stellung. Da arabische Staaten jungen Menschen selten eine sichere Zukunft bieten, kann das Patriarchat eine mächtige Kraft im Leben eines jungen Arabers sein. Im Guten wie im Schlechten.

Der Patriarch erfüllt darüber hinaus eine heikle Doppelrolle: Er genießt eine große Machtfülle, muss sich aber gegenüber der Obrigkeit seines Landes fügen. Andernfalls können die über ihm stehenden Politfunktionäre ihn jederzeit abstrafen, wie es in arabischen Ländern auch regelmäßig geschieht. Der Patriarch hat ein wichtiges Mitspracherecht bei der Lebensplanung seiner Kinder, bei ihrer Erziehung, bei der Studien- und Berufswahl, besonders aber bei der Auswahl des Ehepartners. Er bestimmt und kontrolliert den Sittenkodex, an den sich vor allem die Töchter zu halten haben. Wenn die Töchter nach dem Studium arbeiten wollen, wird das Familienoberhaupt prüfen, ob eine Heirat nicht zweckdienlicher ist.

In ihrer Studie *Sex und die Zitadelle – Liebesleben in der sich wandelnden arabischen Welt* hat die kanadische Kulturwissenschaftlerin Shereen el Feki darauf hingewiesen, dass Frauen in der arabischen

Welt im Schnitt besser ausgebildet sind als Männer, gleichzeitig aber nur ein Viertel aller Beschäftigten stellen – laut el Feki einer der geringsten Anteile weltweit. Eine Tochter, die als Hochschulabsolventin mit einem guten Examen abgeht, wird höchstwahrscheinlich Hausfrau, auch gegen ihren Willen. Das sei die bitterste Folge des Patriarchats in der arabischen Welt, so el Feki.

Für den Philosophieprofessor Mohamed Turki bremsen diese männerdominierten Herrschaftsstrukturen nicht nur in den Familien die Entwicklung auf dem Weg zu einer Gesellschaft der Offenheit und Würde, sondern auch auf nationaler Ebene. In der Zeitschrift für interkulturelles Philosophieren *Polylog* schrieb er 2007: »Die patriarchalische Gesellschaft in der arabischen Welt versucht überall ihre Herrschaft zu zementieren und ihre Autorität sichtbar zu machen, angefangen bei der Kindererziehung über die Unterdrückung der Frau bis hin zur Bevormundung der Bürger. Dabei bedient sie sich einer Reihe von Maßnahmen, die von der Begünstigung bis hin zur Repression reichen, um die Bürger zu disziplinieren.« Bevormundung und Unterdrückung sind für den Wissenschaftler wesentliche Eigenschaften einer patriarchalischen Gesellschaft. Für ihn steht fest: »Das war der Grund für die Erhebung der Völker in der arabischen Welt 2011.« Bildung, Meinungsfreiheit und Gleichstellung der Geschlechter seien wichtige Voraussetzungen für eine gerechtere Gesellschaft. Aber, so betonte er in unserem Gespräch: »Unter den gegebenen Bedingungen sind sie für die meisten Länder der arabischen Welt in weite Ferne gerückt, nachdem sie im Arabischen Frühling ganz nah waren.«

Auch die Kulturwissenschaftlerin Shereen el Feki glaubt nicht an einen kurzfristigen Erfolg: »Solange die Religion weiterhin eine zentrale Rolle im Leben der Menschen spielt und Gott als die höchste Vaterfigur das Sagen hat, dürfte das Patriarchat kaum wanken.«

STELLVERTRETERKRIEGE

Immerhin haben die Aufstände von 2011 gezeigt, dass die Herrschaft der arabischen Patriarchen nicht unangreifbar ist. Die Mauern, hinter denen sich die Langzeitautokraten verstecken, haben Risse bekommen. Aber auch diese bittere Lektion hat der Arabische Frühling gelehrt: Der Sturz des Übervaters allein reicht nicht, um gerechtere Verhältnisse zu schaffen, ein solcher Sturz muss das zählebige System mit sich reißen. In keinem arabischen Land ist dies der Fall gewesen, auch in Tunesien nicht. Es hat sich vielmehr gezeigt, dass die alten Eliten vor nichts zurückschrecken, um einen solchen Systemwechsel zu verhindern, auch nicht vor Mord, Massenverhaftungen, Krieg und Folter. Zu Zugeständnissen an die Jungakademiker, Politaktivisten und Unzufriedenen sind sie nicht bereit, sie fürchten – zu Recht – um die eigene Macht.

In Ägypten hat die von den Tahrir-Platz-Rebellen nie wirklich bezwungene alte Garde 2013 erbarmungslos zurückgeschlagen. In Syrien hat sich der oberste Vertreter des alten Regimes, Baschar al-Assad, Unterstützung aus dem Ausland geholt und vom ersten Tag an die zunächst friedlichen Demonstrationen junger Syrer mit Gewalt niederzukämpfen versucht. Seit zehn Jahren lässt er die eigene Bevölkerung ohne Rücksicht bombardieren. Inzwischen hat er es geschafft, den Aufstand niederzuschlagen – um den Preis der Zerstörung seines Landes.

Dabei hatte der Konflikt nur in den ersten Jahren den Charakter einer Konfrontation zwischen dem Altem und dem Neuen. Als immer mehr Akteure aus dem Ausland den innersyrischen Konflikt usurpierten, internationalisierte er sich zwangsläufig. Mehrere arabische Regime finanzierten Rebellengruppen. Darüber hinaus mischten sich auch nicht arabische Staaten wie der Iran und ganz besonders Russland mit seinen in Syrien stationierten Kampfflugzeugen auf der Seite Assads ein. Auch die USA unterstützten einzelne Rebellengruppen. Je länger der Krieg dauerte, desto verworrener wurde die Lage. So führte NATO-Mitglied Türkei auf syrischem Boden Krieg gegen jene Kurdenmilizen, die als engste Verbündete des NATO-Mitglieds USA den IS bekämpften. Schließlich griff auch Israel in diesen Konflikt ein, vermied dabei aber sorgfältig jede Konfrontation mit Russland. Zeitweilig tobten sechs Kriege zur gleichen Zeit in Syrien, unabhängig voneinander und doch eng miteinander verflochten. Im Jemen waren es mindestens drei bewaffnete Konflikte. Die in Libyen lassen sich kaum mehr zählen.

Gemeinsam ist all diesen Kriegen, dass sie durch die Aufstände 2011 ausgelöst wurden. Wenn die Aufstände nicht unmittelbar zu Kriegen wie in Syrien oder Libyen führten, dann haben sie zumindest Konflikte freigesetzt, die schon lange unter der Oberfläche geschwelt hatten.

Der Jemen ist ein Beispiel dafür. Kämpfe zwischen der separatistischen Huthi-Bewegung »Ansar Allah« und der von Saudi-Arabien und den Vereinigten Arabischen Emiraten unterstützten jemenitischen Regierung währen schon seit 2003. Ausgetragen wurden sie anfangs in der Heimatregion der nach ihrem Stammesführer benannten Huthis, im Norden des Landes, nahe der saudischen Grenze. Diese Bewegung forderte im Wesentlichen: größere Unabhängigkeit von der Zentralregierung in Sanaa, ein Ende der kulturellen und sozialen Marginalisierung und Einführung eines Imamats, also eines von einem Imam geführten, an den Gesetzen der Religion ausgerichteten Staats. Die sechs Feldzüge des Regimes seit Anfang der zweitausender Jahre hatten die Aufstände nicht niederschlagen können.

Aber auch die Huthis waren ihren Zielen keinen Schritt nähergekommen. Als es Anfang 2011 in der Hauptstadt Sanaa zu Protesten gegen den seit dreißig Jahren amtierenden Präsidenten Ali Abdullah Salih kam, ergriffen die Huthis die Gelegenheit beim Schopf und schlossen sich den Demonstranten an.

Die Instabilität des Landes nutzte seinerseits der Iran aus. Das Regime unter Ajatollah Ali Khamenei diente sich den Huthis als Unterstützer an, lieferte Waffen und schickte Ausbilder. Dank dieser Aufrüstung eroberten die Krieger aus dem Nordjemen die Hauptstadt Sanaa. Zur eigentlichen Katastrophe wurde der Bürgerkrieg, als sich ab 2015 Saudi-Arabien und die Vereinigten Arabischen Emirate auf die Seite der jemenitischen Regierung schlugen, um einen möglichen wachsenden Einfluss des Iran an der saudischen Südgrenze zu verhindern. Direkt oder indirekt unterstützt wird diese Anti-Huthi-Koalition von Ländern des Westens. Der Konflikt internationalisierte sich und nahm den Charakter eines Stellvertreterkrieges an, mit den Golfstaaten auf der einen und dem Iran auf der anderen Seite.

Bis heute führen Saudi-Arabien und die Emirate gezielt einen Luftkrieg gegen die jemenitische Bevölkerung, ohne dass Regierungen im Westen daran groß Anstoß nähmen. Schließlich sind beide Länder gut zahlende Abnehmer europäischer und amerikanischer Waffen. Die Toten im Jemen haben Arbeitsplätze bei Rheinmetall, Heckler & Koch oder MTU Friedrichshafen gesichert. Schließlich hat die Bundesregierung nur den Waffenexport nach Saudi-Arabien verboten, nicht aber den in die anderen am Jemenkrieg beteiligten Länder. Außerdem lässt sie etliche Schlupflöcher offen, durch die Waffentechnologie auch nach Saudi-Arabien geliefert werden kann. Der Iran wiederum baute seine Unterstützung weiter aus, wobei unklar ist, wie weit der Einfluss der Mullahs tatsächlich reicht.

Nichts ist von der Aufbruchstimmung von 2011 übrig geblieben, als die jemenitische Jugend mutig und aufopferungsvoll auf die Straße ging, um mit dem alten System aufzuräumen. Zwar dankte Präsident Salih im Januar 2012 ab, doch nur, um die Amtsgeschäfte in die Hand seines Stellvertreters Abed Rabbo Mansur Hadi zu legen. Polizei und Militär gingen mit unverminderter Härte gegen die Demonstranten vor. Von einer Hoffnung auf positive Veränderung konnte schon bald in Sanaa und anderen Städten des Landes nicht mehr die Rede sein. Und selbstverständlich hatten auch die Huthi-Rebellen im Grunde kein Interesse an einem Erfolg der Opposition mit ihrer Forderung nach mehr Mitsprache und Demokratie.

Ein weiteres Beispiel: Im kleinen Staat Bahrain rebellierte die politisch und sozial ausgegrenzte schiitische Mehrheit im Frühjahr 2011 gegen den sunnitischen König und seine Anhänger. Schon wenige Wochen nach Beginn der Aufstände trat eine Koalition der Nachbarländer Bahrains auf der Arabischen Halbinsel in Aktion. Truppen aus Saudi-Arabien, aus den Emiraten und Katar marschierten ein und stellten die alten Verhältnisse wieder her.

Im Jemen geriet dieselbe Allianz sehr schnell an ihre Grenzen. Weder die hochgerüstete Luftwaffe des Königreichs noch die von den Emiraten eingesetzten Söldner haben bislang die Huthi-Milizen aus den eroberten Gebieten vertreiben können. Dabei geht vor allem Saudi-Arabien, massiv unterstützt von westlichen Regierungen (lange auch von Deutschland), mit großer Skrupellosigkeit vor. Krankenhäuser, Wasserversorgung, Elektrizitätswerke und Märkte werden angegriffen, um das Land unbewohnbar zu machen. Doch die Bomben und die Blockaden treffen vor allem die Zivilbevölkerung. Die seit 2015 andauernden Kampfhandlungen im Jemen haben laut UNO »die größte humanitäre Katastrophe seit Ende des Zweiten Weltkriegs« ausgelöst.

Auch in Libyen herrscht ein Krieg, der das Land zerstört, ohne dass eine der beiden Seiten ihrem Ziel auch nur einen Schritt näherkommt – ebenfalls trotz massiver Unterstützung aus dem Ausland.

Die Türkei rüstet die international anerkannte Regierung mit Sitz in Tripolis mit Kampfdrohnen und Söldnern auf, denkt sogar daran, einen eigenen Militärstützpunkt im Land zu errichten. Russland, Ägypten und die Emirate bewaffnen derweil General Khalifa Haftar oder fliegen mit eigenen Kampfjets Angriffe gegen die Tripolis-Regierung. Die Länder der EU sind sich in diesem Konflikt uneinig und spielen daher eine nur untergeordnete Rolle. Frankreich stützt den Möchtegernalleinherrscher Khalifa Haftar, Italien die international anerkannte Regierung in Tripolis. Geschlossenheit sieht anders aus. In Sachen Libyen wird in der EU viel geredet, aber wenig unternommen. Weder in Berlin noch in Brüssel haben sich bislang Politiker gefunden, die die Rolle der Unterstützer – mit Putin auf der einen und Erdoğan auf der anderen Seite – offen kritisieren. Mit Sanktionen gegen diese Waffenlieferanten zu drohen, kommt offensichtlich auch nicht infrage, trotz des Waffenembargos der UNO. Die Situation ähnelt der in Syrien.

Überhaupt ähneln sich all diese Stellvertreterkriege im Nahen Osten. Auf allen Kriegsschauplätzen werden Söldner eingesetzt, also ausländische Milizionäre, die nichts mit dem Land, in dem sie kämpfen, verbindet, außer dass sie dort ihr Geld mit Zerstören und Töten verdienen. Da sie ein hohes Berufsrisiko eingehen, geben sie auf den Schlachtfeldern kein Pardon. Lieber einen Unschuldigen zu viel töten als selber getötet oder verletzt zu werden – das ist ihre Überlebensmaxime. Zivilisten schonen sie dabei genauso wenig, wie sie vor Zerstörungen zurückschrecken.

In Syrien kämpfen auf diese Weise auf der Seite des Assad-Regimes schiitische Milizen – wie die Hisbollah – aus dem Libanon und dem Irak sowie iranische Revolutionsgarden. Letztere rekrutieren ihrerseits unter den in den Iran geflohenen Afghanen Söldner mit dem Versprechen, ihren Familien die iranische Staatsangehörigkeit zu geben.

Auf der Rebellenseite strömten schon bald nach Beginn der Auseinandersetzungen 2011 Dschihadisten aus aller Welt ins Land, finanziert von Katar, Kuwait und Saudi-Arabien. Seit Frühjahr 2013 gewannen in der »befreiten« Provinz Aleppo salafistische Milizen, von »Ahrar al-Scham« bis zur Al-Qaida-nahen »Al-Nusra-Front«, immer größeren Einfluss. Der Kommandeur der aus desertierten syrischen Soldaten gebildeten »Freien Syrischen Armee« gab damals unumwunden zu, auf die Unterstützung dieser fundamentalistischen Milizen angewiesen zu sein.

Allgemein bekannt ist auch, dass junge Kämpfer sich derjenigen Miliz anzuschließen pflegen, die den höchsten Sold bietet. Von den Golfstaaten unterstützte Einheiten konnten da wesentlich mehr bieten als die Freie Syrische Armee. Der »Islamische Staat« sollte bald zur wohlhabendsten Miliz überhaupt aufsteigen. Entsprechend leicht fiel es ihm, Interessenten anzulocken. Wo der IS einmarschierte, vertrieb oder vernichtete er sämtliche feindlichen Milizverbände und beendete jede Form zivilgesellschaftlicher Verwaltung, die in der kurzen Zeit zuvor versucht hatte, so etwas wie Ordnung in das Bürgerkriegschaos zu bringen.

Rebellenmilizen haben in der langen Geschichte des syrischen Krieges nicht nur gegen die Truppen Assads gekämpft, sondern häufig genug auch gegeneinander. Vielfach galt es, erobertes Gebiet gegen übergriffige Nachbarmilizen zu verteidigen. Besonders der IS hatte immer wieder versucht, gewaltsam die Al-Nusra-Front und andere Dschihadistenverbände zu vertreiben, um deren Gebiete zu besetzen. Auffallend selten bekämpften sie dagegen die Truppen des Machthabers Assad. Offensichtlich hatten sie sich miteinander arrangiert. Es ist sogar von einem heimlichen Nichtangriffspakt die Rede. Die Provinz Idlib, die letzte Bastion der Rebellen, war auch deswegen bis zuletzt fest in der Hand von fundamentalistischen Islamisten, weil diese im Sommer 2018 in einem kurzen Feldzug alle gemäßigten Kräfte niedergemacht hatten.

Im Jemen waren zeitweilig bis zu 20 000 Söldner aus dem Sudan im Einsatz, außerdem Tausende Soldaten aus dem Senegal, bezahlt unter anderem von den Vereinigten Emiraten. Als 2019 die Spannungen zwischen dem Iran und den USA zunahmen und ein Krieg nicht mehr ausgeschlossen werden konnte, zogen die Vereinigten Emirate ihre Truppen aus dem Südjemen zumindest teilweise ab. Viele der im Libyenkrieg auf der Seite Haftars eingesetzten Söldner stammen ebenfalls aus dem Sudan oder dem Tschad. Seinen Vormarsch auf Tripolis hatte er hochgerüsteten Mietsoldaten des russischen Unternehmens »Gruppe Wagner« zu verdanken. Inzwischen setzt auch die Türkei aus syrischen Dschihadistenverbänden rekrutierte Söldnermilizen gegen die Truppen Haftars ein. Dessen Vormarsch konnte sie im Verlauf von 2020 stoppen und selber weiter vorrücken, was wiederum Ägypten veranlasste, mit einem militärischen Gegenschlag zu drohen.

Mit anderen Worten: Die aktuellen Kriege im Nahen Osten hatten anfangs den Charakter von mehr oder weniger friedlichen Aufständen gegen diktatorische Regime, waren, wenn man so will, klassische Auseinandersetzungen zwischen Unterdrückern und Unterdrückten. Da die Regime ihre Polizei und Armee gegen die Aufständischen in Stellung brachten, brutalisierten sich die Auseinandersetzungen schnell. Unterstützung bekamen die Aufständischen aus dem Ausland. Ihr Glück und Unglück zugleich. Diese Unterstützung verhinderte zwar eine Niederlage der lokalen Rebellen. Je mehr sich diese Konflikte aber internationalisierten, je mehr nicht ortsansässige Kämpfer aufmarschierten, desto mehr entfernten sich die Konflikte von ihren ursprünglichen Zielen. Die Gesamtsituation in den jeweiligen Ländern wurde immer unübersichtlicher. Doch in fast allen diesen Konflikten – im Irak, in Syrien, im Libanon, im Jemen – spielt seit 2003 vor allem *ein* Akteur eine entscheidende Rolle: der Iran.

NICHTS OHNE DEN IRAN?

Der Iran zählt heute zu den einflussreichsten und mächtigsten Akteuren im Nahen und Mittleren Osten – trotz der Sanktionen und des dramatischen Rückgangs der Öleinnahmen, trotz der Isolationsversuche, trotz eines Schattenkrieges mit den USA und Israel. Wie konnte das passieren?

Nachdem 2003 die US-Truppen den Irak besetzt und Saddam Hussein gestürzt hatten, bekam George W. Bushs Statthalter, US-Botschafter Paul Bremer, den Auftrag, das eroberte Land nach amerikanischen Demokratievorstellungen umzubauen. Gerade mal ein Jahr und einen Monat war Bremer seinem Auftrag treu geblieben, dann kehrte er resigniert in die USA zurück. Letztendlich scheiterte er an der politischen Konzeptionslosigkeit der USA.

Zurück ließ er ein Land, das zunehmend zerfiel. Die Baath-Partei und die Armee hatte er aufgelöst. Viele ehemalige Offiziere schlossen sich Dschihadistenmilizen wie »Al-Qaida im Zweistromland« oder später dem »Islamischen Staat« an und bekämpften von nun an die Besatzungsarmeen der Amerikaner, Briten und anderer westlicher Länder aus dem Untergrund. Die von Bremer angestoßene Verfassung marginalisierte die sunnitische Minderheit im Land und ermöglichte es der schiitischen Mehrheit, durch Wahlen die Macht an sich zu reißen. Die Spannungen zwischen den beiden Konfessionen eskalierten. Im ganzen Land kam es zu immer mehr Terroranschlägen, bis sie fast zum Alltag gehörten – Sunniten gegen US-Soldaten, Sunniten gegen Schiiten, Schiiten gegen US-Soldaten, Schiiten gegen Sunniten. Sprengstofffallen, Überfälle, Hinterhalte, Selbstmordattentäter – das war der Hexentanz im Irak ab 2004.

Kein US-Politiker hatte damals offensichtlich bedacht, dass das von den USA ausgelöste Machtvakuum weit über die Grenzen des Landes hinaus Wirkung zeigen würde. Der große Nachbar Iran verstand das Chaos im Land jedenfalls geradezu als Einladung, um seinen Machtbereich auf den ehemaligen Kriegsgegner auszudehnen. Eine besondere Rolle als Helfershelfer kam dabei den irakischen Emigranten im Iran zu. Zigtausende dieser Exil-Iraker waren ab 2003 in ihre Heimat zurückgekehrt. Etlichen dieser Rückkehrer gelang der Aufstieg in die politische Elite der Schiiten, auch dank des mehr oder weniger deutlichen Drucks aus dem Iran. Diese schiitisch-islamistischen Politiker haben nicht unwesentlich dazu beigetragen, das Land für den Einfluss der Mullahs zu öffnen. Dazu Islamwissenschaftler und Irak-Experte Wilfried Buchta in seinem Buch *Terror vor Europas Toren:* »Zug um Zug hat es der Iran seit 2003 geschafft, die Büros der wichtigsten politischen Parteien, Milizen, Parlamentsfraktionen und Hauptquartiere der Streitkräfte und Nachrichtendienste des Irak mit verdeckten Mitarbeitern zu infiltrieren.« Schiitische Parteien wie die Dawa-Partei stehen unter unmittelbarer Vormundschaft des Iran.

Trotz amerikanischer Präsenz im Irak gelang es dem Iran, diesen Einfluss sukzessive auszubauen, nicht nur auf politischem Gebiet, sondern auch auf militärischem. Das Land rüstete schiitische Milizen aus und ordnete Anschläge gegen US-Truppen an. Bis zu deren erstem Abzug 2011 kamen bei solchen Angriffen mindestens sechshundert amerikanische Soldaten ums Leben, schreibt die amerikanische Zeitschrift *Foreign Affairs*. Dem zunehmenden Druck hatten US-Politiker und Militärs nichts entgegenzusetzen. Sie spielten gewissermaßen die zweite Geige. Den Ton gab und gibt auch heute noch der Iran an. Und als 2014 die Truppen des IS in den Irak eindrangen, um bis auf das irakische Kurdistan fast den gesamten Norden des Landes zu besetzen, war die Regierung in Bagdad sogar auf offene militärische Unterstützung aus dem Nachbarland angewiesen. Andernfalls wäre möglicherweise die Hauptstadt in die Gewalt der Terrormilizen gefallen, denn die eigene Arme war vor den IS-Verbänden geflohen. Der Iran ließ sich natürlich nicht zweimal bitten. Er schickte weitere Militärspezialisten der für Auslandseinsätze geschaffenen Quds-Brigaden, die Teil der mächtigen Revolutionsgarde sind. Diese Fachleute bildeten schiitische Freiwillige im Irak aus und formten sie zu schlagkräftigen Militärverbänden, den »Volksmobilisierungseinheiten«.

Der General, der damals die Schiiten-Milizen erfolgreich gegen den »Islamischen Staat« anführte, war jener Iraner, den Donald Trump am 3. Januar 2020 gegen ein Uhr morgens auf dem Flughafen von Bagdad mittels Drohnen ermorden ließ: Qasem Soleimani, Kommandeur der Quds-Brigaden. Sein Tod war zweifellos für den iranischen Revolutionsführer Ali Khamenei ein harter Schlag, schließlich war Soleimani einer seiner engsten Berater. Mit dieser gezielten Tötung hatte der amerikanische Präsident jede weitere mögliche Verhandlung mit dem Iran unmöglich gemacht.

Sollte Revolutionsführer Khamenei bis zu jenem Zeitpunkt noch Skrupel gehabt haben, so wird er sie nun vollends über Bord geworfen haben. Statt auf Diplomatie setzt er seither ausschließlich auf militärische Härte – auf den Ausbau seines Raketenarsenals vor allem. Womöglich wird gar das stillgelegte Atomprogramm wieder aktiviert. Denn, so Guido Sternberg von der Stiftung Wissenschaft und Politik: »Ali Khamenei sieht den Iran von Feinden bedroht, die im Inneren wie Äußeren nur auf eine Schwäche der Islamischen Republik und ihrer Verteidiger lauern, um sie zu zerstören.« Daher versteht Khamenei seine Expansionspolitik auch nicht als Eroberung fremden

Territoriums, sondern als Teil einer existenziellen Sicherheitspolitik. Jedes Land unter dem Einfluss des Iran – ein potenzieller Feind weniger, so die einfache Formel. Den Raum zwischen Schatt al-Arab und Mittelmeer verstehen die Mullahs als das westliche Glacis ihres Landes.

Vermutlich war es der Überfall Saddam Husseins auf den Iran von 1979 gewesen, der zu Khameneis Verfolgungstrauma geführt hat. Der acht Jahre dauernde Iran-Irak-Krieg, der Erste Golfkrieg, kostete Hunderttausende Iraner das Leben, zerstörte die Industrie, legte ganze Städte in Schutt und Asche. Hinzu kommen die immer wiederkehrenden Drohungen Israels und der USA, die Aufrüstung Saudi-Arabiens, die westliche Truppenpräsenz in Afghanistan und schließlich die sunnitische Atommacht Pakistan. Der Iran fühlt sich von Feinden eingekreist.

Und hier kommt wieder Qasem Soleimani ins Spiel. Dem von den USA getöteten General hat der Iran die kontinuierliche Ausdehnung seines Machtbereiches im arabischen Nahen Osten zu verdanken. *Er lege die iranische Politik vom Irak bis zum Mittelmeer fest*, soll er einmal dem damaligen Oberkommandierenden der US-Streitkräfte im Irak, David Petraeus, per Handy-Kurznachricht mitgeteilt haben. Im Irak wagte jedenfalls kein Regierungspolitiker Entscheidungen zu treffen, mit denen der graubärtige Mann in der dunkelgrünen Uniform aus Teheran nicht einverstanden war. So soll er es gewesen sein, der die Anweisung gegeben hat, die Jugendaufstände gegen die Regierung, die ab 2019 das Land erschütterten, mit aller Gewalt zu bekämpfen. Sogar Kabinettssitzungen der irakischen Regierung habe er geleitet, berichten Augenzeugen. In Syrien hatte er den Widerstand des Regimes gegen die Rebellen organisiert. Ohne ihn wäre Assad vermutlich nicht mehr an der Macht.

Neben direkter militärischer Einflussnahme hatte Soleimani islamistische Gruppen durch Geld und Waffenlieferungen an sich gebunden und so ein dichtes Netzwerk meist schiitischer Verbündeter in der mehrheitlich sunnitischen Region geschaffen. Die vom Mullah-Regime hochgerüstete Hisbollah im Libanon ist dafür ein Beispiel. Gegründet Anfang der neunziger Jahre mit Unterstützung aus Teheran, war diese bestens ausgebildete und ausgerüstete Miliz als Partisanentruppe im Kampf gegen Israel gedacht. Zwei Kriege haben die Gotteskrieger gegen die »*zionist entity*« (das »zionistische Gebilde«, wie Israel von radikalen Islamisten genannt wird) vom Zaun gebrochen. Zwar verloren sie beide, sie gewannen in der arabischen Welt aber hohes Ansehen als mutige Widerstandskämpfer gegen den »zionistischen Erzfeind«. Inzwischen ist der politische Arm dieser Schiiten-Miliz ein entscheidender Akteur in der Regierung, ohne den im Libanon so gut wie keine Politik gemacht werden kann.

Der Iran kontrolliert heute eine Achse von Teheran über Bagdad und Damaskus bis nach Beirut am Mittelmeer. Syrien muss er sich allerdings mit Russland teilen. Außerdem spielt er eine wichtige Rolle im Jemenkrieg auf der Seite der Huthi-Rebellen. Die sunnitische Hamas im Gazastreifen gehört ebenfalls zu seinen Patenkindern. So viel Einfluss im arabischen Nahen Osten hatte der Iran in der modernen Zeit noch nie. Die durch die Unruhen des Arabischen Frühlings geschwächten Länder hatten diese Entwicklung nicht verhindern können. In Syrien scheiterten die Golfstaaten daran, Assad mit Hilfe der – mit Millionen Dollar gesponserten – Dschihadisten zu stürzen. Im Jemen ist es ihnen nur gelungen, das Land zu zerstören, die Huthis zurückzudrängen aber nicht.

EIN HOFFNUNGSFUNKE

Doch es gibt Widerstand gegen diese Expansionspolitik. Selbst im Iran. Immer wieder gehen Iraner auf die Straße, um gegen die exorbitant hohen Ausgaben der Kriegseinsätze zu protestieren. Denn allen ist klar: Das Geld wäre besser im eigenen Land investiert. Schließlich ist so gut wie alles von Lebensmitteln bis zum Benzin knapp und teuer. »Raus aus Syrien, denkt an uns!«, skandieren die Demonstranten daher. Doch das Regime hört nicht auf die Forderungen, sondern geht in gewohnter Manier gegen die Kundgebungen vor – mit Knüppeln, mit Scharfschützen, mit Verhaftungen und Folter. Auch in jenen Ländern, in denen sich der Iran ein politisches »Einmischungsrecht« gesichert hat, lehnen sich immer mehr junge Menschen gegen die Bevormundung und Eigenmächtigkeit der Mullahs auf. Besonders lautstark im Irak und im Libanon, wo der Iran direkt oder indirekt mit an den Kabinettstischen sitzt.

Das Zweistromland Irak ist heute in einem beklagenswerten Zustand. Obwohl einer der größten Ölproduzenten weltweit, fällt dennoch ständig der Strom aus. Der Wiederaufbau stockt. Schulen, Krankenhäuser und andere öffentliche Einrichtungen verfallen. Dafür blüht die Korruption in den Chefetagen des Landes. Die Reichen werden reicher und die Armen in den Städten und in den Dörfern ärmer. Der Libanon seinerseits schrammt seit Jahren an einem Staatsbankrott vorbei. 200 000 Staatsangestellte wurden entlassen, der Rest musste

Gehaltskürzungen bis zu 40 Prozent hinnehmen. Dafür steigen die Preise für importierte Waren ins Astronomische. Mit rund 170 Prozent des Bruttoinlandsprodukts hat der Libanon eine der höchsten Staatsverschuldungen der Welt. Banken stehen vor dem Kollaps. Die Müllabfuhr funktioniert seit Jahren nicht mehr. Der Staat ist nicht mehr in der Lage, auch nur die Grundversorgung seiner Bürger zu gewährleisten. Und jetzt noch diese verheerende Explosion im Hafen von Beirut mit über 190 Toten und mehreren tausend Verletzten. Sie hat große Teile der Stadt schlicht unbewohnbar gemacht.

Gegen tiefgreifende politische Reformen wehren sich die alten Eliten mit Händen und Füßen. Doch die Jugendlichen sind nicht bereit, die Missstände noch länger hinzunehmen. Daher gehen sie auf die Straße, in beiden Ländern, trotz der Polizeigewalt. Immerhin haben sie im Irak wie auch im Libanon 2019 ihre Ministerpräsidenten zu Rücktritten gezwungen, auch wenn die meisten Protestierenden die Demissionen der Regierungschefs für bloße politische Kosmetik halten. Ihre Nachfolger sind Angehörige der alten Garden, die glauben, die Demonstranten mit kleinen Zugeständnissen beruhigen zu können. Immerhin haben die Proteste im Irak Unterstützung vom höchsten religiösen Würdenträger des Landes bekommen. Der oberste schiitische Geistliche des Irak, Großajatollah Ali al-Sistani, ein Kritiker der iranischen Mullah-Herrschaft, verurteilte in einer seiner Freitagspredigten die Polizeigewalt und forderte die Regierung zu tiefgreifenden Reformen auf, ehe es zu spät sei.

Die Muster der Aufstände von 2011 wiederholen sich also fast zehn Jahre später: Die Jungen wollen die Macht der alten Eliten brechen, und diese reagieren mit brutaler Härte. Kein einziges der vielen gesellschaftlichen Probleme hat die herrschende Klasse in den vergangenen zehn Jahren gelöst, wie man in Ägypten sieht: 2010, im Jahr vor dem Arabischen Frühling, war ein knappes Viertel aller ägyptischen Jugendlichen ohne Job, heute ist es schon ein Drittel, Tendenz steigend. Ähnlich sieht es in anderen arabischen Ländern aus. Überall fühlen sich die Jungen von ihren Regierungen verraten und verkauft, gehen daher auf die Straßen und versuchen, durch Dauerproteste einen Regimewechsel zu erzwingen.

Doch die heutigen Unruhen haben eine neue Qualität. Jahrzehntelang hatten die Regime ihre Autorität mit Hilfe des alten Machtkalküls »Teilen und Herrschen« gesichert. Daher die fundamentalistische Abgrenzung zu anderen Konfessionen und Ethnien: Irakische Jesiden wurden als Teufelsanbeter diffamiert, irakische Kurden galten als potenzielle Terroristen und Separatisten, als Vaterlandsverräter. Sunnitische Jugendliche hörten im Koranunterricht, Schiiten seien eigentlich keine echten Muslime: »In deren Moscheen geht man nicht!« Schiiten sind überzeugt, dass Sunniten nur Böses gegen sie im Schilde führen. Auch im Libanon hatte die politische Elite die vielen Konfessionen des Landes gegeneinander ausgespielt. Solche gezielten Täuschungsmanöver der alten Machtelite versuchen die Demonstranten endlich hinter sich zu lassen.

Und das mit einigem Erfolg. Heute stehen Schiiten und Sunniten gemeinsam in den Tränengasschwaden der Polizei auf dem Tahrir-Platz in Bagdad. Selbst im Norden des Irak lebende Jesiden, bislang ausgegrenzt und verunglimpft, solidarisierten sich mit den muslimischen Demonstranten in der fernen Hauptstadt, was bei diesen wiederum Begeisterung auslöste. Auch im Libanon haben sich junge Sunniten, Schiiten, Christen der verschiedenen Kirchen, außerdem Drusen und Alawiten immer wieder unter der Zedernfahne zum gemeinsamen Protest versammelt.

Die neuen Auseinandersetzungen auf den Tahrir-Plätzen der arabischen Welt sind mehr als nur ein Kampf um Jobs, Einkommen und besseres Leben, es geht auch um ein neues Selbstverständnis, um eine neue Zusammengehörigkeit. Nicht als Sunniten oder Schiiten, sondern als irakische oder libanesische Bürgerinnen und Bürger wollen sie sich verstehen und schwenken stolz die Nationalflaggen des Zweistromlandes oder des Zedernstaates, so wie es die Ägypter, die Jemeniten und Tunesier 2011 getan hatten. Libysche Aufständische hatten sogar die alte Nationalflagge aus der Zeit des Königreiches hervorgekramt, um sich von Gaddafis Farben abzusetzen, die syrischen versammelten sich hinter der Unabhängigkeitsflagge von 1932. Solche Fahnen und Farben lassen ihren Zukunftstraum ahnen. Der Gedanke der *citizenship*, der »Staatsbürgerschaft«, ist zu einer neuen, einenden Kraft dieser Proteste geworden.

Im Libanon verwarnte die vom Iran gesteuerte Schiitenpartei Hisbollah indes die jungen Demonstranten, es nicht zu weit zu treiben mit den Protesten. Im Irak schossen Sicherheitskräfte scharf auf jene, die den Abzug der Iraner gefordert und sogar ein iranisches Konsulat angezündet hatten. Bei der Hinrichtung des iranischen Generals Soleimani durch eine amerikanische Drohne hatten etliche irakische Oppositionelle Beifall geklatscht, war es doch bekannt, dass er das brutale Vorgehen der Sicherheitskräfte angeordnet hatte. Selbst von schiitischen Jugendlichen kam Applaus. Doch die Demonstranten zahlten einen hohen Preis. Über 400 von ihnen starben allein von September bis Ende Dezember 2019 im Irak, über 15 000 wurden verletzt.

Indes – entmutigen lassen sie sich nicht. Sie werden weiter auf die Straße gehen. Diese Protestkultur der Jugend im Nahen Osten stimmt etliche Beobachter sogar optimistisch. So etwa die Expertin für soziale und revolutionäre Bewegungen in der arabischen Welt, Sarah Anne Rennick, die für die in Paris ansässige »Arab Reform Initiative« Gutachten erarbeitet. In einer ihrer Analysen stellt sie fest:

»Die neuen Protestwellen, die jetzt den Irak, den Libanon und Algerien erfassen, haben gezeigt, dass im Mittleren Osten immer noch von Jugendlichen ausgelöste Veränderungen möglich sind und dass der Aktivismus der Bürger trotz neuer Formen des Autoritarismus andauert.« Das Entscheidende sei, »dass diese Proteste die Ankunft einer neuen politischen Generation markiert haben, die sich nicht mit leeren Versprechungen und kosmetischen Veränderungen zufriedengibt, sondern nach grundlegendem Wandel sucht.«

Nach wie vor sind also junge arabische Menschen bereit, dafür zu kämpfen, dass aus rechtlosen Untertanen mündige Staatsbürger werden, und dies ist wohl das eigentliche Erbe der Revolutionen von 2011.

DANKSAGUNG

Wie immer haben viele mitgewirkt bei der Entstehung eines solchen Buches. Als Interviewpartner, als geduldige Fachleute bei Hintergrundgesprächen, als Ratgeber. Erwähnen möchte ich die beiden Experten für Rüstungsexporte der Fraktion der Linken im Deutschen Bundestag, Sevim Dağdelen und Tobias Pflüger, sowie den Außenpolitiker der Grünen-Fraktion Omid Nouripour.

Entscheidend weitergeholfen haben mir auch Wissenschaftler der »Stiftung Wissenschaft und Politik« wie Annette Weber, Stephan Roll und Isabelle Werenfels. Für ihre Auskunftsbereitschaft und Geduld möchte ich ihnen danken, auch dafür, dass keiner und keine bei der einen oder anderen vielleicht klug gemeinten, aber nicht wirklich klugen Frage die Stirn runzelte. Aber auch viele andere Experten, wie der Sudan-Kenner Gerrit Kurtz (Deutsche Gesellschaft für Auswärtige Politik) oder Marina Peter von »Brot für die Welt«, haben mich bereitwillig an ihrem Wissen teilhaben lassen. Besonders bedauert habe ich, dass ich nicht wie ursprünglich geplant nach Tunesien reisen konnte. Als ich das Ticket kaufen wollte, begann der weltweite Corona-Lockdown. Daher bin ich dem Redaktionsleiter der Deutschen Welle, Moncef Slimi, sehr dankbar, dass er mich so ausführlich und geduldig in die Politik seines Heimatlandes eingeführt hat.

Nicht unerwähnt bleiben soll, dass die Stadt Stuttgart mich einlud, zusammen mit Vertretern der Stadt nach Kairo zu reisen. Anlass war der vierzigste Geburtstag der Städtepartnerschaft zwischen den beiden ungleichen Städten – für mich die Gelegenheit, vor Ort zu recherchieren.

Schließlich will ich noch den Lektor Heiko Arntz erwähnen, der zwar streng und unerbittlich, aber fair und freundlich den Text gelesen und verbessert hat. Diese Zusammenarbeit hat sich gelohnt. Herzlichen Dank.